KB248104

윤리와 사상 1

사상가들의
텍스트와 함께 읽기

개정판

윤리와 사상1

사상가들의 텍스트와 함께 읽기

초판 1쇄 발행일 2018년 2월 22일
초판 2쇄 발행일 2024년 10월 5일

지은이 문종길
펴낸이 양옥매
디자인 표지혜
교   정 조준경
마케팅 송용호

펴낸곳 도서출판 책과나무
출판등록 제2012-000376
주소 서울특별시 마포구 방울내로 79 이노빌딩 302호
대표전화 02.372.1537   **팩스** 02.372.1538
이메일 booknamu2007@naver.com
홈페이지 www.booknamu.com
ISBN 979-11-5776-529-4 (03190)

개정판

윤리와 사상 1

문종길 · 김상범 지음

사상가들의
테스트와 함께 읽기

책나무과무

문자보다 이미지에 익숙하여 책을 읽지 않는 시대라고 말한다. 물론, 문자에 장점이 있듯이 이미지에도 장점이 있을 것이다. 예를 들어 이미지는 많은 것을 한꺼번에 모두 보여 줌으로써 깊은 통찰과 영감을 줄 수 있는 장점이 있다. 반면, 문자는 문장을 읽어야 하기에 이미지보다 더 많은 시간과 노력을 요구한다는 점에서 어려움이 있지만, 약간의 인내와 노력이 더 깊은 성찰을 의식적으로 하게 한다는 점에서 그 이익을 결코 소홀히 할 수는 없다. 또 문자는 약간의 힘든 과정에 대한 대가로 우리의 정신이 논리적이며 합리적인 사고의 고리를 만들어 가는 데 있어 반드시 필요한 기능을 형성하게 하는 데 도움을 준다. 또 그것이 철학이나 사상인 경우는 더욱 그럴 가능성이 높다.

하지만 이러한 특성이 곧 어려움이 되어 이 때문에 철학이나 사상에 대한 세간의 선입견은 '읽거나 이해하기 힘든', '어렵고 지루한'이라는 비교적 부정적인 평가가 우세한 편이다. 그러나 이를 달리 해석해 보면, 즉 읽거나 이해하는 데 큰 어려움이 없다면, 세간의 선입견처럼 그렇게 어렵지도 않고 지루한 것도 아니라면, 그리고 실제 삶 속에서 정신의 고양을 위해 꼭 필요한 것이라면, 철학이나 사상이 일반의 편견과 거리를 두고 존재해야 할 이유는 없다. 이 책은 이런 의도를 갖고 있다. 자신과 세상에서 일어나는 일들에 대해 조금 더 깊이, 조금 더

넓게 생각하며, 조금 더 멀리, 그리고 조금 더 깊게 볼 줄 아는 통찰력을 기르는 데 도움이 되었으면 하는 마음으로 쓰였다.

이를 위해 이 책은 제목처럼 철학자와 사상가들의 핵심 주장을 담고 있는 원전의 문장을 천천히 음미하면서 읽음으로써 이해할 수 있도록 비교적 합당한 해석을 하려고 했다. 또 고등학생과 대학에서 윤리교육을 전공하는 학생들이 윤리와 사상에 대해 체계적으로 이해하는 데 도움을 줄 수 있도록 교육과정에 충실한 해석을 제공하려고 더욱 노력했다. 따라서 고등학생은 물론, 윤리교육을 전공하는 대학생, 그리고 고전과 인문에 대한 지적 교양의 욕구를 지닌 일반인들에게 도움을 줄 것으로 믿는다.

책이 나오기까지 여러 분들의 노고와 시간의 여정이 필요했습니다. 특별히 책 전체의 이미지 컷은 우리 학교 장하원 학생이 맡아 주었습니다. 그의 그림은 그의 성품처럼 정밀하면서도 따뜻함이 있습니다. 그리고 이전의 『윤리와 사상2: 텍스트와 함께 읽기』처럼 한결같은 마음으로 도서출판 책과나무에서 정성어린 마음을 써 주었습니다. 양옥매 대표님, 교정과 편집을 꼼꼼하고 정밀하게 해 준 조준경, 표지혜 선생에게도 감사의 마음을 전합니다.

2018년 2월 지은이를 대표해 문종길 씀.

Contents 동양편

Contents 서양편

• 윤리와 사상 •

사상가들의 텍스트와 함께 읽기

/

동양편

맹자
·
孟子

기원전 371? – 기원전 289?

남을 불쌍히 여기는 마음이 없으면 사람이 아니고, 불의를 부끄러워하고 미워하는 마음이 없으면 사람이 아니고, 겸손하고 양보하는 마음이 없으면 사람이 아니며, 옳고 그름을 판단하는 마음이 없으면 사람이 아니다. 측은지심은 인의 단이요, 수오지심은 의의 단이요, 사양지심은 예의 단이요, 시비지심은 지의 단이다.

▶ **핵심 주제**

1. 맹자; 양자와 묵자

2. 사단과 성선

3. 왕도: 불인인지심의 정치적 실천

▶ **핵심 용어**

사단, 사덕, 불인인지심, 성선설, 호연지기, 집의, 대장부, 왕도정치, 패도, 존심, 구방심, 항산, 항심, 보민, 민본주의, 역성혁명, 도덕적 이상사회, 양지, 양능, 양심養心과 양기養氣, 인의仁義

맹자; 양자와 묵자

　맹자는 자신이 활동하는 전국 시대에 사람들로부터 주목을 받고 있던 두 사상에 대해 『맹자』에서 '세상의 가장 지배적인 이론과 주장이 양자 아니면 묵가의 것으로 돌아가고 있다'라고 진단한다. 맹자의 이와 같은 진단을 통해 우리는 당시에 양자(양주)와 묵가의 주장이 그만큼 큰 영향력을 행사하고 있었다는 의미와 함께 두 사상이 맹자의 유가와 경쟁 관계에 있었음을 미루어 짐작할 수 있다. 하지만 맹자의 논의 과정을 따라가 보면, 그의 이와 같은 의도적 진단이 오히려 유가의 우월성을 보다 높은 차원에서 정당화하려는 의도를 갖고 있었다고 보는 것이 더 나을 것 같다.

> 묵자의 주장에서 빠져나오면 반드시 양자의 학설로 돌아가고, 양자의 학설에서 빠져나오면 반드시 유가의 학설로 돌아오게 될 것이다. 유가의 학설로 돌아오면 그저 받아 줄 뿐이다.[1]

　양자는 오직 '자신만을 위한다'는 주장을 하기 때문에 한 오라기의 깃털을 뽑아 천하가 이롭게 된다고 하더라도, 그렇게 하지 않는다. 반면, 묵자는 '서로 아울러 사랑할 것'을 주장하기 때문에 머리에서 발끝까지 털이 모두 닳아 없어진다 할지라도, 천하에 이로운 일이라면 행동으로 옮긴다. 그런데 자막은 그 중간만을 고집할 뿐, 최선의 것이 무엇인지에 대해 성찰하지 않는다. 이것은 결국 한쪽을 고집하는 것과 같은 것이다. 오직 한쪽만을 고집하는 것은 한 가지만을 내세워 나머

지 모든 것을 부정하는 것과 같다.[2]

　이처럼 맹자는 자신의 관점에서 양자를 ‘위아주의爲我主義’로, 그리고 묵가의 ‘겸애주의兼愛主義’를 하나로 묶어 비판한다. 맹자에게 양자의 위아주의는 사회와 타자에 대해 관심을 두지 않는 이기주의일 뿐이고, 자신과 타인을 구분하지 않으려는 묵가의 무차별적 사랑에 대한 요구는 인간의 자연적 감정을 무시하는 것으로 인식되었다.

　그렇다고 자막처럼 무조건적인 중간만을 고집하는 것도 도道와 하나가 되려는 노력을 하지 않는 성찰이 결핍된 절충주의를 드러내는 것일 뿐이었다. 이 때문에 맹자는 양자와 묵가의 한계를 지적한 다음, 유가를 위아주의나 겸애주의라는 극단이 아니라, 도와 하나가 되려는 중용의 가르침을 실천하는 참된 가르침이라는 주장으로 정당화한다.

　사실, 양자의 위아주의나 묵가의 겸애주의에는 혼란의 정점이라는 전국 시대가 시대적 배경으로 작용하고 있다. 다시 말해, 아직 새로운 안정적 질서가 잡히지 않고 있는 사회·정치적인 혼란 상황에서 일반 사람들의 전반적인 삶의 모습은 현실과 거리를 두려는 극단적인 개인주의의 모습으로 나타나는가 하면, 다른 한편으로는 사회의 혼란을 극복하기 위해 공동체와 타자에 대한 무조건적인 사랑과 희생의 실천을 주장하는 모습으로 나타나기도 한다.

　맹자에 의하면, 양자의 주장이 개인주의 또는 이기주의의 극단이라면, 묵자의 주장은 이와 정반대되는 무차별적인 사랑의 실천을 내세우는 또 다른 극단으로 비춰졌다. 즉, 양자와 묵자의 두 입장이 서로 완전히 상반되면서도 바람직하지 않은 극단적 주장으로 인식되도록 하려는 것이 맹자의 의도였던 것으로 보인다.

사단과 성선

●

양자나 묵가와 달리, 맹자는 인간의 본성이라는 보다 근본적인 인간 이해로부터 자신의 논의를 시작한다. 다시 말해 양자나 묵가가 인간의 본성에 관한 부분에 소홀히 했던 것과 달리, 맹자는 자신의 이론의 출발점을 인간 본성에 대한 근본적인 이해로부터 시작한다는 것이다. 그뿐만 아니라 도덕적 선에 기초한 그의 인성론은 순자의 이기적 본성에 기초한 인성론과 명확하게 상반된다는 점에서도 매우 중요한 의미를 지닌다.

> 모든 사람은 불인인지심不忍人之心, 즉 남에게 차마 모질게 대하지 못하는 마음을 지니고 있으며, 선왕들은 이 마음에 따라 정치를 했다. 남에게 차마 모질게 대하지 못하는 그런 마음으로 정치를 한다면, 천하를 다스리는 일은 마치 천하를 손바닥 위에 올려놓고 움직이는 것처럼 쉽다. 모든 사람이 공통적으로 이 마음을 갖고 있다는 하나의 예를 들어 보자. 만약 한 어린아이가 기어가 우물 안으로 빠질 상황에 놓여 있다고 가정하자. 이런 상황을 본 사람은 그가 누구든 깜짝 놀라 이 아이에 대해 측은한 마음을 가질 것이다.[3]

이처럼 맹자는 '불인인지심'으로서 측은한 마음(즉 선한 도덕적 본성)

이 인간에게 본래부터 내재하고 있다는 점을 '우물에 빠지려는 아이'를 구하고자 하는 인간의 보편적 정서와 행동에 근거해 정당화한다. 맹자에 의하면, 보편적 도덕성으로서 이와 같은 본성에 의한 인간의 행동은 아이의 부모와 친분을 쌓기 위해서도 아니고, 아이의 부모에게 어떤 대가를 기대해서도 아니며, 사람들의 도덕적 비난을 피하기 위해서도 아니다.

그것은 오직 우리 인간이 태어나면서부터 본래부터 갖고 있는 도덕적인 본성에서 비롯된 것일 뿐이다. 따라서 그것은 어떤 사람이 차지하고 있는 사회적 신분의 높고 낮음이나, 사회적으로 그가 종사하고 있는 직업적인 특성 때문에 그렇게 표현되는 것이 아니다. 인간 본성으로서 도덕적 본성을 주장하는 맹자는 그 논거를 더욱 구체적으로 확장하는데, 그것이 우리에게 잘 알려진 '사단四端'이다.

> 이것에 근거할 때, 다른 사람을 불쌍하게 여기는 마음측은지심, 惻隱之心이 없으면 사람이 아니고, 불의를 부끄러워하는 마음수오지심, 羞惡之心이 없으면 사람이 아니며, 겸손하고 양보하는 마음사양지심, 辭讓之心이 없으면 사람이 아니며, 옳고 그름을 판단하는 마음시비지심, 是非之心이 없으면 사람이 아니다. 또 측은해하는 마음은 인仁의 단서端이고, 부끄러워하는 마음은 의義의 단서이며, 사양하는 마음은 예禮의 단서이고, 옳고 그름을 가리려는 마음은 지智의 단서이다.[4]

맹자는 이처럼 '차마 모질지 못하는 마음'이라는 보편적이고 도덕적인 정서에 기초해 사단이 본래부터 하늘에 의해 인간에게 주어진 것이라고 주장하면서, 이를 각자의 삶 속에서 확충해 나아가면 인의예지의 덕德을 실현할 수 있다고 본다. 맹자는 또 이것을 우리의 신체에 본래부터 두 팔과 두 다리, 즉 사지가 있는 것처럼 우리의 내면에도 본래부터 사단이라는 네 가지 도덕적 마음이 있다고 비유적으로 설명한다.

이러한 주장에 근거해 맹자는 우리가 자신의 삶 속에서 이와 같은 도덕적인 마음들을 항상 그리고 지속적으로 실천하기를 소홀히 한다면, 이것은 자기 스스로가 본래부터 갖고 있는 도덕적인 마음의 실천을 소홀히 하는 것이라는 점에서 결국은 자기 자신의 근본을 소홀히 하고 훼손하는 것이라고 주장한다.

더 나아가 맹자는 만약 임금(군주)이 스스로 이와 같은 도덕적 본성을 백성을 위한 정치 영역에서 실천하지 않는다면, 이는 임금 스스로 자신이 지닌 본래의 본성을 해치는 것이 되기 때문에 임금으로서의 자격을 스스로 포기하는 것이 된다는 정치적 주장으로 확장해 나간다.

한편, 맹자는 '마치 샘물이 처음 솟아오르는 것처럼', 본래부터 타고난 도덕적 본성인 사단을 자신의 삶 속에서 지속적으로 '확충'해 나아가는 의義를 쌓아 마침내 호연지기浩然之氣, 하늘과 땅 사이에 가득 찬 넓고 큰 으뜸의 기운를 품은 대장부大丈夫 또는 대인大人이 되는 것을 우리가 추구해야 할 이상적인 인간의 모습으로 제시한다. 맹자에게 호연지기란 선천적인 도덕적 품성과 천리의 운행 원리를 지속적으로 실천함으로써 이루어지는 상태이다. 따라서 이는 억지로 조장하거나 몇 번의 올바른[의義] 행동의 실천으로 실현되거나 완성되는 것이 아니다.

> 무엇이 호연지기인지 설명하기는 어렵지만, 이것은 지극히 크고 지

극히 굳센 기운이다. 따라서 바르게 지속적으로 기르는 삶을 살면서 이를 훼손하지 않으면 천지 사이에 기운이 가득 차게 되는데, 이것이 호연지기이다. 이것은 의義, 즉 도道와 하나가 될 때 가장 이상적이며, 의義가 지속적으로 쌓여야 되는 것이기 때문에 하루아침에 갑자기 이루어지는 것이 아니다. 따라서 행동으로 옮길 때 (선한) 마음이 부족하면 이루어질 수 없다. 이 때문에 고자는 '의를 모른다'고 말했던 것이다. [5]

자신의 마음을 다하게 되면, 자신의 본성性을 알고, 자신의 본성을 알면 하늘을 안다. 자신의 마음을 보존존심, 存心하여 자신의 본성을 기르는 것이 곧 하늘을 섬기는 사천, 事天 도리이다. 의심하지 않고 수신修身함으로써 기다리는 것이 하늘의 명천명, 天命을 올바로 세우는 길이다. [6]

이처럼 호연지기는 우리의 타고난 도덕적 본성에 기초하며, 서두르거나 억지로 하지 않고 지속적인 실천으로 올바른 행위를 누적集義해 나감으로써 비로소 이룰 수 있는 것이다. 맹자는 호연지기가 억지로 조장해서는 실현되지 않는다는 주장을 벼농사에 비유해 더욱 쉽게 설명한다. 즉, 모내기를 이제 막 마친 다음 결실을 거두겠다고 조급함을 참지 못해 매일 조금씩 손으로(억지로) 마치 자연스럽게 자란 것처럼 늘려(뽑아) 주면, 마침내 벼가 물 위에 둥둥 떠 죽어 버리듯이 호연지기도 인간의 도덕적 본성인 사단을 억지로 조장하게 되면 자라지 못하게 되어 실현될 수 없다는 것이다.

이 때문에 맹자는 우리 안에 이미 존재하는 대체大體, 사단 또는 올바른 도덕적 마음를 지속적으로 쌓아 가는 실천을 통해 함양할 것을 강조한다. 즉, 맹자는 지속적으로 인과 의를 쌓지 않고 스스로 본성으로서 도덕적인 근본 마음을 놓아 버리고 소체小體, 현실적인 이해관계와 감각에 지배되는 행동에만 집중하는 것을 경계한다.

> 이런 노래가 있다. '창랑(넓고 큰 바다의 푸른 물결)의 물이 맑으면 나의 소중한 갓끈을 그 물에 씻을 것이고, 창랑의 물이 흐리면 나의 더러운 발을 그 물에 씻을 것이다.' 공자는 이를 가리켜 '창랑의 물이 스스로 그렇게 하도록 자초한 것'이라고 제자들에게 말했다. 어느 경우이든 자기 스스로 자신을 먼저 해치고 무시하기 때문에 다른 사람들이 또한 그를 무시하고 해치게 되는 것이다. 스스로를 해치게 되면 살 수가 없는 것이다.[7]

맹자는 인간의 도덕적인 본성이 흐려지는 것은 오직 자기 안에 내재하는 인仁과 의義를 확충하지 않음으로써 스스로 초래한 것임을 강조하고 있다. 즉, 창랑의 물이 맑았기 때문에 갓끈을 씻은 것이고, 창랑의 물이 혼탁했기 때문에 발을 씻은 것이다. 따라서 맹자가 볼 때, 갓끈을 씻거나 발을 씻은 것은 창랑의 물 자신으로 인해 일어난 것이다. 마찬가지로 한 개인의 도덕적 선의 완성이나 실패 또한 그 개인의 노력과 실천으로부터 비롯되는 것이다.

맹자는 이것을 "사람의 마음은 인仁이고, 사람이 마땅히 가야 할 길은 의義이다. 그런데 사람들은 자신의 근본 마음본심, 本心을 잃어버리고도 이를 찾으려 하지 않으니 슬플 뿐이다. 사람들은 자신이 키우는 개나 닭이 없어지면 찾으려고 하면서도 왜 잃어버린 마음은 찾으려고 하지 않는가? 학문이란 마땅히 이 잃어버린 마음을 찾는 것구방심. 求放心이다."라는 말로 타고난 도덕적인 마음을 기르는 '양심養心' 공부를 강조한다. 이것은 우리가 앞에서 강조했던 '사단의 확충'과 같은 의미이다.

> 사람이 배우지 않고도 능히 잘할 수 있는 것은 '양능良能' 때문이고, 사람이 깊이 생각하거나 헤아리지 않고도 능히 잘 아는 것은 '양지良知' 때문이다. 두세 살짜리 어린아이도 자기 부모를 사랑할 줄 알고, 자라서는 누구나 형을 공경할 줄 안다. 부모를 부모답게 모시는 것이 인仁이고, 웃어른을 공경하는 것이 의義인 데, 이것이 세상의 보편적인 이치이다.[8]

맹자는 인간에게 선천적인 도덕성이 생득적으로 갖추어져 있다는 것을 이미 사단을 통해 강조했다. 여기서 말하는 '양良' 또한 선천적인 도덕성으로서 마음心을 가리키는 말이다. 그리고 '지知'란 도덕적인 지식을 의미하고, '능能'이란 선천적 도덕성을 실천할 수 있는 능력을 의미한다. 따라서 이것을 확충하는 것은 생득적으로 주어진 자기 내면의 도덕성을 실현하고자 노력한다는 말과 같은 의미이다. 맹자는 이를 우산지목牛山之木의 비유를 사용하여 강조한다.

> 원래 우산은 나무가 무성하고 아름다운 산이었다. 그런데 사람들이 매일 몰려와 도끼로 벌목하자 산은 그 아름다움을 잃고 말았다. 또 밤낮으로 자라고 이슬과 비를 맞아 새싹이 났지만 사람들이 양과 소

를 끌고 와 민둥산으로 만들어 버렸다. 그런 다음, 사람들은 우산은
원래부터 민둥산이었다고 말한다. 그렇지만 어떻게 우산이 원래부
터 민둥산이었겠는가? 사람들은 금수와 같은 지금의 모습만 보고,
그 사람에게는 원래부터 선한 본성이 없었다고 말한다. 그렇지만 어
떻게 지금 그의 모습이 원래 그의 모습이겠는가?[9]

사람들은 누군가를 평가할 때 현재 그가 하고 있는 행동만을 가지고
그 사람의 모든 것을 단정 지어 버리는 경향이 있다. 그렇지만 그 또한
원래의 우산처럼 아름다운 본성, 즉 도덕적인 마음을 갖고 있었고, 현
재도 갖고 있다. 따라서 본래 아름답고 무성했던 우산이 그랬던 것처
럼, 우리 인간 또한 외적인 환경적 요인에 의해 선천적인 도덕적 본성
이 훼손되는 일이 일어나지 않도록 항상 자신의 본성을 지키고 키우려
는 노력을 하지 않으면 안 된다.

우산이 지금은 비록 민둥산일지라도 여전히 자신이 지니고 있는 본
성의 씨앗, 즉 무성한 산림을 이루려고 하듯이, 우리 인간 또한 본성에
내재하고 있는 선천적인 도덕성을 양심養心하고, 양기養氣 호연지기를 기름하는
노력을 게을리하지 않음으로써 인의仁義를 완성하도록 해야 한다.[10]

왕도: 불인인지심의 정치적 실천

●

앞에서 우리는 임금의 정치가 인간의 도덕적 본성인 '불인인지심'에
기초해 펼쳐진다면, 천하를 손바닥 위에 올려놓고 움직이는 것처럼 쉬

운 일이 될 것이라는 맹자의 정치에 관한 기본 입장을 읽었다. 맹자의 정치에 관한 이러한 기본 입장은 인간의 도덕적 본성에 기초한 정치가 곧 임금의 올바른 자격임을 가리키는 것이기도 하다. 달리 말해, 인간의 근본적 도덕성에 기초하지 않는 정치, 즉 임금 스스로 자신의 도덕적 본성을 해치거나 훼손하는 정치적 행위는 임금으로서의 자격 상실을 의미한다.

이것은 정치적 측면에서 두 가지 의미를 함축하고 있다. 하나는 정치란 마땅히 인간의 도덕적 본성인 측은지심의 도덕적 정서를 사회 · 정치적으로 확장하는 행위라는 뜻이다. 다른 하나는 만약에 임금 또는 정치를 하는 자가 본성인 도덕적 정서에 의한 정치를 포기하고 강제력과 힘에만 의존하여 나라를 이끌려고 한다면, 그는 이미 인간의 본성을 저버린 정치적 행위를 하는 것이기 때문에 통치자로서 자격을 이미 상실했다는 뜻이다.

맹자는 특히, 임금이 될 수 있는 자격을 잃은 자는 더 이상 임금이 아닌 시정잡배(펀둥펀둥 놀면서 방탕한 생활을 하며 시중에 떠돌아다니는 점잖지 못한 무리)에 지나지 않는다는 점을 강조한다.

> 상나라 왕조를 세운 탕 임금이 하나라 폭군인 걸을 추방하고, 주나라의 무왕이 폭군인 상의 주 임금을 죽였다. 이는 신하가 군주에게 벌을 주거나 시해한 것처럼 보일 수 있다. 그렇지만 인仁을 해친 자는 이미 도적이라 부르고, 의義를 해치는 자는 이미 잔악하다고 부르기 때문에 이들은 시정잡배에 지나지 않는다. 따라서 군주를 시해한 것이 아니라 시정잡배를 처리한 것일 뿐이다.[11]

공자와 마찬가지로 맹자 또한 왕위의 '선양'을 주장한다. 즉 공자는 정명正名에 기초하여, 그리고 맹자는 측은지심의 도덕적 본성과 인의仁義, 사람의 마음이자 사람이 걸어야 할 길의 덕德의 실천에 근거하여 선양을 중시한다. 특히 맹자는 도덕성의 정치적 실천으로서 왕도를 실행하지 않고, 물리력과 강제력에만 의존하려는 임금은 이미 임금이 아니라 인仁을 위장한 패도霸道일 뿐이라고 비판한다.

맹자의 방벌放伐, 덕을 잃은 군주를 쫓아냄에 의한 역성혁명 이념의 바탕에는 그의 이러한 도덕 정치로서 왕도와 민본주의적 사고가 작용하고 있음은 당연하다. 즉, 맹자에게 '가장 무겁고 중요한 존재는 백성'이었던 반면, 군주는 '가장 가벼운 존재'였던 것이다. 인간(백성)에 대한 사랑과 측은지심에 기초한 왕도의 실천에 대해 맹자는 다음과 같이 주장한다.

> 왕도란 보민保民, 백성을 편안하게 지켜주고 살핌을 행하는 것이다. 국가의 제례의식 때 사용할 소가 끌려가는 것을 보고, 왕이 '아무런 죄가 없는 소가 벌벌 떨며 끌려가는 모습을 차마 볼 수가 없으니 소를 양으로 대신 바꾸라'고 말한다면, 이것이 왕도이다. 왕은 소가 아까워서가 아니라 단지 소에게 '차마 그렇게 하지 못한 것불인, 不忍'이기 때문이다. 이것이 비로 인仁을 실천히는 것이다. 따라서 왕도란 행하지 않는 것이지, 행하지 못하는 것이 아니다. 안정된 생업항산, 恒産이 없으면서도 안정된 마음항심, 恒心을 유지할 수 있는 것은 선비나 가능한 일이다. 하지만 일반 사람들(백성)은 안정된 생업이 없으면 안정된 마음도 없게 된다. 그런데 항심이 없게 되면 방탕하고 한곳으로 치우치게 되고 (편벽), 사악하고 사치하게 된다. 따라서 현명한 군주라면 반드시 백

성들을 넉넉하게 하여 위로는 부모를 섬기게 하고, 아래로는 가족을 부양하게 한다. 이렇게 하여 백성들을 선하게 했기 때문에 백성들이 그를 따랐던 것이다. 항심이 없는 자들이 죄를 지었다고, 이들을 잡아 벌을 주게 된다면, 이것은 백성들이 걸려들 그물(함정)을 쳐 놓고 기다리다가 백성들을 잡아들이는 꼴이 된다.[12]

이처럼 맹자에게 왕도 정치란 인仁, 즉 임금이 백성과 함께 즐거워하는 여민동락與民同樂과 보민, 그리고 백성을 정치의 근본에 둔 민본民本과 사회정의義의 실현이었다. 따라서 이것과 반대되는 힘에만 의지하는 패도나 국가나 임금만의 이익利을 중시하는 정치는 그에게 비판과 경계의 대상이 될 수밖에 없었다.

위나라의 혜왕이 맹자의 방문을 두고 '(우리) 나라에 이익利'이 될 것이라고 기뻐하며 말하자, 맹자는 임금에게는 이익이 아니라 '오직 인의仁義만이 있어야 한다'고 나무란다. 인의에 의한 맹자의 왕도 정치 이념은 다음과 같이 구체화된다.

다섯 묘의 땅에 뽕나무를 심으면 쉰 살의 노인도 비단옷을 입을 수 있고, 닭이나 돼지, 개를 기르게 하여 새끼를 낳게 한다면 일흔 살의 노인도 고기를 먹을 수 있다. 백 묘의 땅에 농사를 짓게 하면 여덟 가구가 굶주리지 않아 효와 우애를 행하도록 가르칠 수 있고, 노인이 땅에 버려지는 일이 없게 된다. 노인이 비단옷을 입고, 고기를 먹고, 버려지지 않으며, 젊은 사람이 굶주리지 않고 추위로 고생하지 않게 하는 것이 왕도이다.[13]

우리는 맹자의 여민동락과 왕도 정치의 이념에서 공자의 인정仁政과 덕치德治, 정명正名, 대동大同의 이상을 모두 발견할 수 있다. 그뿐만 아니라 이러한 이념들 속에 포함된 현재적 의의도 찾을 수 있다. 즉 왕도로부터는 책임 정치의 중요성을 찾을 수 있고, 보민과 항산 그리고 항심으로부터는 사회적 약자에 대한 배려와 보호라는 복지 이념의 중요성과 함께 국가에 의한 도덕 교육의 중요성도 발견할 수 있다.

소수가 아니라 모두를 이롭게 하는 것이
정치의 본질이라고 주장한

묵자
·
墨子

기원전 479?–기원전 381?

하늘은 모든 것을 아울러 사랑하고, 모든 것을 아울러 이롭게 해 준다. 온 천하가 아울러 서로 사랑하게 되어 자신을 보듯 다른 사람을 보고, 자기 집을 보듯 다른 사람의 집을 보고, 부모와 임금을 자기 자신처럼 대하고, 자기 나라를 대하듯 다른 나라를 대한다면, 어찌 불효와 도둑, 전쟁이 있겠는가?

▶ **핵심 주제**

1. 묵가와 유가

2. 겸애와 별別

3. 실용적 소비와 검소

4. 반전 평화 사상

▶ **핵심 용어**

유가 비판, 겸애, 절용과 검소, 실용적 소비, 비공非攻과 반전 평화 사상, 절장節葬,

비명非命, 비악非樂, 공리주의, 백성과 사회 전체의 이익

묵가와 유가

『한비자』「현학」 편에는 "세상에 가장 두드러진 두 학파가 있는데, 하나는 유가이고, 다른 하나는 묵가이다. 유가의 정점이 공자라면, 묵가의 정점은 묵적"이라 쓰고 있다. 또 『맹자』에는 앞에서 본 것처럼, "천하의 이론은 양주 아니면 묵적에게 돌아가고 있다."[14]고 표현되어 있다. 맹자가 "묵자는 겸애를 주장하여 머리끝에서 발꿈치까지 털이 닳아 없어진다 해도, 천하에 이로운 일이라면 그것을 할 사람이다."[15]라고 진술한 것으로 보아 묵자의 영향력이 무엇으로부터 비롯되고 있는지를 추론할 수 있게 해 준다.

묵자는 하늘의 정해진 뜻천명, 天命이 있기 때문에 인간은 이를 따르지 않으면 안 된다는 유가의 주장을 부정한다. 정해진 운명으로서 천명을 믿게 되면 현재와 같은 혼란이나 불평등한 지배 질서 또한 거스를 수 없는 운명으로 받아들이게 되어 사랑과 평화로운 세상을 만들어 갈 수 없기 때문이다.

『회남자』는 "묵자는 유자의 길을 공부했지만, 주나라의 도를 배반하였다."며 묵자가 처음 학문을 시작했을 때는 유가를 공부했다고 전한다. 묵자는 유가의 비생산성과 신분제에 기초한 봉건 지배 질서의 정당화 논리를 부정하는 한편, 유가의 음악과 사치스런 예, 장례의식 그리고 존비친소에 기초한 차별적 사랑 등이 모두 별別, 차등 또는 차별에 기초하고 있으며, 이것이 당시 사회를 전쟁과 혼란으로 내몰고 있다고 보았다.

일반적으로 묵자는 춘추시대 말기부터 전국 시대에 걸쳐 활동한 것으로 알려져 있다. 묵자는 주왕조가 분할되어 성립한 서주(기원전 770-기원전 403)와 동주(기원전 402-기원전 256) 중 동주 시대에 활동했는데, 흔히 전기의 동주를 '춘추 시대', 후기의 동주를 '전국 시대'라고 한다.

묵자의 사상이 같은 시대의 유가나 법가와 현저히 구별되었던 점은 유가나 법가의 사상들이 주로 봉건 지배 계급의 입장을 정당화했던 반면, 묵자의 사상은 거꾸로 이들의 지배를 받는 피지배계급의 입장을 적극적으로 보호하려 했다는 점에 있다. 묵자의 이러한 주장은 『묵자』의 「겸애兼愛」, 「비공非攻」, 「절용節用」, 「절장節葬」, 「비명非命」, 「비악非樂」 편 등에서 특히 두드러지게 표현되어 있다.

겸애와 별別

●

묵자 사상의 핵심은 간명하게 '겸애'와 '교리'로 요약할 수 있다.

> 남의 어버이 사랑하기를 마치 자기 어버이 사랑하듯이 하라.[16] 아울러 모두를 사랑하고, 아울러 모두를 이롭게 하라兼相愛 交相利.[17] 천하에 이익을 주는 대신, 천하의 해악은 제거하라.[18]

묵자에게 겸애란 자기 자신과 다른 사람 사이에 차별이 없는 사랑, 즉 무차별적인 사랑을 말한다. 그에게 '별別', 즉 서로를 갈라놓고, 분리하고, 차별하는 행동은 이 세상 혼란과 갈등을 일으키는 원인인 반면, '애愛'는 서로를 화합하게 하고, 하나가 되게 하여 평화를 만드는 원천이다.

성인은 천하를 다스리는 일을 하는 사람이기 때문에 세상의 혼란이 왜 일어나는지를 자세히 살피지 않으면 안 된다. 그렇다면 무엇이 혼란이고, 왜 이것이 발생하는가? 혼란이란 자신만을 사랑하여 남(남의 부모, 다른 사람, 남의 것, 임금)을 자신의 것처럼 대하지 않는 상황을 말한다. 그렇다면 왜 이런 일이 발생하는가? 서로가 사랑하지 않기 때문이다별, 別. 천하의 모든 사람들이 아울러 서로 사랑하여, 남을 사랑하기를 자신의 몸을 사랑하듯 한다면, 어떻게 불효가 있고, 자애롭지 못한 일이 있고, 남을 해치는 일이 있겠는가? 만약에 서로가 아울러 사랑한다면겸애, 兼愛, 천하의 질서가 바르게 잡힐 것이다.[19]

묵자는 우리가 서로 사랑해야 하는 이유에 대해 이처럼 논증의 형식을 갖추어 명쾌하게 주장하고 있다. 즉, 세상의 모든 혼란의 원인은 오직 이기심別 때문인데, 이런 것들에는 자식의 불효, 신하의 불충, 다른 사람에 대해 해악을 끼치는 일체의 행위 등이 있다. 이런 혼란의 원인이 오직 별別로부터 초래되는 것이라면, 혼란의 치유 또한 오직 이것과 반대되는 것을 통해서만 가능한데, 그것이 바로 사랑愛이다.

묵자는 세상을 다스리는 군주, 즉 성인이 이 겸애를 정치에 실천하세 되면, 물이 흐르듯 지언스럽게 아래로 널리 퍼져 사히 질서가 바로 잡히고 안정될 것이라는 믿음을 갖고 있었다. 임금의 검소한 옷차림을 신하들이 따르듯이, 임금이 실천하는 사랑은 아랫사람들이 이를 자연스럽게 따르도록 하게 할 것이란 믿음이다.

한편, 묵자는 '겸'을 실천하느냐 '별'을 실천하느냐에 따라 하늘의 뜻이 상과 벌로 나타난다고 주장한다.

하늘의 뜻, 즉 사람들을 사랑하고 이롭게 하여 상을 받는 사람들은 요·순·우·탕·문왕·무왕 등이다. 겸하는 사람은 큰 나라를 지녔다고 작은 나라를 공격하지 않으며, 강하다고 약한 사람들을 침탈하지 않으며, 추하다고 천한 사람들에게 거만하지 않는다. 그들의 이러한 어질고 의로운 행동이 하늘로부터 상을 받은 이유이다. 반면, 사람을 미워함으로써 하늘의 벌을 받은 사람들은 폭군인 걸·주·유왕·여왕 등이다. 이들은 사람들을 차별하여 겸하지 않았다. 그래서 이들은 작은 나라를 공격하고, 약한 사람들을 침탈했고, 천한 사람들에게 오만하고 난폭했다. 이 때문에 하늘이 이들을 벌주었던 것이다.[20]

묵자는 절대적인 존재로서 하늘이 의지를 지녔다고 보았으며, 이 때문에 겸 또는 별에 따른 행동에 대해 상 또는 벌을 내린다고 생각했다. 자연 하늘이 의지를 지녔다는 그의 믿음에 미신적인 요소가 있기는 하지만, 바꾸어 말하면 그가 겸을 당위적 이념으로 그만큼 강조하고자 했다는 것으로 해석할 수도 있다. (그렇더라도 오늘날 그가 천지와 귀신을 숭배한 점은 그의 사상의 한계로 받아들여지고 있다.)

실용적 소비와 검소

●

묵자의 사회적 약자에 대한 배려와 피지배 계급을 보호하려는 신념은 이들을 실질적으로 돌보아야 한다는 당위적 가치가 되었으며, 이것은 먼저 실용성으로서 절용節用에 대한 강조로 구체화되었다.

성인이 한 나라를 다스리게 되면, 나라의 부는 두 배가 된다. 다른 나라를 침략해 땅을 빼앗아서 그런 것이 아니라 쓸데없는 비용을 없 앰으로써 부를 두 배로 늘리기 때문이다. 낭비가 없으면, 백성의 생 활에 수고로움이 없고, 그래서 이익은 배가 된다. 성인은 겨울에 입 는 옷은 검게 하여 따뜻하게 했고, 여름에 입는 옷은 얇게 하여 시원 하게 했다. 성인은 집을 지을 때 겨울에는 추위를 막고, 여름에는 더 위와 비를 막도록 했으며, 화려함 대신 사용에 편리하도록 했다. 성 인은 갑옷과 방패는 전쟁을 막는 데 사용했고, 이 또한 화려함이 아 니라 가볍고 사용하기 편리하게 하였다. 성인은 배와 수레를 가볍게 만들어 편리하게 이용하도록 했지만, 화려하게 하지는 않았다. 그러 므로 백성의 이익은 많아지고, 낭비는 줄어들어 백성은 수고롭지 않 게 된다.[21]

옛날 현명한 임금이나 성인들은 백성들을 사랑하고, 섬겼으며, 그들 에게 이익을 보여 주는 것으로 천하를 다스리고 제후들을 바로잡았 다. 옛날의 성왕들은 기능인工人들에게 수레, 질그릇, 가죽, 쇠로 만든 연장, 가구를 만들도록 했지만, 모두 각각의 능력에 맞는 일에 종사하도록 했다. 그리고 이러한 것들은 백성들이 사용하는 데 딱 알맞은 그만큼에서 멈추게 했다.[22]

또한 묵자는 백성과 피지배 계급의 입장에서 성대한 장례식厚葬과 사치스런 음악非樂을 비판했을 뿐만 아니라 방어로서 전쟁과 대비되는 공격적 침략 전쟁에 대해서도 백성의 입장에서 반대비공, 非攻했다.

> 죽은 사람의 장례를 지낸 뒤에는 산 사람이 오랫동안 상을 지키면서 슬퍼하지 않도록 해야 한다. 성대한 장례를 지내고, 3년 동안 슬프게 곡하여 지쳐 사람이 부축해 줘야 일어설 수 있고 지팡이를 짚은 다음에야 걸을 수 있다면, 이것만으로도 충분히 천하를 망치기에 부족함이 없다. 순장도 안 되지만, 성대한 장례는 고생해서 이루어 놓은 재물들을 한꺼번에 땅에 묻어 버리는 것이고, 살아 있는 사람들에게는 오랫동안 일을 하지 못하게 한다.[23]

> 음악이 번거롭고 호화스러워질수록 정치는 올바로 되지 않는다. 백성의 세금을 거두어 악기를 만드는 데 쓰지 말고, 배와 수레를 만들어 백성들의 이익에 맞도록 써야 한다. 따라서 (사치스런) 음악을 즐기는 일은 그릇된 것이다.[24]

묵자는 백성이 겪는 가장 큰 세 가지 어려움을 배고플 때 배를 채우지 못하는 것, 피로에 지쳤을 때 쉬지 못하는 것, 그리고 추울 때 따뜻하게 입지 못하는 것이라고 보았다. 이 때문에 묵자는 정치를 하는 사람은 반드시 하늘의 뜻에 따라 모두에게 이익을 제공하는 정치를 해야 하는데, 이러한 정치를 올바른 정치의정, 義政라고 불렀다.[25] 그리고 이것과 반대되는 힘에 의한 정치를 역정力政이라 불렀다. 의정이 모든 것을 아울러 생각하는 정치라면, 역정이란 차별에 기초를 둔 정치이다.

그러므로 묵자에게 훌륭한 성왕의 정치는 모든 사람에게 의義, 모두에게 이익을 주는 것를 주는 것이었다. 또 이러한 정치를 하기 위해서는 모든 일을 할 때, 반드시 백성의 입장에서 검토하지 않으면 안 된다고 보았다. 이 때문에 그에게 호화스런 장례 문화나 사치스런 음악은 지배계급의 위엄이나 권위에는 어울릴지 모르지만, 백성의 이익과 실용에는 전혀 도움이 되지 않을 뿐만 아니라 오히려 백성의 고통과 수고로움만을 배로 늘리는 것으로 비춰졌던 것이다.

반전 평화 사상

●

백성에게 고통과 수고로움을 가중시키는 것은 전쟁의 경우도 마찬가지이다. 묵자에게 전쟁이란 소수의 지배계급이 자신들의 욕망을 채우기 위해 백성에게 모든 수고로움과 노동을 전가시켜 백성의 고통을 한층 증대시키는 것에 지나지 않는 무익한 행동이다. 이 때문에 그는 모든 침략 전쟁에 반대하는 평화의 이념을 주장했다.

겨울철에 군사를 일으켜 전쟁을 하면 추위가 걱정이고, 여름에 군사를 일으키면 무더위가 걱정이다. 또 봄에 일으키면 백성들의 농사일을 망치게 되고, 가을에 일으키면 백성들의 추수를 망쳐 굶주리게 한다. 그뿐만 아니라 전쟁을 위한 군사 동원은 계산의 이치에도 맞지 않는다. 화살이나 깃발, 방패와 창은 전쟁을 치르면서 부서지고 망가져 쓸모없게 되고, 소나 말은 마르고 힘이 빠져 쉽게 죽어 버린

다. 또 다수의 백성은 전쟁에 동원되어 굶주리거나 병들어 죽게 된
다. 전멸하는 군사도 쉴 수 없이 많아질 수 있다. 그러므로 전쟁이란
천하의 백성을 해치고 죽이기를 즐기는 것에 지나지 않는다.[26]

과수원의 과일을 훔치는 일, 남의 개나 닭·돼지를 훔치는 일, 남의
말이나 소를 훔치는 일, 죄 없는 사람을 죽이는 일, 나아가 남의 나
라를 침략하는 일, 이 모든 일들은 모두 정의롭지 못한 행동들이지
만, 그중에서도 가장 큰 불의는 남의 나라를 침략하는 일이다. 그런
데 가장 잘못된 행위인 전쟁은 가장 심한 벌을 받아야 하지만, 사람
들은 이를 거꾸로 칭송하여 의義라고 한다. 그렇다면 우리가 도대체
후세에 가르치고 전할 수 있는 것이 무엇이겠는가?[27]

묵자는 이처럼 백성의 이익이라는 관점에서 정복 전쟁에 반대했으
며, 그 정당화 근거를 겸애와 교리의 원리에 두었다. 또 흥미로운 것은
묵자가 전쟁을 반대하는 이유가 공리주의적 맥락(예를 들어 백성의 고통
을 극대화시키는 것이므로 회피해야 한다는 것, 쾌락과 고통의 양을 계산하더
라도 정당화될 수 없다는 것)에 의해서도 설명이 가능하다는 점이다.

그럼에도 불구하고, 전쟁을 일삼는 제후들을 의로써 칭송하는 것은
겸을 별로써 대체하여 세상을 더욱 혼란으로 치닫게 하리라는 것이 묵
자의 시대 진단이다. 이를 극복하기 위해 묵자는 반대로 별을 겸으로
대체함으로써 일부 소수의 지배 계급의 행복이나 이익이 아니라 사회
적 다수인 백성과 피지배계급의 전체 이익과 행복을 극대화하고자 했
던 것이다.

순자
·
荀子

기원전 298?–기원전 238?

사람의 본성이 악한 것이라면, 예는 어디에서 비롯된 것인가? 예란 성인聖人의 인위僞에 의해 만들어진 것이지, 본래부터 있었던 것이 아니다. 이것은 마치 옹기를 만드는 사람에 의해서 질그릇이 만들어지는 것과 같다. 마찬가지로 나무 그릇은 복공이 나무를 깎음으로써 가능한 것이지, 본래 사람의 본성으로부터 만들어질 수 있는 것이 아니다. … 성인께서는 사람의 본성을 교화시키기 위해 인위를 일으켜化性而起僞 예의禮義를 만들었고, 또 이 예의를 통해 법과 제도를 만들었던 것이다. 그러므로 성인이 일반 사람들과 같은 것은 본성이고, 성인이 일반 사람들보다 뛰어난 것은 인위이다.

길거리의 사람도 우임금 같은 성인이 될 수 있는 까닭은 인의仁義와 올바른 법도법정, 法正를 행할 수 있기 때문이다.

▶ **핵심 주제**

1. 순자와 묵자

2. 성악性惡

3. 예禮: 국가의 운영 원리

▶ **핵심 용어**

묵자 비판, 성악, 맹자 비판, 인위로서 예 강조, 자기 이익과 욕망, 국가 운영 원리로서 예(예치), 예: 기준과 분수·경계, 인간의 의지적 개입과 노력, 상과 벌, 예치, 음악의 중요성, 신분의 등급화와 각 신분에 맞는 덕(능력)의 요구, 자연(하늘)에 대한 인간의 역할 강조

순자와 묵자

순자는 『순자』의 「부국」 편에서 묵자를 비판하는데, 이것은 순자의 사상을 가늠하는 데 큰 도움이 된다. 왜냐하면 묵자가 '절용'과 검소, 평등을 주장하는 반면, 순자는 예禮에 의한 분별과 경계, 형식과 차등의 규범을 강조하기 때문이다.

묵자는 재화가 부족하지 않을까 하는 당연한 걱정을 했지만, 이것은 단지 묵자 혼자만의 생각일 뿐이다. 땅을 어떻게 가꾸느냐에 따라 오곡, 복숭아, 대추는 얼마든지 넉넉하게 수확할 수 있기 때문이다. 천지의 만물은 원래 넉넉하여 사람들이 살아가는 데 부족함이 없다. 따라서 여유가 있음에도 부족할 것을 걱정하는 것은 묵자 개인의 지나친 염려에 불과하다.[28]

묵자가 천하와 나라를 다스리면 근심하며, 거친 옷을 입으며, 슬퍼하면서 음악을 버리게 될 것이다. 이렇게 되면 욕망 충족도 불가능해지고, 상을 주는 일도 불가능해질 것이다. 또 묵자는 관직을 줄이고, 노동을 우선 존중하기 때문에 신분(관직)에서 위엄도 사라질 것이다. 위엄이 서지 않으면 형벌도 제대로 행해질 수 없다.[29]

임금이나 성인이 아름답고 꾸미지 않는다면, 또 넉넉하고 후덕하지 않는다면, 아랫사람들을 다스릴 수 없으며, 포악한 자들을 이겨 낼 수도 없다. 그렇기 때문에 큰 북을 만들고 큰 종을 쳐서 위엄을 드러냈던 것이다. 그런 다음 관직을 만들어 상을 내리고, 벌을 엄하게 하였던 것이다. 그 이유는 세상의 모든 사람들이 무엇을 원하는지를 이미 알고 있었기 때문이다.[30]

묵자는 부족함을 걱정하여 검소와 노동을 지나치게 강조했지만, 순자는 묵자의 이러한 걱정이 오히려 인간의 욕망 충족과 물질적 넉넉함의 가능성을 제거해 버림으로써 인간을 더욱 궁핍하게 할 것이라고 비판한다.

또 묵자는 실용성에 근거하여 감정에만 호소하는 호화스런 음악을 부정했지만, 순자는 음악이 '인간의 나쁜 기운을 순화하며', '모든 것을 화합시키며', '백성의 마음을 어질게 하는 것'이기 때문에 효용성의 측면에서도 중요한 것이라고 반박한다.[31] 순자의 음악에 대한 강조하는 다음 글에서도 잘 나타난다.

음악이란 즐기는 것이며, 사람의 감정에 반드시 있는 것이기 때문에 사람에게 반드시 있어야 한다. 즐거움의 감정을 표현하는 것은 당연하지만, 이것이 표현될 때 올바른 도리道에 맞지 않으면 혼란이 일어난다. 옛 임금들은 혼란을 원하지 않아 형식을 갖추어 분별하게 했고, 사악하고 나쁜 기운이 가까이하지 못하게 했다. 이것이 음악을 제정한 이유이다. 이처럼 옛 임금들은 예의와 음악으로 백성을 이끌어 화목하게 지낼 수 있게 하였다.[32]

순자에게 예禮가 등급에 따라 외적으로 나누는 것이라면, 음악이란 내적으로 조화되게 하는 것이었다. 이 때문에 순자는 묵자의 음악에 대한 걱정과 염려는 단지 묵자 개인의 의견일 뿐, 아무런 근거가 없는 것이라고 일축해 버린다. 나아가 모두가 노동만을 중시하여 평등해지면, 분별이 사라짐으로써 오히려 신분에서 위엄 또한 바로 서지 못할 것이라고 비판한다. 또 신분이 바로 서지 못하게 되면 상과 벌이 불가능해져 결국 사회의 안정이나 질서도 확립하지 못하게 될 것이라고 비판한다.

우리가 일반적으로 이해하고 있듯이 순자는 맹자와 반대되는 '성악설'을 주장한 것으로 평가받는다. 그렇지만 순자 사상의 전체를 조망할 경우, 그의 성악설이 그의 사상의 모든 것이 아니라, 사실은 예禮를 주장하기 위한 전략적 장치로서 성악설을 주장했다는 것이 순자의 의도에 더 가까운 진단이라 보인다.

순자는 맹자와 달리 전국 시대를 보다 현실적이고 사실적인 인간의 모습에 관심을 두고 진단했다. 신하가 임금을 죽이고, 자식이 부모를 죽이는 혼란과 무질서가 난무하는 극단의 시기를 살아야 했던 순자는 실제로 악이 일어나고 있는 현실과 현상에 주목한 다음, 이를 어떻게 질서의 세계로 전환할 것인지를 고민했다. 그리고 이러한 논의를 시작하는 지점이 성악설이고, 그에 대한 처방저이 예(또는 예치)였던 것이다.

성악性惡

●

순자의 이와 같은 문제의식은 묵자에 대한 비판과 함께 인간 본성의 선을 주장하는 맹자에 대한 비판으로 이어진다. 순자에 의하면, "본성과 인위는 다른 것이다. 본성은 하늘로부터 타고난 것이기 때문에 배우거나 노력으로 이룰 수 있는 것이 아니다. 반면, 인위란 배우면 행할 수 있고, 노력하면 이룰 수 있는 것이다. 그러므로 사람이 배우는 것은 본성이 선하기 때문이라는 맹자의 주장은 잘못된 것이다. 즉, 맹자는 본성과 인위를 구분하지 못했던 것이다."[33]

순자가 맹자처럼 유가이면서도 상반되는 입장을 보인 것은 맹자가 인간의 내면적 도덕성에 주목했던 것과는 달리, 순자는 전국 시대의 냉정한 현실을 살아가는 인간의 실제 모습과 현상에 주목했기 때문이다. 이처럼 순자는 전국 시대의 혼돈이 주는 현실에 대한 사실적 이해로부터 인간의 본성을 찾고자 했다.

인간의 본성은 악하다. 인간의 본성은 태어나면서부터 이익을 좋아하고, 욕망을 충족시키려고 하기 때문에 사양이 없어 질투와 분쟁이 생긴다. 또 인간은 태어나면서부터 눈과 귀가 있어 아름다운 소리와 좋아하는 색깔이 있는데, 이를 따르게 되면 혼란이 생기고, 예와 형식이 사라지게 된다. 인간이 본성의 욕망과 감정을 따르면 쟁탈이 생기고 분수를 어기게 되기 때문에 반드시 예와 교화가 있어야 하고, 질서는 그다음에 잡힌다.[34]

사람은 배고프면 먹고 싶고, 피곤하면 쉬고 싶고, 추우면 따뜻하게 하려고 한다. 그러므로 사람들이 배가 고파도 부모나 어른을 위해 먼저 먹지 않고 사양하는 것이나, 자식이 부모를 위해 일하면서도 순자는 인간의 본성을 자기 이익을 우선하는 욕망을 지닌 존재로 보았고, 이 때문에 대립과 갈등, 분쟁과 혼란이 일어난다고 보았다. 따라서 인간의 본성 안에 도덕인, 仁이나 규범예, 禮은 존재하지 않는다. 그럼에도 인간의 이와 같은 본성이 선하게 바뀔 수 있는 것은 후천적이며 인위적인 노력과 학습을 통해서라는 것이 순자의 주요 논지이다. 즉, 인간의 이기적인 본성을 도덕적인 것으로 되돌리기 위한 후천적 노력인 예에 의한 인위적 교화를 통해 인간이 도덕적인 존재로 바뀔 수 있다는 것이다화성기위, 化性起僞.

순자는 이것을 교정하는 나무를 대서 구부러진 나무를 바르게 자라도록 도와주는 것, 그리고 아직 거친 쇳덩이를 풀무질하여 달군 다음 예리한 칼로 만드는 것에 비유한다. 순자에게 인간의 본성이란 그것이 누구(이)든, 예를 들어 군자나 소인이든, 도둑이든 폭군이든 상관없이 모두 다 본래는 같은 것이었다. (그렇지만 순자 또한 공자나 맹자처럼 누구나 후천적인 인위人爲를 통한 올바른 노력을 지속적으로 쌓아 가면 성인이 될 수 있다는 믿음을 갖고 있었다.)[36]

예禮: 국가의 운영 원리

●

순자에게 예禮란 명확한 기준과 자기 분수에 따른 욕망의 충족을 가능하게 함으로써 분쟁과 갈등의 원인을 없애 주는 중요한 장치이다.

순자에 의하면, "인간은 태어나면서부터 욕망을 갖고 있기 때문에 자신이 원하는 것을 추구할 수밖에 없다. 그런데 이 욕망을 추구하는 과정에서 일정한 기준과 한계가 정해져 있지 않으면 분쟁이 일어나게 된다. 이 때문에 옛 임금들은 이런 문제를 해결하기 위해 예의禮義를 제정하여 분별하고, 그 경계를 나누었다分界."[37]는 것이다. 그리고 비로소 이 예를 통해 인간은 자신의 욕망을 충족할 수 있게 되었고, 원하는 것을 부족함 없이 제공받을 수 있게 되었다는 것이다.

> 사람과 사람 사이에 경계(구분, 분별)가 없으면 임금과 신하의 구분도 없게 된다. 신하를 통제할 임금이 없다면, 아랫사람들을 통제할 윗사람도 없게 된다. 또 모든 사람에게는 욕망이 있는데 이를 만족시켜 줄 수 있는 대상이 부족하게 되면, 반드시 분쟁이 일어나게 된다. (그러므로 옛 임금들은 예를 만들어 그 경계를 명확히 했던 것이다.)[38]

> 한 사람이 원하는 것을 충족하기 위해서는 여러 사람의 도움(기능)을 필요로 한다. 이 때문에 사람이 고립되어 서로 돕지 않으면 궁핍해진다. 그렇지만 무리를 지어 살더라도 경계가 없으면 강자가 약자를 협박하고, 지식이 있는 자가 어리석은 자를 위협하며, 아랫사람이 윗사람을 무시하고, 업신여기게 된다. 그러므로 덕德으로써 정치를 하면, 노인과 약한 사람도 걱정하지 않게 되고, 강자라고 해서 경계를 지키지 않는 일은 발생하지 않게 된다.[39]

이처럼 순자는 욕망의 원만한 충족을 위해서는 반드시 예가 필요하다고 보았으며, 이와 관련해 인간이 사회성을 지닌다는 근거 또한 인간의 욕망에 두었다. 순자에게 예는 사회·국가의 운영에 있어 필수적인 도구이며, 예를 통해 인간은 질서 안에서 부족함 없이 넉넉한 생활을 할 수 있게 된다.

국가 운영의 원리로 삼았던 예(예치, 禮治)에 대한 순자의 강조는 이어지는 다음 내용들에서도 잘 드러나 있다. "예가 없으면 나라를 바르게 다스릴 수 없기 때문에 예는 나라를 바르게 다스리는 근본이다. 그것은 마치 저울이 무겁고 가벼운 것을 가늠하는 근본이 되고, 먹줄이 곧고 굽은 것을 가늠하는 근본이 되며, 그림쇠(컴퍼스)와 굽은 자가 네모와 동그라미를 가늠하는 근본이 되는 것과 같다."[40]

> 한 나라를 풍족하게 하는 가장 좋은 방법은 절약하여 백성을 넉넉하게 해 주고, 그리고도 남은 것은 잘 저장해 두는 것이다. 예에 근거하여 쓰는 것을 절약하고, 정치로써 백성들을 넉넉하게 하는 것이다. (예를 따르면) 넉넉해져 백성들이 여유로워지고, 남는 것은 저장할 곳이 없을 만큼 많아진다.[41]

> 예란 귀천의 등급을 가리는 기준이며, 신분이 높고 낮음에 따라 알맞은 대우를 하도록 한 것이다. 따라서 각 등급에 맞는 덕德은 반드시 그들의 지위에 알맞아야 하며, 그들의 지위는 그들이 받는 처우에 어울려야 한다. 따라서 관직에 있는 사람士은 예와 음악으로 그들의 생활을 조절하고, 백성들은 반드시 법과 제도, 형벌로 다스려야 한다.[42]

지금까지의 내용을 종합해 보면, 순자에게 예禮란 한 나라의 정치·사회·경제·문화 등 모든 분야를 이끄는 기본 원리이며, 각각의 개인들이 자신에게 맞는 예에 따라 역할과 책임을 다하게 하는 기준이다. 이것이 순자의 사상을 '예치禮治'로 규정하게 하는 가장 중요한 근거이다.

한편, 우리는 여기서(그리고 앞의 묵자를 비판하는 부분) 순자의 가르침이 그의 제자인 한비에게 법가의 등장을 예견하게 하는 중요한 단서를 발견할 수 있다. 즉 순자는 예에 근거한 군주의 권위, 덕德과 능력에 따른 사회적 지위와 재화의 분배(상과 벌), 그리고 예에 기초한 공정한 법과 제도를 통한 통치 등을 강조했다는 점이다.

비록 본성은 어찌할 수 없는 것이지만, 인간의 적극적인 노력과 개입을 통해 얼마든지 바꾸고 교화할 수 있다는 순자의 믿음은 자연과 하늘에 대한 그의 생각에 그대로 적용된다. 우리는 순자의 하늘천, 天에 대한 관점이 공자나 맹자의 관점에 구분된다는 점에도 주목해야 한다. 즉, 순자의 하늘은 그들처럼 도덕적 원리나 기준이 아닌 자연적 하늘이라는 점이다.

> 하늘의 운행에는 일정한 규칙이 있을 뿐이다. 이러한 규칙은 요 임금 때문에 있다가, 걸 임금 때문에 사라지는 것이 아니다. 따라서 하늘의 운행 법칙에 인간이 잘 대응하면 잘 다스려지는 것이고, 혼란과 무질서로 대응하면 흉하게 될 뿐이다. [43]

> 물과 불에 기氣는 있지만 생명은 없다. 초목에는 생명은 있지만 지각이 없다. 금수에게는 지각은 있지만 예의는 없다. 하지만 인간에게

는 이 모든 것들이 있기 때문에 인간은 가장 고귀한 존재이다. 비록 인간이 힘은 소를 당하지 못하고, 달리기는 말을 따르지 못하지만, 소와 말을 부릴 수 있는 이유는 바로 분별과 의분의, 分義가 있기 때문이다. 사계절의 질서에 맞추어 만물을 가꾸고, 온 천하를 이롭게 할 수 있는 것은 인간에게 분별(등급)과 의로움이 있기 때문이다.[44]

그러므로 하늘, 즉 자연은 인간의 의지에 따라 인간의 이익과 목적에 맞도록 활용하면 적절히 활용하면 되는 것이다. 자연을 어떻게 활용할 것인지는 전적으로 우리 인간의 몫이다. 순자의 이러한 자연관천인분이, 天人分二은 그의 사상 전반에서 드러나는 후천적이고 외적인 규범으로서 예에 대한 강조, 그리고 인간의 의지적 노력에 의한 삶의 강조라는 맥락에서 이해할 수 있다.

이 점에서 그의 자연관은 천입합일이라는 전통적인 유가적 자연관과는 달리, 인간의 의지와 의도에 따른 적절한 개입을 주장하는 인간중심적인 관점을 지녔다고 할 수 있다.

한비자
·
韓非子

기원전 280?–기원전 233

현명한 군주는 신하를 통제하고 거느리기 위해 반드시 두 개의 권병權柄, 통치 권력에만 의존해야 한다. 하나는 형形이고, 다른 하나는 덕德이다. 형이란 벌을 주고 처형할 수 있는 힘이고, 덕이란 상을 주어 칭찬하는 것이다. 신하는 처벌받는 것을 두려워하고, 상 받는 것을 이익으로 여겨 좋아한다. 따라서 군주는 자신이 직접 형벌을 집행하고, 또한 상(즉, 덕)을 직접 베푼다면, 신하는 군주의 권위와 힘을 두려워하기 때문에 이익을 위한 행동을 하게 될 것이다. 만약에 상과 벌에 따른 이익과 위세가 군주 자신이 아니라 신하로부터 나오게 된다면, 백성들은 신하를 두려워할 뿐, 군주를 무시하게 된다. 이것은 군주가 상벌의 권한을 잃음으로써 일어나는 환란이다.

그(한비자)는 형명刑名과 법술法術의 학설에 심취했으며, 그 근본은 황로黃老 사상에 두었다.

— 『사기』

▶ **핵심 주제**

1. 순자와 한비자

2. 겸애가 아닌 엄격한 상벌

3. 두 개의 권병權柄: 형刑과 덕德

4. 한비자와 마키아벨리

▶ **핵심 용어**

관중, 순자, 직접적이며 강제적 통치, 법가, 엄격한 상벌, 부국강병, 자기 이익과 명예의 추구, 두 권병: 형과 덕, 상앙, 신불해, 신도, 수주대토의 어리석음, 군주의 상벌권, 마키아벨리의 군주론, 통치의 기술, 인간의 도덕적 자율성 및 자유 의지 부정

순자와 한비자

•

『사기』에 한비는 이사와 함께 순자로부터 학문했다고 기록하고 있다. 이로 미루어 볼 때 우리는 순자와 한비자의 사상 사이에 어떤 연결 고리의 개연성을 가늠해 볼 수 있는데, 순자가 말하는 아래의 두 내용은 이에 대한 적절한 논거가 될 수 있다.

> 임금이 나라를 다스리는 올바른 표준을 세워 인덕을 갖춘 재상에게 맡기면, 나라는 잘 다스려지고, 자신(임금)은 편안해진다. 또 공적이 크게 이루어지고, 명성 또한 높아져 크게는 왕이 될 수 있고, 적어도 패자覇者는 될 수 있다. 그렇지만 나라를 다스리는 기준이 임금에게 맞지 않고, 재상도 인덕이 없으면, 자신은 수고롭고 나라는 혼란스러워지며, 명예는 추락하여 반드시 위태로워진다. 합당한 인물을 쓴다면, 임금이 자기 옷자락을 늘어뜨리고 편히 있더라도 천하는 안정된다. 탕 임금에 미치지 못하는 제나라 환공(사치와 향락에 관심을 두었음)이지만, 제후들을 규합하여 오패[45]가 될 수 있었던 것은 그가 관중에게 정치를 맡겼기 때문이다.[46]

> 정치는 어떻게 해야 하는가? (출신의 귀천을 따지지 않고)[47] 어질고 능력 있는 자는 차례를 기다리지 않고 등용하며, 능력이 없는 자는 지체 없이 파면하고, 악한 자는 교화를 기다릴 것 없이 처벌(형벌)하며, 일반 백성들은 기다리지 않고 교화시킨다.[48]

우리는 이미 유가로서 순자가 기본적으로 성인에 의한 정치와 백성을 사랑하는 정치, 그리고 인仁과 예禮에 의한 교화의 정치를 주장했다고 검토했다.[49] 그런데 그의 예치에 관한 일관된 입장은 그의 제자에 의해 보다 현실적이고 직접적인 통치 방식을 정당화하는 것으로 발전하게 되는데, 이것이 한비자의 법가法家 사상이다. 즉, 순자의 성악설과 사회 혼란에 관한 그의 현실주의적 처방전이 한비자에 의해 강력한 군주, 강력한 상벌의 시행에 기초한 강력한 '제국'의 건설이라는 법가 사상으로 새롭게 탄생한 것이다.

하지만 순자가 화성기위에 의한 인간의 도덕적 변화의 가능성에 주목한 반면, 한비자는 오직 상벌에 의한 지배만을 강조했다는 점을 놓쳐서도 안 된다. 또 맹자가 패도霸道를 일삼는 왕은 이미 왕이 아니라는 입장이었던 반면, 순자는 '적어도 패자霸者는 될 수 있다'고 인정한 점도 우리의 시선을 끈다. 물론, 두 사상가가 각각 사용하는 '패도霸道'와 '패자霸者'가 같은 의미인지는 또 다른 사상적 쟁점임을 주의해야 한다.

물론, 이들이 말하는 '패도'와 '패자'를 내용적 측면에서 같은 것으로 이해해야 하는지는 더 많은 검토를 필요로 하지만, 순자의 유가가 지닌 현실주의적 측면을 드러내는 것인 만큼 주목할 만하다.[50] 아무튼 순자의 사상은 혼란의 전국 시대를 통일하고 등장한 진 왕조의 통치 원리인 법가 사상에 중요한 영향을 미친다.

겸애가 아닌 엄격한 상벌

우리는 법가의 전통을 관자, 즉 관중에게서 발견할 수 있다. 제나라 환공이 패자覇者가 될 수 있도록 도모했던 관중은 유가의 덕치에 반대하고, 부국강병을 위한 강력한 법치를 주장했다. 이와 관련하여 전해지는 이야기 하나를 살펴보자.

> 제나라 사람들은 후장厚葬, 사치스런 장례을 좋아해 수의와 관을 호화롭게 장식하여 재물을 탕진하였다. 이에 환공이 관중에게 이를 근절시킬 방안을 찾도록 했다. 관중은 사람이란 명예와 이익 때문에 어떤 행동을 하기 때문에 이를 박탈하면 된다고 간언했다. 이에 환공은 호화로운 관을 쓰는 자는 관을 쪼개 그 시체를 자르고, 상주를 처벌하도록 했다.[51]

묵자는 후장의 풍습이 사치를 조장하기 때문에 백성의 이익에 부합하지 않는다고 보았고, 바로 이러한 이유 때문에 호화스런 장례식에 반대했다. 반면, 관중은 인간의 본성이 자기 이익과 명예를 추구하는 것에 있다고 보았기 때문에 이를 통치의 기술로 적절히 활용할 것을 주장한다. 즉, 위에서 상주에게 벌을 주는 것은 자기 이익만을 우선시하는 인간의 이기적 본성과 충돌하는 것이고, 시체에 대해 벌주는 것은 상주의 명예를 박탈하는 것이 된다.

그러므로 인간의 본성에 비추어 볼 때, 이것은 후장의 풍습을 없앨 수 있는 가장 적절한 방법이 될 수 있다. 왜냐하면 이렇게 하는 것이 자기 이익과 명예를 추구하는 인간의 본성을 통제할 수 있는 현실적이고 적극적인 방안이기 때문이다.

두 개의 권병權柄: 형刑과 덕德

법가의 전통은 위의 관중을 비롯해 엄격한 법치를 주장했던 상앙, 술術을 강조했던 신불해, 군주의 권위와 힘을 강조했던 신도의 입장에서 발견할 수 있다. 법가의 이론을 확립한 한비자는 군주의 요건으로 이들이 제시하는 모든 것들을 두루 강조한다.

군주는 지혜智를 버림으로써 오히려 총명해질 수 있고, 어질고 현명함賢을 버림으로써 오히려 공적을 세울 수 있으며, 용기를 버림으로써 도리어 강해질 수 있다. 신하들에게는 직분을 지키게 하고, 관리들에게는 일정한 법을 지키게 함으로써 각자의 능력에 맞는 일을 시키는 습상習常, 일정한 도를 따르는 것을 따르도록 해야 한다.[52]

현명한 군주가 신하를 통제하기 위해 필요한 두 개의 권병權柄, 권력으로 사람을 마음대로 좌우할 수 있는 힘은 형刑과 덕德이다. 형이란 처벌하여 죽이는 것이고, 덕이란 칭찬하여 상을 주는 것이다. 그러므로 군주 자신이 직접 형을 집행하고 덕을 베푼다면 신하는 그 위세를 두려워하며, 이익이 되는 방향으로 갈 것이다. 하지만 상과 벌에 따른 이익과 위세가 군주 자신이 아니라 신하로부터 나오게 된다면, 백성들은 신하를 두려워할 뿐, 군주를 무시하게 된다. 군주가 형과 덕을 놓아두고 신하가 그것을 사용한다면, 군주가 신하에게 지배를 받게 된다.[53]

한비자의 법가 사상은 군주가 통치 질서의 확립을 위해 갖는 권위의 절대성을 주장하고 정당화하는 사상이다. 따라서 법가는 유가와 같은 도덕적인 이상 사회나 도가와 같은 소국과민을 주장하지 않는다. 무엇보다 군주의 통치 권력은 반드시 형刑과 덕德에 근거를 두어야 한다고 주장한다. 그렇기 때문에 유가의 도덕적 성인에 의한 정치는 개인의 도덕적 탁월성에 의존하는 우연의 정치일 뿐인 '수주대토守株待兎'의 어리석음, 즉 우연한 행운에 군주와 나라의 운명을 맡기는 어리석음에 지나지 않는다.

또 인간 행위의 동기가 이익에 대한 기대와 처벌에 대한 두려움에서 비롯된다는 법가의 인간관은 정치에 대해서도 노자의 무위의 정치나 묵자의 겸애의 정치와는 완전히 상반되는 통치 방식을 주장하게 된다.

매나 채찍, 재갈이 없으면 말을 달리게 할 수 없고, 기준이 되는 규구規矩가 없으면 아무리 빼어난 장인일지라도 네모나 둥근 원을 그릴 수 없다. 강력한 권위와 힘, 그리고 상과 벌이 없으면 요순임금이라 할지라도 세상을 잘 다스릴 수 없다. 지금의 군주들은 경솔하게도 엄정한 벌을 버리고 사랑과 베풂혜애, 惠愛의 감정情을 통해 천하의 왕이 되려는 어리석음을 보여 주고 있다. 그렇지만 훌륭한 군주는 공적에 따라 상을 주고, 죄가 있으면 반드시 벌을 받게 한다. 이 때문에 공적이 없는 자는 상을 바라지 않고, 죄를 지은 자는 요행을 바라지도 않는다.[54]

한비자의 주요 관심은 인간의 존엄성이나 가치, 선과 악에 대한 철학적인 사유가 아니다. 그의 주요 관심은 오히려 인간에 대한 냉소적이고 사실적인 이해에 기초하고 있으며, 정치를 도덕성으로부터 분리시키는 것이다. 따라서 그에게 의義란 도덕적 가치의 실현이 아니라 통치자 또는 국가의 이익利과 같은 의미이다. 그리고 이를 실현하기 위한 가장 효율적인 수단은 군주의 절대적인 권위와 힘이며, 그것은 구체적으로 군주의 상벌권이다.

한비자는 호랑이가 개를 굴복시킬 수 있는 것은 발톱과 어금니인데, 이 발톱과 어금니를 개가 대신 사용하도록 한다면 호랑이가 개에게 굴복되는 것처럼, 군주 또한 반드시 형과 덕을 자신이 직접 갖고 신하를 통제해야 한다고 강조한다. 한비자는 이처럼 상벌과 법술法術이 확립된 사회, 그리고 오직 이것에 따라 운영되는 사회와 국가를 이상적인 것으로 판단했다.

또 한비자는 군주가 신하에게 상과 벌을 공정하게 시행하기 위해서는 군주 자신의 의중을 신하에게 먼저 드러내서는 안 된다고 주장한다. 왜냐하면 군주가 상과 벌에 대한 힘을 갖고 있는 상태에서 자신의 의중을 미리 드러내게 되면, 상벌을 행위의 동기로 삼는 인간(신하)의 심리를 적절하게 통제할 수 없기 때문이다.

군주가 자기의 뜻을 겉으로 드러내게 되면 신하들은 자신을 꾸미기 위한 기회를 갖게 된다. 군주가 유능한 자를 좋아하면 신하는 자신의 행위를 꾸며 군주가 바라는 바에 영합한다. 그렇게 되면 신하의 참모습이 분명하게 드러나지 않게 되어, 군주는 신하를 제대로 가려낼 수 없게 된다.[56]

성인은 신하가 자신을 위해 일하지 않을 수 없는 방법을 갖고 있었기 때문에 백성들이 자신에게 애정을 갖고 대하기를 기대하지 않는다. 군주와 신하 사이에는 어떤 친밀함도 없기 때문에 현명한 군주는 이해 또는 상벌의 기준만을 제시할 뿐이다.[57]

이처럼 일단 상벌의 원칙이 확립되고 나면, 군주는 이 원리와 운용에 능통한 신하를 뽑아 이에 따라 집행하도록 하면 된다. 그리고 군주는 법술지사法術之士[58]를 등용하여 신하의 형形과 명名, 즉 말한 바와 이뤄 놓은 것에 근거하여 상벌형덕, 刑德만을 엄정하게 시행하기만 하면 된다.

한비자는 닭에게 새벽을 알리게 하고 고양이에게 쥐를 잡게 하는 것이 주인의 역할인 것처럼, 주인이 직접 닭과 고양이의 노릇을 하려 해서는 절대 안 된다고 강조한다. 마찬가지로 군주는 각자의 능력을 발휘할 수 있도록 장치를 마련하고, 그 법적인 장치가 정확하게 작동할 수 있도록, 그리고 작동하고 있는지에 대해 법과 기준에 따라 엄정하게 상벌만을 시행하면 되는 것이다. 왜냐하면 "법은 귀한 사람이라 하여 아첨하지 않으며, 먹줄은 나무가 휘었다고 하여 굽혀 하며 재지 않기"[59] 때문이다.

도道 자체는 눈으로 볼 수 없지만, 우리가 알지 못한 곳에서 이루어
진다. 군주는 허정虛靜한 태도로 아무 일도 하지 않지만, 신하의 모든
잘못을 파악하고 있다. 단지 보고도 못 본 척하고, 들었지만 못 들
은 척하며, 알지만 모른 척할 뿐이다. 군주는 신하가 주장하는 말을
다 듣고 난 다음, 그 말을 바꿀 수 없도록 한다. 그리고 그 말과 주장
이 이루어 놓은 실적과 일치하는지를 엄정하게 대조해 상벌만을 내
리면 된다. 군주가 자신의 마음을 드러내지 않기 때문에 신하는 군
주의 의중을 파악할 수 없다. 이 때문에 신하는 감히 음모를 꾸밀 수
없고, 자신의 사적인 욕망을 드러낼 수도 없게 된다. [60]

한비자에게 지혜로운 군주는 신하 스스로 자신의 역할을 말하게 하
고, 그다음 신하가 이루어 놓은 결과를 서로 대조하여 어긋남이 없으
면 상을 주고, 어긋남이 있으면 벌을 내리면 될 뿐이다. 특히 벌을 줄
때는 마치 천둥소리처럼 엄격해야 하며, 상을 줄 때에는 봄 농사철에
내리는 알맞은 비처럼 포근하게 내려야 한다. 이를 무시하고 군주가
사랑의 감정을 지나치게 드러내면 법이 바로 서지 않게 되며, 벌의 위
엄이 사라지면 신하가 군주를 위협하게 되어 환란이 일어난다고 경고
한다.

이처럼 정치를 도덕으로부터 분리 짓고자 했던 한비자가 군주의 요
건으로 제시하고 있는 능력들은 일곱 가지로 요약할 수 있다.

첫째, 군주는 많은 증거를 모아 서로 대조해 보아야 한다.

둘째, 군주는 죄를 지은 자에게는 반드시 벌을 주어 그 위엄을 세울

줄 알아야 한다.

셋째, 군주는 공적이 있는 자에게는 반드시 상을 내려야 한다.

넷째, 군주는 신하의 말을 꼼꼼하게 듣고, 그 실적을 엄격하게 따져야 한다.

다섯째, 군주는 신하에게 고의로 속임수를 쓸 줄 알아야 한다.

여섯째, 군주는 신하에게 알면서도 모르는 척 질문을 해 보아야 한다.

일곱째, 군주는 자신이 의도하는 바와 반대되는 말로 신하의 의중을 떠보아야 한다.

한비자가 이와 같은 사고를 했던 배경에는 순자의 인성관과 함께 당시 전국 시대를 살아가고 있었던 사람들의 삶에 대한 사실적인 이해가 배어 있다. 즉, 사람은 누구나 자기 이익을 우선하며 자신이 입을 해악을 싫어한다는 순자의 입장, 그리고 견디기 어려운 무질서와 혼란의 극한 속에서 살아남아야 했던 당시의 사람들이 보여 주었던 적자생존의 행동 양식에 대한 사실적 해석이 내재하고 있다.

한비자와 마키아벨리

●

한비자의 군주에 관한 이와 같은 주장들은 서양의 마키아벨리이『군주론』에 비유되기도 한다. 마키아벨리 또한 정치를 종교와 도덕성으로부터 완전히 분리 짓고자 했으며, 군주의 부도덕성은 통치 기술로서 정당화가 가능하다는 입장을 펼쳤다.

마키아벨리는 "군주가 무력을 제대로 갖추지 않으면 경멸을 받게 되는데, 이는 군주라면 경계해야 할 수치스런 일들 중 하나"라고 강조한다.[61] 또 인간이 이기적임을 밝히는 부분에서는 "인간이란 어버이의 죽음은 쉽게 잊어도 자신의 재산을 잃는 것은 쉽게 잊지 않는다."라고 주장한다.[62]

'인간이 어떻게 살아가고 있는가?'의 문제와 '인간은 어떻게 살아가야 하는가?'의 문제는 완전히 다른 문제이다. 따라서 군주가 일반적으로 행해지고 있는 바를 따르지 않고, 마땅히 행해져야 할 바를 고집하게 될 경우, 권력은 지키기보다 잃기 쉽다. 어떤 경우(이)든 선해야 한다고 고집하는 사람이 무자비한 사람들에게 둘러싸여 있다면, 그의 몰락은 필연이다. 따라서 군주는 권력을 유지하기 위해 필요할 경우, 부도덕하게 행동할 준비가 되어 있어야 한다. 현명한 군주는 자기 신민들이 서로 결속하고 충성하도록 하기 위해서라면, 잔인하다는 평판을 걱정해서는 안 된다. 현명한 잔인함이야말로 진정한 자비이다.[63]

그러므로 군주는 "사랑을 받는 것보다는 두려움의 대상이 되는 것이 더욱 안전하다. 인간은 자신을 두렵게 하는 자보다는 자신에게 사랑을 베푼 자에게 더 쉽게 해악을 끼치기 때문이다. 사랑은 일종의 의무감을 통해 유지되지만, 인간은 지나치게 이해타산적이기 때문에 자기 이익을 위해 자신을 사랑한 사람도 쉽게 버린다. 하지만 두려움은 처벌에 대한 공포 때문에 유지되며, 이 때문에 그 효과 또한 지속적"[64]임을 잊어서는 안 된다.

　마키아벨리의 군주의 요건에 대한 이와 같은 진술들은 모두 전통적인 군주의 덕목, 즉 높은 도덕성과 영혼의 완성, 관대함, 경건함과 정직성, 모범과 자애 등의 가치들과는 완전히 상충되는 것들이다. 마키아벨리가 주장하는 정치의 기술에는 개인적으로는 도덕적인 행위이지만 정치적으로는 옳지 않을 수 있으며, 개인적으로는 부도덕한 행위일지라도 정치적으로는 정당한 것일 수 있다는 신념이 내재하고 있다. 이뿐만 아니라 그가 이해하고 있는 통치의 기술이나 인간에 대한 이해, 군주의 요건 등은 법가의 한비자와 중요한 부분에서 유사성을 드러내고 있다.

　한비자는 스스로 알아서 곧은 화살대란 없는 것처럼, 그리고 스스로 알아서 둥근 바퀴란 없는 것처럼, 스스로 알아서 도덕적인 행위를 하면서 살아가는 인간(백성) 또한 없다고 생각했다. 이 때문에 한비자는 성인은 백성이 도덕적으로 선해지기를 기다리지 않고, 백성이 먼저 잘못이나 비리를 저지르지 못하도록 했다고 지적한다. 그리고 이것을 미리 막는 효율적인 장치가 다름 아닌 엄정한 법에 의한 상벌임을 강조한다. 이 점에서 정치에 관한 그의 입장은 법치지상주의라고 할 수 있겠다.

　그렇지만 그가 제시하는 통치의 기술로서 군주의 요건에는 인간(의 본성)에 관한 신뢰를 찾기는 어렵다. 또 그가 주장하는 인간이란 본질적으로 악의 가능성을 지닌 존재, 그렇기 때문에 강제적이고 인위적인 수단을 통해서만 통제될 수 있는 존재라는 인식이 깊게 배어 있다. 다시 말해, 그에게 인간이란 능동적이거나 자유의지를 지닌 존재로서 파

악되기보다는 본질적으로 통제되고 의심되어야 할 존재로 인식되고
있다.

　인간을 수동적인 존재로 규정하는 이러한 입장은 포괄적인 교육에
의해 자율적이며 도덕적인 인간으로의 전환 가능성을 인정하기 어렵다
는 점에서 인간에 관한 철학적 성찰을 결여하고 있다는 평가를 내릴 수
있다.

모든 것에 존재하는 본질을 탐구하여
마침내 통달할 것을 주장한

주희
·
朱熹

1130-1200

한 사물의 성性이 바로 그 사물의 리理이다. 인의예지는 성性이다. 성은 모습이나 그림자는 없고, 오직 그 이치理만 있을 뿐이다. 그리고 오직 그 정情만이 발견될 수 있을 뿐이다. 그 정情이란 측은의 정, 사양의 정, 수오의 정, 시비의 정이다.

이기론

●

　유학은 북송 시대의 주희에 의해 새로운 전환을 맞이한다. 주희는 맹자의 성선설과 당시 도학자들의 성즉리설의 영향, 그리고 도가 및 불교 철학에 대한 비판적 해석과 영향을 통해 유학을 새롭게 체계화함으로써 '성리학性理學'을 확립한다. 이를 두고 정약용은 주희에 대해 맹자 이후 끊긴 유학의 전통을 다시 일으켜 세운 사상가로 평가한 바 있다.

　성리학의 이론적 체계를 이루고 있는 근본 원리는 이기론理氣論이다. 이理란 이치를 말하며, 모든 존재의 근본 원리에 해당하는 개념이다. 즉, 이치란 우리 눈앞에 보이는 변화하고 운동하는 세계(현상세계)를 가리키는 기氣의 존재 근거이자 원리(법칙)가 되는 것이다. 따라서 이치는 가치적 측면에서 보면 모든 가치의 근거가 되기 때문에 절대적 가치(절대선), 즉 당위의 법칙을 의미한다고 할 수 있다.

　반면, 기氣는 현상세계의 모든 존재(만물)를 생성하는 재료가 되는 것, 즉 모든 사물들을 구성하는 재료이자 운동 에너지를 의미한다. 따라서 이치가 모든 사물을 존재하게 하는 최고 원리라는 점에서 절대적이고 운동성이 없는 형이상학적인 개념이라면, 기는 모든 사물을 구성히는 재료리는 점에서 상대적이고 운동성을 지닌 형이하학적인 개념이라 할 수 있다. 주희는 『주자어류』에서 이理와 기氣에 대해 다음과 같이 말한다.

　무릇 형체가 있고 모습이 있는 것은 모두 기器이고, 도道는 그것이 기器인 까닭으로서의 이치理이다. 형이상의 존재는 형체도 없고, 그림자도 없는데, 이것이 이치理이다. 형이하의 존재는 실제 모습(현상)도 있고, 형체도 있는데, 이것이 기器이다. 무극이면서 태극이니 무슨 물건처럼 그곳에서 찬란하게 빛나고 있는 것이 아니다. 처음부터 그곳에는 한 사물도 없고 단지 이치理만 있었을 뿐이다. 온갖 이치理가 있기 때문에 온갖 사물이 있는 것이다.[65]

이치理는 형이상의 도道이기 때문에 사물을 생성하는 근본本이고, 기氣는 형이하의 기器이기 때문에 생성하는 도구具이다. 따라서 사람이나 사물은 생길 때 반드시 이 이치理를 타고나 성性으로 삼고, 반드시 이 기氣를 타고나 몸체形를 갖춘다. (따라서) 기氣가 응결하면 그곳에 이치理도 존재한다. 기는 응결하고 조작할 수 있는 반면, 이치는 의지도 없고 운동(조작)도 없다. 기가 종자라면, 이치는 형체와 자취는 없지만, 종자가 어떤 사물이 되게 하는 근원이 된다.[66]

한편, 주희는 이와 기의 관계에 대해 이와 기는 선후先後의 관점에서 보아야 한다고 주장한다. 왜냐하면 이치는 원리적 개념이기 때문에 논리적으로 사물을 이루는 기보다 앞서 존재해야 하기 때문이다이선기후, 理先氣後.

하지만 어떤 사물이든지 그것이 존재하기 위해서는 이치와 이를 형성하는 재료가 없으면 안 되기 때문에 이와 기는 서로 떨어질 수 없는 관계이기도 하지만, 그렇다고 서로 뒤섞여 하나가 될 수도 없는 관계이다. 이를 가리켜 이와 기는 '불상리不相離 불상잡不相雜'의 관계를 이룬다고 한다. 주희는 '이치理가 먼저입니까? 아니면 기氣가 먼저입니까?'라고 묻는 제자의 물음에 대해 이렇게 대답한다.

이치는 기에서 분리된 적이 없다. 그렇지만 이치는 형이상의 존재이고, 기는 형이하의 존재이기 때문에 형이상과 형이하의 관계에서 본다면 선후先後가 있다고 보아야 한다. 반드시 그 기원과 근원을 추적한다면, 먼저 이치가 있다고 할 수밖에 없다.[67]

이처럼 이와 기는 '서로 분리될 수도 없지만, 서로 섞일 수도 없는' 관계이다. 달리 말하면, 어떤 사물이 있으면 반드시 그것에는 이와 기가 함께 결합되어 있다. 즉, 이치가 없는데도 존재할 수 있는 사물이란 없다.

어떤 일이 생겼다면, 그 안에는 반드시 그 일의 이치理가 존재한다.[68] 무릇 천지에 어떤 사물이 생겼으면, 곧 그 안에는 그 이치理가 존재한다. 이치理를 놓고 본다면, 비록 사물이 아직 생기지 않았을 때에도 이미 그 사물의 이치理는 존재했다. 그러나 그 이치理만 존재했을 뿐, 실제 그 사물은 없었다. "세상이 처음 열리기 이전에도 온갖 것들이 이미 모두 존재했었습니까?" "세상이 처음 열리기(천지개벽) 진에는 딘지 모든 사물의 이치理기 존재했었디."[69]

또힌 이와 기는 보편성괴 특수성, 절대성과 상대성의 관점에서도 이해할 수 있다. 이것은 마치 여러 개의 강물 속에 하나의 달이 비춰져 깃들어(담겨) 있는 것과 같다. 즉 리는 하나이지만, 기는 여럿이라는 말이다.

하나의 실상理이 만萬 가지로 나뉘게 됨으로써 하나하나, 一. 理와 여럿만
萬. 기氣이 올바르게 된다. 이것을 가리켜 '이일분수理一分殊'라고 한다.
만물을 하나로 묶어 말한다면 만물이 하나의 태극太極이기 때문에 동
일하다는 뜻이고, 만물을 각각의 사물들로 나누어 말한다면 각각 하
나의 태극을 갖추고 있다는 뜻이다.[70]

이치理와 기氣에 대한 주희의 설명을 토대로 성리학의 이기론을 다음
과 같이 정리할 수 있다. 첫째, 성리학의 근본 명제는 성즉리性卽理이다.
하나 사물에는 그 사물을 다른 어떤 사물이 아닌 '바로 그 사물이 되게
하는 본질'이 있는데, 이것이 바로 그 사물의 이치理이다. 이것을 가리
켜 '성즉리'라고 한다.

둘째, 주자에게 리理는 형이상(직관에 의해 포착할 수 있는 초경험적이며
근원적인 영역)의 존재로서 본체本體, 원리·형식의 의미이며, 기氣는 형이하
(형체를 갖추어 드러나는 사물의 형역)의 존재로서 도구와 재료를 의미하
는 것으로 이해할 수 있다. 이 점에서 주희는 우주 만물의 모든 존재를
모두 리理와 기氣로 환원하여 파악할 수 있다는 사고를 지녔다고 할 수
있다.

셋째, 주희가 설명하는 리와 기의 관계는 개념적으로는 서로 구분되
지만 실질적으로 매우 긴밀한 관계를 이루고 있음을 알 수 있다. 이는
이와 기가 '불상리不相離와 불상잡不相雜'의 관계에 있다는 표현에서 잘 드
러난다. 주희에 의하면, 임금과 신하가 없었을 때에도 이미 군신의 이
치는 존재했고, 부모와 자식이 없을 때에도 부자의 이치는 존재했다.
또 감정과 생명이 없는 사물, 예를 들어 계단의 벽돌과 대나무로 만든

의자에도 벽돌의 이치, 의자의 이치가 있는 것이고, 배가 물에서 운행하고 수레가 땅에서 운행하는 것이 배와 수레의 이치이다.

넷째, 이와 기의 관계는 논리적으로 선후의 관계라는 점이다. 이것은 위의 군신과 부자에 관한 이기 관계에서도 언급한 것처럼, 이와 기는 서로 엄격하게 분리할 수 없지만, 논리적으로는 구별된다는 것이다. 또 리는 무형무위無形無爲하여 활동성과 운동성이 없지만, 기는 유형유위有形有爲하여 활동성과 운동성이 있다는 것도 리와 기의 중요한 차이점이다.

마지막으로 이치는 하나이지만, 기는 다양하게 나뉜다는 점이다. 주희는 이것을 '이일만수'의 비유, 즉 달이 각각의 강과 호수에 비춰진 것월영만천상, 月映萬川相에 비유한다.

인성론: 본연지성과 기질지성

우주 만물의 속성을 모두 이와 기로 환원하여 설명하는 성리학은 이 원리를 인간에 대해서도 예외 없이 적용한다. 이를 인성론 또는 심성론心性論, 인간의 내면적 구조와 본실을 밝힘이라고 하는데, 주희는 인간의 성性을 『주자어류』에서 다음과 같이 비유적으로 설명한다.

> 성性은 마음의 이치理이고, 정情은 마음의 활동이다. 마음을 물에 비유하면 성은 곧 물의 이치이다. 성은 물의 고요함에 해당하고, 정은 물의 동요(움직임)에 해당하며, 욕慾은 물이 흘러넘치는 것에 비유된

다. 따라서 오직 성만이 일정하며, 마음의 활동은 다양함의 실마리
가 된다.[71]

성과 정의 관계를 물에 비유한 주희는 이를 바탕으로 맹자의 인성론
인 성선설에 대해서 다음과 같이 말한다.

> 맹자는 이미 성이 선善임을 보여 주었지만, 이것은 단지 큰 근본에 대
> 해서 말한 것일 뿐이다. 따라서 현실에서 선악이 일어나는 곳에 기
> 품氣稟이 있다는 것을 생각하지 않았다. 이 때문에 그 이후 선악에 관
> 한 이러저러한 주장들이 나오게 되었다. 그래서 성性만을 말하고 기
> 氣를 말하지 않으면 미미하고, 기만 말하고 성을 말하지 않으면 밝지
> 못하기 때문에 두 가지로 나누는 것은 옳지 못하다.[72]

즉, 맹자의 인성론은 성선의 근본만을 주장함으로써 현실에서 '선하
지 않음불선, 不善'에 대해 적절한 설명을 하지 못하는 한계를 지닌다는 지
적이다. 주희에 의하면, 이것은 성에 대해서는 이야기하면서도 기에
대해서는 이야기하지 않아 발생하는 약간의 문제이기 때문에 이를 보
완함으로써 인간의 성, 즉 인성론은 완전해질 수 있다는 것이다. 이것
은 인성이란 어느 한 가지만으로 설명되어서는 안 되고, 천명지성(또는
천지지성)과 기질지성을 함께 지닌 것으로 해석해야 한다는 뜻이다.

> 천명지성天命之性 또는 [본연지성本然之性]이라고 말할 때는 오직 이치만
> 을 가리켜 한 말이고, 기질지성이라고 말할 때는 이와 기를 섞어서

말한 것이다.[73] 따라서 본연지성과 기질지성은 결코 서로 다른 두 개의 사물이 아니며, 기질지성이 곧 천지지성이다. 다시 말해 성의 본체체.體가 물이라면, 기질지성은 소금이 물에 떨어진 소금물과 같다. 이 때문에 기질지성만 있고, 본연지성이란 없다는 말 또한 잘못된 것이다.[74]

따라서 주희가 "성性의 본체는 이치일 뿐이고, 또한 성의 본체는 인의예지의 알맹이이다."[75]라고 말한 것은 성의 본체를 순수 절대선善으로 삼으면서도[천명지위성天命之謂性], 구체적이고 현실적인 인간의 성에 대해서는 전적으로 이치, 즉 선善이라고만 주장할 수 없기 때문에 기품氣稟이 섞인 기질지성을 말하지 않으면 안 된다는 뜻이다.

주자는 이처럼 인성 또한 이기이원론理氣二元論에 근거하여 설명한다. 다시 말해 인성을 천연지성天然之性 또는 본연지성本然之性과 기질지성氣質之性으로 나누고, 천연지성을 이치의 관점에서 해석하여 순선무악純善無惡의 지극한 선지선. 至善으로 이해한 반면, 기질지성에 대해서는 선과 악이 함께 섞여 있는 '유선악有善惡'으로 해석한다. 따라서 본연지성이 이치를 말한다면, 기질지성은 이치와 기를 합하여 말한 것이라고 할 수 있다.

또 본연지성은 본래가 순수하게 절대선인 미발의 성미발지성. 未發之性인 반면, 기질지성은 감정이 이미 활동한 상태로서 이발의 정이발지정. 已發之情이다. 그러므로 미발의 본성은 확충하면 되는 것이고, 이발의 정인 기질지성은 잘 돌이키면 천지지성을 보존할 수 있기 때문에 절도에 맞도록 경敬을 통해 함양하면 되는 것이다.

쉽게 말해 인간의 성은 본연지성과 기질지성을 나눌 수 있고, 본연지성은 순수하여 악이 전혀 없는 것이며, 기질지성은 개인마다 기질이 다르기 때문에 기질을 잘 다스려 본연의 선을 회복하려는 수양을 해야 한다는 말이다.

> 미발의 상태에서는 마음이 고요하여 움직이지 않으며, 이 마음 상태에 하늘이 부여한 성性[즉 체體]이 갖추어져 있다. 이 마음을 지나치거나 부족함이 없도록 하는 것이 중中이다. 이 마음이 외부 사물과 접촉하여 느끼고 소통하게 되면 감정이 일어나게 되는데, 이것이 마음의 작용[용用]이다. 이 발동한 마음이 절도에 알맞아 어긋남이 없을 때, 이를 화和라고 한다. 평소에 엄숙하고 공경스럽게 함양[경敬]하여 사사로운 욕망私慾이 이것을 어지럽히지 않게 한다면, 미발未發의 상태에서는 거울에 먼지가 끼지 않고, 물이 고요한 것과 같고, 그것이 발동이발. 已發했을 때에는 절도에 맞지 않은 경우가 없다.[76]

좀 더 풀어 말하면, 성은 내적 본질이고, 정은 그것의 외적 표현이라 할 수 있다는 말이다.[77] 또 인의예지는 성이고, 사단은 정이기 때문에 이것의 관계는 체體와 용用의 관계라 할 수 있다. 그리고 마음의 체가 성이고, 마음에서 그것의 드러남이 사단이이라면, 이는 마음이 성과 정을 거느린다(통제한다, 주재한다, 통괄한다)는 뜻이 된다심통성정. 心統性情. 따라서 "심통성정은 미발과 이발을 모두 가리켜 말한 것"이다.[78]

수양론: 격물치지와 거경궁리

주희는 미발의 성이 중中을 유지하고, 이발의 감정이 절도에 맞아 화和를 이룰 수 있도록 하는 수양에 대해서도 강조하는데, 주로 언급되는 것이 격물치지格物致知와 거경궁리居敬窮理이다. 특히 『대학』에 나오는 '격물格物'이라는 용어를 성리학과 양명학이 서로 상이하게 해석하기 때문에 더욱 관심을 두어야 한다. 이와 함께 경敬은 주희 자신이 경敬에 관한 잠언敬齋箴을 지을 정도로 강조했던 개념이기도 하다.

먼저, 주희는 『주자어류』에서 격물치지에 대해 다음과 같이 말한다.

> 『대학』에서 가장 중요한 개념은 격물格物이다. 격格이란 '−에 이르다' 의 의미이며, 격물格物이란 사물物에 대해(이르러) 그 사물이 갖고 있는 이치物理를 다한다는 의미이다. 형체가 있는 모든 사물에는 일정한 법칙이 있는데, 이것이 그 사물의 이치이다. 이치는 형이상의 것이고, 형태形,形는 형이하의 것이라면, 하나의 사물인 사람에게도 반드시 그 이치가 있게 마련인데, 바로 이 이치를 밝히지 못한다면 성명性命의 올바름에 이르지 못했다고 할 수 있다. 그러므로 반드시 하나의 사물에 나아가 그 이치를 구하여 그것의 징점극,極에 이르러야 한다. 그런 다음 비로소 그칠 수 있는 것이다. 이것이 격물格物이란 말의 뜻이다. 사물의 이치를 구하여, 이것이 지극해지면, 곧 나의 앎이 활연히 관통하게 되어 아무런 장애와 막힘이 없게 된다. 이것이 본래 『대학』의 근본정신이다.[79]

주희는 격물에 대해 『주자어류』에서도 밝히고 있는데, 이에 따르면 "'격'이란 '-에 이르다至'이고, '물'이란 일체의 사물 또는 현상사, 事이다. 따라서 격이란 사물의 이치에 나아가 그것을 깊게 궁리궁구, 窮究함으로써 그 지극함극진, 極盡에 반드시 이르고자 하는 것이다. 그리고 '치지致知는 격물格物에 있다.'는 말은 앎에 이르고자 한다면, 반드시 사물에 나아가 그 이치를 궁리해야 한다는 뜻이다."라고 설명하고 있다.[80]

즉, 격물치지란 사물의 이치를 탐구하여 그 사물의 이치를 넓고 깊게 알려고 궁리해야 한다는 뜻이다. 이 때문에 처음 공부하는 사람들은 언제나 사물에 나아가 이미 알고 있는 이치에서 더욱더 궁리하여 그것이 지극함에 이르도록 힘써야 한다.

모든 것을 이와 기의 관점에서 파악하고, 하나의 사물에는 반드시 그것의 이와 기가 결합되어 있으며, 반드시 그것의 이치가 내재하고 있다고 보는 성리학이 입장에서 볼 때, 어떤 하나의 사물이 갖고 있는 내적인 본질인 이치가 무엇인지를 파악하고 깨닫는 공부는 반드시 필요하다. 이 때문에 '치지는 격물에 있는 것'이라 할 수 있다.

하지만 주희는 격물과 치지의 과정을 별개의 독립된 과정으로 보아서는 안 된다고 주장한다. "격물과 치지는 하나의 일이기 때문에 오늘 격물하고, 내일 치지하는 것이 결코 아니다. 그 근본은 하나인 것이다."[81] 따라서 "격물은 (또한) 치지하는 것이기 때문에 하나의 사물에서 하나의 그 이치를 세밀하게 궁리하여 깨달으면 나의 앎 또한 그만큼 깊어지고, 또 하나의 사물에서 그 이치를 연구하여 깨달음을 얻으면 나의 앎은 또한 그만큼 더욱 깊어지게 된다. 결국 사물들의 이치를 궁리하면 할수록, 그리고 그 이치를 깨달으면 깨달을수록 나의 앎 또한 그만큼 넓어진다."[82]

그리하여 "활연(豁然, 의문을 밝게 깨달음)히 관통(貫通, 본질을 잘 알아 막힘없이 통함)하게 되면 이것이 앎의 극한, 즉 지극한 앎(지지, 至知)이다."[83] 한편, 우리에게 이 모든 일이 가능한 이유는 우리 인간의 마음에는 하늘이 본래부터 부여한 '신령스런 지각[허령불매(虛靈不昧, 잡된 생각이 없이 마음이 신령하여 어둡지 아니함, 허령한 지각인 명덕, 明德)]'이 있기 때문이다.

주희의 성리학이 이처럼 격물치지를 강조하기 때문에 반드시 먼저 하나의 사물의 이치를 알고, 그다음 비로소 행동으로 옮겨야 한다는 것으로 잘못 이해되기도 한다. 하지만 주희는 지(知)와 행(行)의 문제에 대해『대학혹문』,『주자어류』,『문집』에서 다음과 같이 말한다.

> 배움에는 치지하는 것이 가장 우선이다. 격물치지는 지(知)가 명확해지는 것이다. 인(仁)이 되고, 의(義)가 되는지는 알아야 행할 수 있다. 경(敬)과 성(誠), 이 두 가지에 모든 정성을 다해야 하지만, 천하의 이치를 알지 못한다면, 그것을 힘써 행할 수도 없는 법이다. 그러므로 치지(致知)를 먼저 말하고, 성의(誠意)를 그 뒤로 한 것이다. 이 순서를 바꾸어서는 안 된다. 마땅히 격물치지를 먼저 해야지, 뒤에 해서는 안 된다. 지와 행은 모름지기 서로 의지하는 것이다. 눈이 있어도 발이 없으면 나아가지 못하고, 발이 있더라도 눈이 없으면 나갈 길을 볼 수 없게 된다. 선후(先後)를 말한다면 지(知)가 우선이고, 경중(輕重)을 말한다면 행(行)이 더 중요하다.[84]

이처럼 지와 행의 관계를 표현하고 있는 '선지후행(先知後行)'의 개념은 도덕적 지식의 확충이자, 수신하여 양성한다는 의미를 담고 있다. 또 주희가 말하는 선지란 사물의 이치에 지극해졌음을 의미하는 것이 아니라, 간략하게 알고 있으면[약지略知] 그 아는 만큼을 행동으로 옮길 것을 요구하고 있다는 뜻이다. 그리하여 그 행위를 통해 더욱 확충하여 새롭게 깨달은 바를 다시 행동으로 옮기며, 이와 같은 과정은 마치 두 다리가 서로를 도와 가면서 앞으로 가는 것처럼 지속적으로 쌓아[누적累積] 가면 그 결과로서 마침내 활연관통하게 된다는 뜻이다.

> 배우는 사람은 처음에 앎을 얻으면 반드시 행동으로 옮길 수 있어야 하고, 끝에는 행동을 옮긴 것이 세밀히 궁리궁구. 窮究한 뜻에 이르러야 한다. 앎이 행동에 미치지 않는다면, 그 앎은 얕은 것이다. 약지略知가 얻어진 곳에서 실질적인 체험을 하여 믿고 얻는 것이 있어야 바로 진지眞知이다. 궁리窮理와 집의集義 중에서 어떤 것이 먼저인가? 궁리가 먼저이지만, 또한 선후를 자를 수도 없다. 지와 행은 모름지기 아울러 드러나야 한다. 사람의 두 다리는 앞뒤로 번갈아 가면서 서로 함께 나가야 목적지에 이를 수 있다.[85]

이로 미루어 볼 때, 선지후행이란 반드시 사물의 이치에 이른 다음, 비로소 실천으로 옮겨야 한다거나 행동으로 옮길 수 있다는 뜻과는 거리가 멀다. 오히려 지와 행 사이의 상호 긴밀한 의존 관계를 말하는 것으로 선후에서는 지가 우선이지만, 경중을 따진다면 오히려 행이 더욱 중요하다는 의미로 보아야 한다.

그렇기 때문에 앎이 행동으로 이어지지 않으면 그 앎은 얕은 앎이고,

이러한 과정을 밟아 그 앎이 더욱 밝아지면 이는 이전의 앎과는 다른 앎이 되는 것이다. 따라서 참된 지진지, 眞知 또는 지극한 앎지지, 至知에 이르기 위해서는 부단한 치지와 역행力行의 누적되는 과정이 반드시 필요한 것이다.

만약에 반드시 도리를 알고 깨달은 후에 비로소 행한다고 한다면, 힘써 실천하는 공부는 모두 쓸모없게 된다. (어찌) 앎이 지극해질 때까지 기다렸다가 행동하는 것이라고 할 수 있겠는가? 어버이를 섬기고 형을 따르며, 위를 이어받아 아래를 대하는 일은 하루라도 게을리할 수 없는 것인데, 어찌 나의 지식이 철저함에 이르지 못했다고 해서 앎이 지극해질 때까지를 기다렸다가 행동을 해야 한단 말인가?[86]

이처럼 주희는 진지와 지지에 이르기 위해 도덕적 수신과 함양이라는 지속적인 실천을 주장하며, 이 과정에서 한결같이 성誠과 경敬의 자세가 필요하다고 강조한다. 특히 주희가 말하는 경이란 거경居敬을 의미한다. 그러므로 경이 없는 치지란 있을 수 없다.

배우는 사람의 공부는 오직 거경居敬과 궁리窮理, 이 두 가지에 달려 있다. 이 둘은 서로를 도와주며 이끌어 준다. 궁리를 하게 되면 거경의 공부가 날로 발전하여 밝아지고, 거경을 하게 되면 궁리의 공부가 더욱더 정밀해진다. 이 두 가지는 마치 사람의 두 발과 같아서 왼발과 오른발이 서로 앞으로 나갈 수 있도록 도와주는 것과 같다. (그러

므로) 궁리窮理와 함양涵養은 마땅히 병진竝進해야 하는 것이다.[87]

지와 행, 궁리와 거경의 함양 공부가 서로를 촉진시켜 주는 관계이기 때문에 이 두 가지는 서로 엄격하게 구분될 수 없다는 것이 주희의 일관된 입장이다. 이는 마치 불교에서 강조하는 정혜쌍수定慧雙修와도 그 맥락이 서로 통한다고 할 수 있다. 주희의 이와 같은 수양론은 일반적으로 격물치지格物致知, 거경궁리居敬窮理, 존양성찰存養省察, 선한 본성을 보존하고 함양함, 존천리멸인욕存天理滅人慾, 천리를 보존하고 이기적 욕망을 없앰으로 요약된다.

왕수인
·
王守仁

1472-1528

마음이 곧 이치心即理이다. 마음 바깥에 일이란 존재할 수 없고, 마음 바깥에 이치 또한 존재할 수 없다. 주자는 사물에 존재하는 것이 이치재물위리, 在物爲理라는 뜻에서 성즉리, 性即理를 말했지만, 정확히 말해 '재물위리' 앞에 심心자를 붙여야 한다. 즉, 심재물위리心在物爲理, 이 마음이 사물에 있으면 그것이 이치임 인 것이다.

▶ **핵심 주제**

심즉리와 양지, 지행합일

▶ **핵심 용어**

『대학문』, 『전습록』, 대인, 불인지심, 천지만물과 일체, 명덕, 심즉리, 사단, 양지와 양능, 지행합일, 격물치지, 존천리거인욕, 치양지, 지어지선(지지선), 불교와 도교 비판

심즉리와 양지, 지행합일

●

젊은 시절 누구보다 주자학에 매료됐던 왕수인은 "나무 한 그루, 풀 한 포기에도 모두 이치가 내재한다."는 주희의 가르침에 따라 사물의 이치를 탐구하기 위해 일주일 동안 대나무의 이치를 탐구하려고 진력했다. 그렇지만 결국 대나무의 이치를 발견하지 못한 채 병만 얻고 만다.

주희의 성즉리에 대한 회의를 몸소 체험한 왕수인은 이후 관직에서 좌천되어 귀양 생활을 하던 중 귀주의 용장에서 큰 깨달음을 얻는데, 이를 '용장대오 龍場大悟'라고 부른다. 그의 큰 깨달음의 결과가 심즉리 心卽理를 기본 원리로 내세우는 양명학 陽明學의 탄생이다.

왕수인은 『대학문』에서 자신의 양명학이 추구하는 이상적인 인간의 모습과 학문의 목적에 대해 다음과 같이 설명한다.

대인(대학은 대인의 학문이라고 불림)은 천지만물과 일체가 된 사람이다. 대인은 천하를 한 집안으로 여기는 사람이며, 너와 나를 구분하는 사람은 소인이다. 대인이 천지만물과 일체가 된다는 말은 본래 인仁이 그처럼 천지만물과 하나이기 때문이다. 어찌 대인민이 그렇겠는가? 본래는 소인도 그랬지만 스스로 좀스럽게(도량이 좁고 옹졸함) 되어 그렇게 된 것일 뿐이다. (우물에 빠지려는 아이, 나무와 식물, 깨진 기왓장에 대한 불인지심, 즉) 천지만물과 일체가 되는 마음은 소인의 마음에도 있다. 이것은 천명지성 天命之性에 근거한 것이기 때문에 자연히 영명 靈明하여 어둡지 매, 昧 않은데, 이것이 명덕 明德이다. 그러므로 사

욕私欲에 편견이 없으면 소인의 마음도 일체가 된다. [88]

　왕수인에게 학문의 목적은 궁극적으로 소인이 아닌 대인이 되는 것이며, 대인이란 천지만물과 일체가 되어 인仁을 실현한 사람을 말한다. 그런데 인이란 하늘이 우리 인간에게 부여한 본성천명지성, 天命之性인 밝은 덕명덕, 明德이기 때문에 본래부터 어둡지 않은 것이다.

　명덕의 이러한 성질 때문에, 비록 대인일지라도 편견에 사로잡히게 되면 명덕이 흐려져 소인이 될 수 있고, 소인일지라도 자신의 잘못된 편견을 스스로 깨우쳐 명덕을 밝혀 바로잡으면 천지만물과 하나가 되는 본연의 상태를 회복하여 대인이 될 수 있다. 이 점에서 왕수인은 정통 유학이 추구해 왔던 이상적인 인간상을 지향하고 있다. 즉, 누구나 대인(도덕적 인간, 성인)이 될 수 있음을 주장한다.

　우리 마음의 본체인 명덕, 즉 양지良知를 인간, 동식물, 무생물이든 차별 없이 드러낼 것을 강조하는 왕수인의 양명학은 사물이 지닌 이치를 탐구할 것을 주장하는 성리학과 분명한 대비를 이룬다. 성리학과 달리 심즉리를 주장하는 왕수인은 『전습록』에서 다음과 같이 주장한다.

　　마음이 곧 이치心卽理이다. 따라서 마음 바깥에 일(사물)이란 존재할 수 없으며, 마음 바깥에 이치 또한 존재할 수 없다. 주자는 사물에 존재하는 것이 이치재물위리, 在物爲理, 즉 성즉리性卽理라고 말했지만, 정확히 말해 '재물위리' 앞에 심心자를 붙여야 한다. 즉 심재물위리心在物爲理, 이 마음이 사물에 있으면 그것이 이치임인 것이다. [89]

왕수인은 우리의 마음의 본체인 양지를 입법立法의 주체로 보았기 때문에 성리학처럼 마음 밖에서 사물의 이치를 탐구할 것이 아니라 마음이 곧 이치임을 깨닫고 이 마음을 매순간 모든 사물에 대해 거짓 없이 진실되게 정성을 다하면 된다고 본다. 즉 "우리 마음에 개인적인 욕심사욕, 私慾이 없다면거인욕, 去人慾, 이것이 순수하게 이치"이기 때문에 이 마음을 각각의 사물에 다하면 된다존천리, 存天理. 물론, 이 경우 마음이란 마음의 본체인 성性이자, 이치이며, 천리天理이고, 지선至善인 참된 앎으로서 양지를 말한다.

양지良知는 하늘이 부여한 성이자 내 마음의 본체本體로서 스스로 영명靈明, 밝고 신령스러움하여 밝게 깨닫는다. 일반적으로 뜻의, 意이 드러날 때 내 마음의 양지는 모든 것을 저절로 알며, 그 뜻意이 선인지 악인지에 대해서도 내 마음의 양지는 저절로 안다.[90] 따라서 양지를 계발하고 실현하여 치양지, 致良知 편견과 장애를 제거하면, 그 본체가 회복되어 다시 (모든 것을 포함하는) 하늘 연못이 된다.[91]

왕수인에게 삶 속에서 무엇보다 중요한 과제는 명덕의 본체인 양지를 회복하는(또는 바로잡는) 일이다. 이깃은 우리의 모든 행위에는 빈드시 양지가 실려 있어야 한다는 뜻이다. 즉, 양지가 실려 있지 않은 행위는 참된 의미의 (도덕적) 행위라고 할 수 없으며, 이 때문에 그러한 행위는 양지良知를 완성했다고도 할 수 없다. 따라서 마땅히 양지, 즉 지知와 행行, 양능·양지를 담은 행위은 하나合—여야 한다. 행위는 양지의 구체적인 표현이자 실현이어야 한다. 이를 가리켜 "지는 행의 시작이고, 행은 지의 완성"이라고 한다.

우리가 왕수인의 양명학에 대해 '성즉리'가 아니라 '심즉리'를 말할 수 있는 근본적인 이유가 여기에 있다. 즉, 우리의 마음이 가 있는 바로 그곳에 바로 그것의 이치가 존재하고 있다는 말이다. 이름 없이 그냥 피어 있는 하나의 꽃은 내가 관심을 갖고 가까이 다가가 그 꽃에 의미를 부여하여, 그 꽃에 이름을 지어 불러 줌으로써 비로소 다른 꽃이 아닌 '바로 그 꽃'이 되는 것이다. 그러므로 우리의 마음과 무관한 사물이란 없는 것이다. 또한 이 때문에 선지후행이 아니라 지행합일이 되는 것이다. 한마디로, 내 마음의 양지인 천리를 각각의 사물에 실현하게 되면, 각각의 사물은 마침내 모두 그 이치를 얻게 되는 것이다.

다음의 인용문은 이러한 양명학의 심즉리와 지행합일(양지와 양능의 합일)의 가르침을 잘 드러낸다.

> 마음의 본체가 성性이기 때문에 성즉리性卽理이다. 그러므로 부모에게 효도하는 마음이 없다면, 효도하는 이치이, 理 또한 없게 된다. 또한 임금에게 충성하는 마음이 있기 때문에 충성의 이치이, 理가 존재하는 것이다. 충성하는 마음이 없다면 충성의 이치도 없게 된다. 이치는 우리의 마음을 벗어나 바깥에 존재할 수 없다. 주자는 마음과 이치를 분리하여 두 가지로 여기는 폐단을 벗어나지 못했다. 우물에 빠진 아이를 보게 될 때 측은하게 여기는 이치가 생겨난다고 한다면, 이 경우 측은하게 여기는 이치는 어린아이에게 있는 것인가? 아니면 내 마음의 양지에 있는 것인가?[93]

이처럼 심즉리와 (참된 도덕적 앎인) 양지에 기초를 둔 지행합일 때문에 양명학은 성리학의 선지후행과 근본적인 차이를 갖고 있다. 이러한 차이는 특히, 격물치지에 대한 해석에서도 분명하게 드러난다.

성리학에서 격格이란 지至, -에 이르다인 반면, 양명학에서는 정正, 잘못을 바로 잡다이다. 또 성리학에서 물物이란 일事, 객관적 사물인 반면, 양명학에서는 사事, 마음속에 있는 사물이다. 그리고 치致란 성리학에서는 추극推極, 끝까지 미루어 일다인 반면, 양명학에서는 지至, 양지를 지극히 하다이다. 마지막으로 성리학에서 지知란 인식識, 알다이지만, 양명학에서는 양지良知를 실천한다는 뜻이다.

왕수인에게 맹자의 사단인 측은지심, 사양지심, 수오지심, 시비지심은 모두 인仁의 발현이자, 천명지성天命之性으로서 명덕인 양지의 표현이다. 따라서 우리가 해야 할 일은 이 양지를 확충하여 지극하게 함으로써 궁극적 선善을 실현하는 것이다. 왕수인은 이를 가리켜 치양지致良知의 과정을 통해 선의 지극함을 실현하는 것지어지선, 止於至善이라고 말한다. 왕수인은 이와 같은 지극한 선의 상태를 다음과 같이 주장한다.

> 지선至善은 명덕과 친민親民이 지향하는 최고의 기준이다. 하늘이 부여한 성은 순수한 지선이기 때문에 영명하고 어둡지 않은 것인데, 지선이란 바로 이러한 상태가 드러난 것이다. 이것이 명덕의 본체이고, 이른바 양지良知이다. 지선을 실현한다는 말은 옳은 것은 옳다 하고, 그릇된 것은 그릇되다고 하는 것이며, 항상 중中, 즉 천연지중天然之中에 머무는 것이다. 이 때문에 지극한 선의 상태에 머물지 못하면 사심에 따라 고상하고 허망한 것만을 추구하게 된다.[94]

왕수인은 명덕의 본질(본체)로서 양지, 그리고 이것의 확충으로서 치양지를 친민 또는 명덕을 밝히는 것명명덕, 明明德으로 보았다. 또 치양지란 양지를 지극하게 한다는 뜻의 치지로 파악했다. 그러므로 명덕과 친민이 지향하는 바는 하늘이 본래 부여한 성性인 지극한 선至善에 이르러 거기에 머문다는 것이다.

그런데 이 지극한 선이란 순수한 것이기 때문에 이러한 양지의 본질이 사심과 사욕에 가려지게 되면 헛되고 거짓된 것을 추구하게 된다. 그러므로 항상 하늘이 부여한 그 가운데中를 잃지 않도록 자신의 행위에 양지를 온전하게 담아내야 한다.

　왕수인이 마음을 강조한다고 해서 이것을 불교나 도교와의 관계 속에서 비난하는 것은 바람직하지 않다. 왕수인은 불교나 도교는 헛되고 허망한 것을 좇는다고 비판한다. 즉, 불교는 부자간의 번뇌가 두려워 부자 관계를 끊고, 군신 관계를 두려워해 군신 관계를 끊었다고 지적하면서, 이 모든 것은 대상에 집착하지 말라고 하면서 거꾸로 대상에 집착한 결과라고 비판한다. 왕수인은 오히려 부자 관계에서 사랑이나 군신 관계에서 의리, 그리고 부부 관계에서 분별은 자연의 중도를 지키는 올바른 것이라고 강조한다.

마음을 오직 하나에 집중하여
삼가고 또 삼갈 것을 주장한

이황
·
李滉

1501–1570

사단은 이理가 드러남發, 發에 기氣가 따르는 것隨, 隨이고, 질정은 기氣가 드러남에 이理가 탄승. 乘 것이다.

두 가지 일이라고 마음을 두 갈래로 하지 말고, 세 가지 일이라고 마음을 세 갈래로 하지 말라. 마음을 오로지 하나로 하여 만 가지 변화를 살펴라.

▶ **핵심 주제**

1. 이기론: 이귀기천

2. 사단 칠정론과 이기호발설

3. 경敬

▶ **핵심 용어**

이귀기천, 주리론적 입장, 이기호발설, 기대승과의 논쟁, 이기불상잡, 『성학십도』, 성誠과 경敬

이기론: 이귀기천

이황의 이기론에서 드러나는 가장 두드러진 특징은 그가 이와 기를 엄격하게 구분하면서 동시에 이치이, 理에 우위를 두었다는 점이다. 그의 이러한 입장을 일반적으로 '이귀기천理貴氣賤'으로 부르는데, 이는 이理는 귀하고 기氣는 천하다는 말이다.

그의 이러한 한결같은 입장은 이와 기를 '주인과 손님', '장수와 졸병'으로 비유한 것에서도 잘 드러난다. 이처럼 이치가 갖는 우선성과 존엄성을 중시하는 그의 입장을 '주리론적主理論的'이라고 부른다. 그의 주리론적 입장은 다음 글에서도 분명하게 표현되고 있다.

> 만약에 사단四端과 칠정七情을 각각 나누어 대응시켜 말한다면, 칠정과 기氣의 관계는 사단과 이理의 관계와 같다. 다만 사단이 외적인 사물(현상)에 감응하여 움직인다는 점은 칠정과 다르지 않다.[95] 맹자가 한쪽을 떼어 내어 사단만을 말했을 때는, 어찌 '이치의 발현'만을 가리켜 말한 것이 아니겠는가? 또 사단이 유래하는 곳이 이치라면, 칠정이 유래하는 곳은 기운이 아니면 무엇이겠는가? 그 말미암아 오는 바를 근거로 각각 주로 하는 바와 소중히 여기는 바를 가리켜 말한다면, 사단은 이치가 되고, 칠정은 기가 된다고 할 수 있다.[96]

이황이 사단을 이치이, 理, 그리고 칠정을 기氣에 대응시키고자 했던 이유는 사단이 지닌 순수한 선善의 성질이 이理의 절대적 가치에 대응할 수 있고, 칠정이 지닌 선악 가능성유선악, 有善惡으로서 상대적 성질이 기氣

의 상대적 속성에 견줄 수 있다고 판단했기 때문이다.

이황의 이런 의도에는 활동했던 조선 시대의 정치 사회적 배경, 즉 사화와 당쟁도 중요한 이유로 작용한 것처럼 보인다. 왜냐하면 사화와 당쟁은 곧 조선의 근간을 이루고 있던 성리학적 이념의 근본적 위기를 의미하는 것이기 때문이다. 조선 사회가 맞고 있던 이념적이며 근원적 위기에 대한 대응과 이를 해결하려고 했던 학자로서의 과제는 '다시 성리학의 근본으로 돌아가는 것'이야말로 가장 바람직한 근원적인 처방으로 비춰졌을 것이다.

도덕적으로 완성된 이상적인 인간의 실현을 자신의 시대적 과제로 받아들였던 이황은 이러한 과제를 완수하기 위해 엄격한 도덕적 수양을 강조하는 자신의 사단칠정론과 이기호발설을 하나의 방안으로 제시한다.

사단칠정론과 이기호발설

●

사단과 칠정을 정통적인 성리학의 이론 체계인 이기론의 관점에서 어떻게 바라보아야 옳은지에 대한 논쟁을 의미하는 '사단칠정 논쟁'의 정점은 우리에게 이황과 기대승의 논쟁으로 잘 알려져 있다. 두 사람 사이의 논쟁은 정지운의 『천명도설』에 대한 해석에서 비롯되었다. 이황은 정지운이 "사단은 이理에서 발發한 것이고, 칠정은 기氣에서 발發한 것이다."라는 해석을 기대승과의 논쟁 속에서 다음과 같이 자신이 입장을 정리한다.

사단은 이치가 발현할 때 기운이 따르는 것이고, 칠정은 기운이 발

현할 때 이치가 타는 것이다이발기수, 기발이승理發氣隨, 氣發理乘.[97] 이치와 기운

의 분별이 있는데, 어찌 다른 뜻이 없겠습니까? 맹자가 한쪽을 떼어

내어 사단만을 말했을 때는, 어찌 이치의 발현만을 가리켜 말한 것

이 아니겠습니까? 사단이 유래라는 곳이 이치라면, 칠정이 유래하는

곳은 기운이 아니면 무엇이겠습니까?[98]

반면, 기대승은 이황의 입장과 달리, 자신의 입장을 다음과 같이 정리한다.

본성이 드러날 때 기氣가 잘못 작용하지 않으면, 본연의 선善이 곧 이

루어지는데, 이것이 바로 맹자가 말한 사단이다. 이것은 순수하게

천리天理가 드러난 것이기는 하지만, 그렇다고 칠정의 범위를 벗어날

수는 없다. 사단이란 칠정 중에서 '드러나서 절도에 맞는 것'의 핵심

일 뿐이다.[99]

기대승의 이러한 주장은 사단이란 칠정 중에서 드러나서 절도中節에 맞

는 것을 의미하며, 사단과 칠정은 모두 하나의 감정情이기 때문에 칠

정 이외에 다른 별도의 감정인 사단이란 있을 수 없다는 것이다. 좀 더

쉬운 말로 풀어 주면, 사단과 칠정은 그 뿌리(연원)가 다른 별개의 다른

두 감정이 아니라 '사단은 칠정에 포함(또는 칠정은 사단을 포함한다)'되는

하나의 감정이라는 의미이다.

조선 시대의 가장 아름다운 학술 논쟁으로 알려진 이황과 기대승의

논쟁에서 이황은 자신의 입장을 다음과 같이 정리한다.

측은지심, 수오지심, 사양지심, 시비지심은 모두 인의예지의 본성으로부터 드러나는 것이다. 마찬가지로 희로애구애오욕은 육체가 외부 사물과 접촉함으로써 드러나는 것이다. 따라서 그 기원하는 바가 다르기 때문에 보다 중요하게 여길 것을 가리켜 말한다면, 한쪽은 이치이, 理이고, 다른 한쪽은 기운기, 氣이라고 말하는 것은 가능하다. 사단이 외부 사물과 감응하여 움직인다는 것은 진실로 칠정과 같다. 그렇지만 사단四端은 이理가 발發할 때 기氣가 따르는 것수, 隨이고, 칠정七情은 기氣가 발發할 때 이理가 타는 승, 乘것이다. 일반적으로 이치가 드러날(발할) 때, 기가 따른다고 한 것은 이치를 주로 하여 말한 것일 뿐, 기 바깥에 별개의 이치를 말한 것이 아니니, 사단이 바로 이것이다. 또 기가 드러날(발할) 때 이치가 탄다는 것은 기를 주로 하여 그랬을 뿐, 이치 바깥에 별개의 기를 말한 것이 아니니, 이것이 바로 칠정이다.[100]

결론적으로 순수 도덕성의 실현을 시대적 과제로 받아들였던 이황은 자연스럽게 순수 도덕적 감정인 사단에 절대선 또는 절대적 가치라는 이치의 성격을 부여했고, 비록 선과 악이 가능가선가악, 可善可惡한 칠정일지라도 어찌되었든 악은 칠정으로부터 비롯된다고 할 수밖에 없기 때문에 불완전하여 타락 가능한 것으로 파악했던 것이다.

그의 이러한 '이귀기천'의 입장은 위의 문장처럼 '이기호발설'로 완성된다. 이치에 관한 일반적인 성리학적 입장인 무형무위를 받아들이지 않고, '태극의 동정의 이치'를 적극적으로 해석하여 '이발기수'를 주장한 점은 이황 성리학이 지닌 특성이자 독창성으로 평가받고 있다.

경敬

●

거경과 궁리의 공부는 이미 성리학의 수양론에서 살핀 적이 있다. 따라서 성리학자로서 이황이 지행병진의 거경과 궁리 공부를 강조하는 것은 자연스런 이치이다.

> 마음(인심과 도심 모두를 가리킴)의 이치는 매우 방대하기 때문에 진실로 경敬을 통해 일관되게 하지 않으면 성性을 보존하여 체體를 확립할 수 없다. (따라서) 군자의 공부는 이 마음이 발하지 않았을 때에는 경을 주로 하여 존양存養을 공부하고, 이 마음이 이미 일어났을발. 發 때에도 또한 경을 주로 하여 성찰省察을 공부해야 한다. 거경과 궁리는 새의 두 날개와 같고, 수레의 두 바퀴와 같은 것이다.[101]

이황은 도덕적으로 완성된 인간이 되기 위한 실천적 노력으로 성誠과 함께 특히 경敬을 강조한다. 그가 편집한 『성학십도』에는 '경'의 중요성이 잘 표현되어 있다. 일반적으로 경敬이란 "마치 두려워해야 할 대상이 있는 것처럼 무서워하며", "정신을 집중하여 마음이 다른 곳으로 달아나지 않도록 항상 깨어 있는 것상성성. 常惺惺"[102]을 의미한다.

또 주희는 "하나의 일 자체에 집중할 뿐, 다른 것을 돌아보지 말라

주일무적, 主一無敵."했고, "정돈되고 엄숙한 태도를 유지하라정제엄숙, 整齊嚴肅."
고 강조하기도 했다. 이황 또한 주희가 강조하는 경의 이러한 의미를
받아들여『성학십도』에서 다음과 같이 말한다.

> 닭이 울 때 깨어나면 생각이 떠오르기 시작한다. 어찌 그사이에 조
> 용히 마음을 정돈하지 않겠는가? 때로는 지난 허물을 반성하고 때
> 로는 새로운 것을 생각해서 얻는다. 이런 경우에 차례로 조리를 세
> 워 묵묵히 명쾌하게 생각할지어다. 근본이 섰으면 이른 새벽에 일어
> 나 세수하고 머리 빗고, 의관을 차리고 단정히 앉아 자세를 바로 한
> 다. 이 마음을 다잡아 밝기를 떠오르는 태양같이 하라. 태도를 엄숙
> 하게, 겉모습을 단정히 하여 마음을 비워 밝게 하고 조용히 하기를
> 한결같이 한다. 바야흐로 책을 펴고 성현을 마주 대하듯 한다. 공자
> 께서 자리에 계신 듯, 안자와 증자가 자리에 계신 것처럼 하라.「숙
> 흥야매잠도」[103]

> 의관을 바로 하고 존경하는 눈빛을 띄도록 하라. 마음을 가라앉혀
> 상제上帝를 앞에 모시고 살 듯하라. 걸음걸이는 무겁게 하고 손의 자
> 세는 공손하게 하라. 땅을 골라 밟되 개미둑에서도 피해 돌아가듯
> 하라. 문을 나서면 손님 대하듯 하고 일을 처리할 때는 제사를 드리
> 듯 하라. 조심조심 두려워하여 잠시도 안이하게 말라. 입을 지키기
> 를 병 입을 막 듯하고, 뜻 지키기를 성문 지키듯 하라. 성실하고 진
> 실하여 감히 잠시도 경솔히 하지 말라. 동에 머물면서 서로 가지 말
> 며 북에 머물면서 남으로 가지 말라. 일에 당하여 마음을 집중하고

다른 데로 마음이 가지 않도록 하라. 두 가지 일이라고 마음을 두 갈래로 하지 말고, 세 가지 일이라고 마음을 세 갈래로 하지 말라. 마음을 오로지 하나로 하여 만 가지 변화를 살펴라. 「경재잠도」[104]

이황은 이처럼 경敬을 통해 우리의 몸身을 주재하는 마음心이 천리天理를 실천할 수 있도록 해야 한다고 강조했다. 따라서 마음이 몸을 주재한다면, 경은 이 마음을 주재하는 것이라 하겠다. 사람을 다스리는 일치인, 治人에 앞서 도덕적 완성을 위한 수기修己의 방법으로써 경敬을 강조하고, 원리적 차원에서 이발理發을 강조하는 이황으로부터 우리는 그가 당쟁과 사화 등으로 쇠퇴하고 있었던 조선 사회의 성리학적 이념을 회복하기 위해 보여 주었던 진정성을 확인할 수 있다.

이이

李珥

1536-1584

이통理通이란 천지만물이 모두 같은 이치이, 理라는 뜻이고, 기국氣局이란 천지만물이 각각 하나의 기氣라는 뜻이다. 이일분수란 이치는 본래 하나이지만, 기가 각각 서로 다르기 때문에 그 근원을 좇아가면 하나의 이치일리, 一理가 된다는 말이다. 이 이치가 수많은 모습으로 나뉘는 것이기 때문에 이치는 본래 하나인 것이다.

▶ **핵심 주제**

1. 기발이승일도설

2. 이통기국과 이기지묘

3. 사단칠정론

4. 현실 사회의 개혁

▶ **핵심 용어**

기대승, 칠정은 사단을 포함함, 기발이승일도설, 이통기국, 이기지묘, 『성학집요』, 불상잡과 불상리, 때에 맞는 사회 경장

기발이승일도설

이황과의 관계 속에서 율곡 이이의 성리학을 이해하기 위해서는 먼저 기대승의 입장을 이해하는 것이 중요하다. 왜냐하면 이이는 사단과 칠정에 대한 자신의 입장이 기대승의 입장과 같다고 주장하기 때문이다. 기대승이 이황의 사단칠정론을 반박했음은 앞에서 검토했지만, 그 내용을 간략하게 요약하면 다음과 같다.

첫째, 어떤 것이 있다면, 그것이 물질적인 것이든 정신적인 것이든 상관없이 세상의 모든 것에는 이와 기가 결합되어 있기 때문에 마음의 움직임인 사단과 칠정을 둘로 분리하여 사단은 이치에서 나오고, 칠정은 기에서 나온다고 할 수 없다.

둘째, 칠정과 사단은 모두 인간의 감정이며, 사단은 칠정 가운데에서 선한 것들만 가려서 말하는 것이다. 즉, 사단은 칠정에 포함된다.

셋째, 성리학의 원리인 이기론에서 기는 운동성과 활동성이 있지만, 이치는 형이상자로서 무형무위無形無爲의 원리일 뿐이다. 따라서 사단이든 칠정이든 모두 감정의 움직임이므로 기의 움직임에서 나오는 것이다. 그러므로 사단은 운동성이 없는 이치가 발發하여 드러난 것이라고 해서는 안 된다.

이이도 자신의 『율곡전서』에서 주희의 이기론에 대해 기대승과 같은 설명을 한다.

> 형체도 있고 작용도 있으며, 운동과 멈춤이 있는 것은 기이다유형유위,
> 有形有爲. 형체도 없고 작용도 없지만, 움직이거나 멈춘 것 속에 내재

한 것은 이치이다무형무위, 無形無爲. 이치는 형체도 없고 작용도 없지만, 기는 이치가 아니면 움직일 수 있는 근거가 없다. 그러므로 형체와 작용은 없지만 형체와 작용이 있는 것을 다스리는 것은 이치이고, 형체와 작용이 없는 것을 담는 그릇기, 器은 기氣이다. 성性은 이치이, 理이고, 마음은 기氣이며, 마음의 움직임은 감정정, 情이다.[107]

이외에도 이이는 이와 기의 관계에 대해 "이치는 형이상자이고, 기는 형이하자이다.", "이치는 본말선후가 없는 보편성을 갖지만, 기는 본말선후가 있는 국한성을 갖는다.", "이치가 본래성이라면, 기는 현실성이라 할 수 있다."[108]는 등의 설명을 한다.

또 이이는 사단과 칠정에 대해서도 이것들이 각각 다른 독립된 두 개의 감정이 아니라는 점을 분명히 한다. 그리고 본연지성과 기질지성에 대해서도 이 둘이 서로 별개의 것이 아니며, 기질지성 안에 본연지성이 있다고 말한다. 즉 이치만을 말하면 본연지성이지만, 이치와 기질을 합하여 말하면 기질지성이라는 것이다.

사단은 칠정을 포괄할 수 없지만, 칠정은 사단을 포괄한다. 사단은 그 완전함에서 칠정에 미치지 못하지만, 칠정은 그 순수함에서 사단에 미치지 못한다. 이것이 나의 생각이다.[109] 기가 리를 포함한다기포리, 氣包理. 기질이 본성을 포함한다기질포본성, 氣質包本性.[110]

사람의 성性이란 인의예지신仁義禮智信 다섯 가지일 뿐이기 때문에 이외에 다른 성이 있을 수 없다. 또 감정에는 희로애구애오욕喜怒哀懼愛惡欲

의 일곱 가지일 뿐이기 때문에 다른 감정이 있을 수 없다. 따라서 사단이란 선한 감정을 달리 부르는 것일 뿐이다. 사단은 칠정 가운에 들어 있는 것이다. 칠정 이외에 따로 사단이 있는 것이 아니다.[111]

이 때문에 이이는 이황의 '이발기수설'을 인정하지 않는다. 이이는 자신의 이러한 입장에 따라 기발이승일도설氣發理乘一途說만을 일관되게 주장한다. 즉 이치는 하나일. 一이기 때문에 수많은 양상으로 나뉘어 드러날 수만수, 萬殊 없으며, 단지 서로 다른 기(기운)를 타고 널리 퍼지면유행, 流行 그 나뉘는 모양이 다양하고 다르게 된다는 주장이다. 단지 기가 서로 다른 다양한 모습으로 나뉠 때 이치는 그 기를 올라탄다. 이것을 정리하면 다음과 같다.

움직이고 활동하는 것발. 發은 기이고, 이와 같이 되는 까닭소이, 所以은 이치이다. 기가 아니면 발할 수 없고, 이치가 아니면 발할 수 있는 근거가 없게 된다. 이치가 아니면 기는 그 근거하는 곳이 없게 되고, 기가 아니면 이치는 의지하여 드러나는 곳이 없게 된다.[112]

이이는 '기발'만을 인정하기 때문에 만약에 주희가 '이기호발'을 주상했다면, 이것은 주자의 오류임을 지적하면서 이황이 이기호발설을 반박한다.

이통기국과 이기지묘

●

　한편, 이이의 기발이승일도설은 자신의 '이통기국理通氣局', '이기지묘理氣之妙'설과 떼려야 뗄 수 없는 관계를 이루고 있다. 그의 이통기국은 흔히 물과 그 물을 담아내는 그릇에 비유된다. 모양을 달리하는 여러 그릇들이 있고, 그 각각의 그릇에 담긴 같은 물을 생각해 보자.

　이때 같은 하나의 물은 각각의 그릇에 공통적으로 타고 있는 이치이고, 각각의 서로 다른 그릇들은 물이라는 이치를 태우고 있는 기器, 氣라고 할 수 있다. 이 점에서 이치는 보편성을 의미하는 반면, 기는 각각의 서로 다른 모습을 하고 있는 그릇들을 가리키므로 특수성을 의미한다고 할 수 있다. 다시 이이의 입장을 보자.

> 이치이, 理는 형태가 없고무형, 無形, 기氣는 형태가 있기유형, 有形 때문에 이치는 통通하고, 기氣는 국한局된다.[113] 이통理通이란 천지만물이 모두 같은 하나의 이치라는 뜻이고, 기국氣局이란 천지만물이 각각 하나의 기氣라는 뜻이다. 이일분수理一分殊란 이理는 본래 하나이지만, 기가 각각 서로 다르기 때문에 그 근원을 좇아가면 하나의 이치一理가 된다는 말이다. 이것이 바로 분수分殊가 되는 까닭이다. 따라서 이치는 본래 하나인 것이다.[114]

　이이의 이러한 입장은 이치와 기를 구별 짓고 이치에 우선성과 절대적 가치를 부여하고자 했던 이황과 달리, 성리학의 기본 원리인 이와 기 사이의 상호 긴밀성에 더 충실하려 했던 것으로 볼 수 있다.

만약에 (이황의 주장처럼) 사단은 이가 발하여 기가 따르고, 칠정은 기
가 발하여 이가 탄다고 한다면, 이것은 이와 기가 각각 두 개의 존재
가 되어 둘로 갈라지게 된다. 그렇게 되면 사람의 마음에 각각 두 개
의 근본이본. 二本이 있다고 주장하는 것이 되기 때문에 옳지 않다.[115]

이제 이이의 '이기지묘'에 관한 입장에 대해서 살펴보자. 그는 이와
기의 관계에 대해 "서로는 떠날 수도 없지만, 서로 섞일 수도 없다."고
주장한다. 이 말은 이이가 성리학의 근본 입장인 불상리不相離와 불상잡
不相雜에 충실한다는 의미이면서, 또한 자신의 이기론에 대한 근본 입장
을 표현한 말이기도 하다.

이기지묘理氣之妙는 보기도 어렵지만 표현하기도 어렵다. 일반적으로
기가 유행하여 각각 다르게 되기 때문에 이치 또한 유행하여 각각 다
르게 된다. 기가 이치를 떠나지 아니하고, 이치는 기를 떠나지 아니
한다. 이처럼 이치와 기는 하나인데, 어디에서 다른 점을 볼 수 있겠
는가?[116]

이이는 이와 기의 관계를 성리학의 근본 입장, 즉 '하나이면서 둘이고,
둘이면서 하나일이일 이이일. 一而二 二而一'라는 상호 긴밀성불상리. 不相離에 관한 주
장과 '이치는 스스로 이치이고, 기는 스스로 기이기 때문에 서로 섞일 수
없다.'는 개념상의 구분을 의미하는 불상잡不相雜을 종합하여 '이기지묘理氣
之妙'라 말하고 있다. 즉, 이치와 기가 하나라는 주장이기일물. 理氣一物과 이와
기가 별개의 두 개라는 주장이기이물. 理氣二物을 비판적으로 종합하고 있다.

사단칠정론

이이의 사단칠정론 또한 자신의 철학적 원리인 기발이승일도설에 기초하고 있다. 이이는 이황의 이기호발설을 반박하면서 자신의 기발이승에 기초한 사단칠정론을 주장한다.

> 사단은 이치가 발發, 운동 또는 활동하여 기가 이것을 따르는 것이고, 칠정은 기가 발하여 이치가 이것을 탄乘, 이것에 깃든 것이라는 (퇴계의) 주장에서 후자는 맞지만, 전자는 그릇되다. 오히려 사단 또한 기가 드러나서 이치가 이것을 탄 것이다. 어린아이가 빠지려는 모습을 보면서 측은한 마음이 드는 것은 바로 기가 발한 것이다 기발이승, 氣發理乘. 어린아이가 물에 빠진 것을 본 다음 비로소 측은지심이 드러나는 것은 아니다 이발기수, 理發氣隨. 측은지심의 근본은 인仁이기 때문에 이를 두고 '이치가 탄다'고 하는 것이다.[117]

이처럼 이이의 사단칠정론은 자신의 기발이승일도설에 기초하고 있으며, 또한 성리학의 기본 개념인 무형무위와 형이상자로서 이치, 그리고 유형유위와 형이하자로서 기에 충실하고 있는 것으로 보인다.

> 일반적으로 사람의 성性에는 오상五常, 인의예지신이 있을 뿐, 이것 외에 다른 성이 따로 있지 않으며, 감정정, 情에는 칠정희로애구애오욕, 喜怒哀懼愛惡欲 일곱 가지가 있을 뿐, 이것 외에 다른 감정이 따로 있지 않다. 따라서 사단이란 선한 감정에 붙여진 이름에 불과하다. 따라서 사단은

칠정 가운데 들어 있는 것이다. 사단은 도심道心만을 말한 것이고, 칠정은 인심人心과 도심을 합하여 말한 것이다. 이것은 인심과 도심이 두 가지로 나뉜다는 것과 전혀 다르다.[118]

이것은 이이가 사단과 칠정이 질적으로 다른 두 개의 감정이라는 이황의 주장과는 대조적으로, 사단과 칠정이 가치론적으로는 구분되지만 실질적으로는 두 가지 모두를 하나의 감정으로 통합해서 이해했음을 보여 준다. 즉, 사단을 칠정을 겸할 수 없지만, 칠정은 사단을 겸한다는 주장이다. 예를 들어 칠정 중에서 기쁨·슬픔·사랑·욕구의 감정이 사단 중 측은지심으로 표현되는 경우를 생각해 볼 수 있는데, 이것을 통해 사단 중 측은지심의 감정이 사덕 중 인仁의 단서임을 또한 알 수 있다.

또 인심과 도심의 관계에 대해서는 "서로가 서로에 대해 처음과 끝이 된다."고 함으로써 도심으로 시작했지만 사사로움이 섞이면 인심으로 끝나고, 인심으로 시작했지만 올바른 이치를 거스르지 않으면 도심으로 마무리되는 것이라고 말한다.

현실 사회의 개혁

이이가 생존했던 시기는 이황의 시대보다 상대적으로 나았지만, 법이 오래되어 폐단이 생기고 제도가 해이해져 개혁이 절실한 시기이기도 했다.[119] 이러한 사회적 배경을 반영하듯이 성리학자로서 이이는 도덕적 인간이기 되기 위한 수기修己와 함께 사회 개혁의 필요성에도 관심을 가졌다. 이것은 '기발'만을 인정하는 그의 철학적 입장과도 무관하지 않은 것 같은 인상을 주기도 한다.

그는 현실적인 인간에 대해서는 기질氣質의 변화를 통해 도덕적으로 완전한 천도天道로서 성誠과 하나가 될 것을 강조하고, 사회 현실에 대해서는 잘못된 제도적 병폐를 개선할 것을 주장했다. 기질의 변화를 통해 성誠과 하나가 될 것을 강조하는 그의 주장은 순선인 이치理의 보편성과 개체성인 기氣의 특수성에 기초하고 있다.

> 이치는 본래 선善이기 때문에 수양할 필요가 없다. 성현의 모든 말은 단지 사람들로 하여금 기氣를 엄격하게 단속하여 본래의 모습인 호연지기를 회복하게 하는 것일 뿐이다. 호연지기가 천지에 가득하면, 본래 선한 이치는 조금도 가려짐이 없이 드러난다.[120]

마찬가지로 현실 사회에 대한 개혁과 관련된 주장도 구체성과 개체성으로서 각각의 시대 현실에 부합시중, 時中하는 개혁을 통해 궁극적이며 보편성으로서의 이치에 부합하게 하려는 의지를 표현하고 있다.

> 정치는 현실 사회의 상황시세, 時勢을 정확히 아는 것이 중요하고, 일을 할 때는 실효實效에 힘쓰는 것이 중요하다. 따라서 상황에 대한 적절한 판단을 하지 못하고, 실효를 거두는 데에도 힘쓰지 않는다면, 비록 성군과 지혜로운 신하가 서로 만난다고 할지라도, 그 통치의 실질적인 효과는 기대하기 어렵다.[121]

그러므로 각각의 시대가 처해 있는 상황에 맞춰 법과 제도를 정비하지 않는다면, 시대의 문제들에 적절히 대응하지 못하게 되어 폐단과 부조리만이 쌓일 것이다. 이 때문에 그는 기발에 기초한 기질의 변화를 강조하면서도 동시에 신분과 파벌을 넘어선 인재 등용이나 언론의 자유, 세제의 개혁 등에 관한 주장을 했던 것이다. 이 모든 것들은 그가 때에 맞는 적절한 개혁을 강조한 현실주의자였음을 보여 준다.

이황과 이이는 유학자이자 성리학자라는 점에서는 공통점을 갖고 있지만, 몇 가지 점에서 두드러진 차이점도 있다.

첫째, 이황이 사단과 칠정을 구분하여 이해하려고 했던 반면, 이이는 사단을 칠정에 포함시켜 이해하고 있다.

둘째, 이황이 '이기호발설'을 주장한 반면, 이이는 '기발이승일도설'만을 인정하고 있다.

셋째, 이황은 이귀기천에 기초하여 주리론적 관점을 채택하고 있지만, 이이는 이와 기 사이의 상호긴밀성을 중시하는 이기지묘의 관점을 채택하는 묘합의 논리를 주장하고 있다.

일반적으로 각각의 사상은 그 사상이 등장했던 시대의 상황을 반영하는 시대의 거울이다. 그리고 이러한 특성은 어떤 특정 사상가의 관점에 따라 체계화되는 과정을 밟는다. 따라서 각각의 사상가가 지닌 관점과 가치관이 다르다면, 그 시대를 읽어 내는 방식과 처방전 또한 다를 수밖에 없다.

다시 말해, 이황은 자신의 시대가 안고 있었던 과제를 성리학적 이념에 충실한 도덕성의 확립에서 찾고자 했던 반면, 이이는 자신의 시대가 안고 있었던 과제를 제도와 정치 사회의 개혁에서 찾고자 했던 것이다. 이 점에서 특정 사상을 보수와 진보의 이데올로기적 관점에서 평가하기보다는 특정 사상가의 삶과 가치관을 각각의 시대에 투영하여 그들의 진정성眞情性을 이해하려는 노력이 더욱 바람직하다고 하겠다.

악을 행하려고 할 때마다, 한쪽에서는 욕망이 나오고, 다른 한쪽에서는 이를 저지하려고 한다. 이처럼 밝게 저지하려는 것이 하늘이 명한 것이자 성이다. 하늘은 우리에게 자주지권(자유로운 선택권)을 주었기 때문에 선을 원하면 선을 행할 수 있고, 악을 원하면 악을 행할 수 있게 했다고 보아야 한다. 이것이 인간과 동물의 다른 점이며, 이렇게 볼 때 선악은 이미 결정된 것이 아니고, 그것을 선택하는 것은 전적으로 자신에게 달려 있다.

▶ **핵심 주제**

1. 성기호

2. 도덕적 기호와 덕의 형성

3. 자주지권: 인간과 동물의 차이점

▶ **핵심 용어**

성기호: 마음의 기호, 기호로서 성선, 몸(형구)의 기호와 도덕적(영지) 기호, 사덕의 후천적 형성, 단시, 자주지권과 자유의지, 주체성, 정심 대 리심, 생리적 욕구체, 혈기적 존재, 물아이분관, 경자유전과 여전제, 과학기술정책

성기호

앞에서 검토했던 맹자와 성리학, 그리고 이들과 상반되는 것처럼 보이는 순자의 사상에서 공통점을 찾는다면, 이들 모두가 유가라는 점 외에 인간의 본성에 대해 결정론적 입장을 주장했다는 점이다. 즉, 맹자와 성리학은 인간의 본성을 성선이라는 관점에서, 그리고 순자는 성악이라는 관점에서 규정하고 있다. 그런데 이제 검토할 정약용은 이들과는 다른 인성론을 제시한다. 인간의 본성이 성선이 아니라 성기호性嗜好임을 밝힌 것이다.

정약용은 이를 밝히기 위해 먼저 인간의 마음심, 心: 情·意·志이 사단이나 칠정만으로 고정되어 있다고 할 수 없고, 매우 다양하다고 주장한다. 예를 들어 인간에게는 측은한 마음, 사양하는 마음, 시비를 가리는 마음, 부끄러워하는 마음 이외에도 게으르고 싶은 마음만, 慢, 부지런한 마음근, 勤, 즐거워 춤추고 싶은 마음악, 樂, 믿고 싶은 마음신, 信, 뉘우치는 마음회, 悔 등 다양한 마음이 존재하기 때문에 성리학에서 주장하는 것처럼 단지 일곱 가지로 한정할 수 없다는 것이다.[122]

이에 근거해 정약용은 인간의 본성 또한 태어나면서부터 선으로 결정된 것이 아니라 우리 '마음이 기호', 즉 우리의 마음이 어떤 것을 좋아하는 경향성, 또는 우리 마음이 어떤 것을 싫어하는 경향성을 갖고 태어난다고 본다. 이러한 입장은 '성즉리'를 주장했던 성리학의 기본 입장과 분명한 대조를 이룬다.

왜냐하면 성리학의 주장처럼 인간의 본성을 성선으로 결정되어 있다고 가정할 경우, 어떤 사람이 자신의 의지에 따라 선한 행위를 했을지라도, 그러한 행위는 단지 '인간이 선천적으로 선하기 때문에' 그와 같은 행위를 한 것일 뿐이라고 설명할 수밖에 없기 때문이다. 또 어떤 사람이 의도를 갖지 않고 무의식중에 누군가를 도와주었을 경우에도 우리는 단지 '인간은 선천적으로 선하기 때문에' 그런 행동을 한 것일 뿐이라고 그의 행위를 설명할 수밖에 없게 된다.

하지만 정약용의 주장처럼 자신의 마음이 어떤 좋아하고 즐기는 것기호. 嗜好을 원해서(또는 선택해서) 그 행동을 하게 되는 것이라고 한다면, 그 행동이 가져오는 결과에 대한 설명은 완전히 달라진다. 왜냐하면 그 행동은 행위자 자신이 직접 선택한 것이고, 그렇기 때문에 그 행위에 따른 책임 또한 그 자신으로부터 찾아야 하기 때문이다.

이처럼 '자기 마음이 좋아하는(또는 싫어하는) 것을 선택한다.'는 말은 어떤 행위를 하기 위한 선택과 결단, 그리고 그 행위에 따른 결과에 대한 책임에 이르기까지 모든 것이 그 자신의 자율성과 판단에 근거한 것이지, 선천적으로 주어진 도덕성에 근거하여 결정되는 것이 아니게 된다.

정약용은 이처럼 '기호'의 관점에서 인간의 본성을 파악했기 때문에 맹자의 사단에 기초한 성선설에 대해서도 성리학과 다른 해석을 내놓는다. 즉, 맹자의 사단은 인간의 본성을 '마음이 갖고 있는 기호'라는 맥락에서 이해해야 한다는 것이다. 이러한 논리에 근거해 정약용은 인간의 마음이란 "선을 좋아하고 악을 미워하며, 덕을 좋아하고 욕된 것을 부끄러워하는 것"[123]이라고 주장한다. 정약용의 해석을 따른다면, 맹자는 "성선설의 이치를 기호로써 밝힌 것"[124]이 된다.

도덕적 기호와 덕의 형성

●

계속해서 정약용은 인간의 기호를 두 가지로 구분해 살필 것을 제안한다. 하나는 형구形軀의 기호, 즉 우리의 몸이 기호하는 것이고, 다른 하나는 영지靈知의 기호, 즉 우리의 마음이 기호하는 것이다. 몸의 기호는 우리의 육체가 기호(육체적 욕구나 성향)하는 것인 반면, 마음의 기호는 도덕적 기호(도덕적 성향)이다. 따라서 도덕적 삶과 관련해 우리에게 필요한 것은 영지의 기호에 따라 도덕적 행위를 지속적으로 실천하고 쌓아 가는 노력이 필요하다.

> 기질지성은 단것을 좋아하고 쓴 것을 싫어하며, 향기를 좋아하고 악취를 싫어하는 것이다. 천명지성은 선을 좋아하고 악을 미워하며, 의를 좋아하며 탐욕을 미워하는 것이다. 기호라는 이름은 같지만, 기호의 대상은 다른 것이다. 따라서 이를 두고 고자의 입장과 같다고 해서는 안 된다.[125]

정약용은 이렇게 성리학자들의 성性, 기질지성과 천명지성을 문제 삼으면서 성을 기호로 해석하고, 이를 다시 두 종류의 기호로 설명한다. 그런 다음 자신의 논리를 강화하기 위해 맹자가 "입은 맛있는 것을 좋아하고, 귀는 듣기에 좋은 소리를 좋아하고, 눈은 아름다운 것을 좋아한다."고 말한 것을 인용해 맹자 또한 성이 기호임을 말하고 있다고 주장한다. 기질지성을 육체적 기호(욕망)로, 천명지성을 도덕적 기호(욕망)로 이해하는 정약용에게서 우리는 그가 기호를 '어떤 무엇을 즐기고 지향하고 있는 성향'으로 사용하고 있음을 알 수 있다.

하늘이 인간에게 부여한 사덕의 선험적 내재성을 인정하지 않는 정약용은 자신의 도덕적 기호 개념을 활용해 사덕이 후천적 노력을 통해 어떻게 형성되는지를 『맹자요의』에서 다음과 같이 표현한다.

> '인의예지'라 불리는 사덕은 행위를 한 다음 (비로소) 이루어진다. 그렇기 때문에 사람이 사랑을 한 다음 어질다인.仁고 하는 것이지, 사람을 사랑하기 이전에 '인'이라 하지는 않는다. 또 자신을 선하게 한 다음 의롭다의.義라고 하는 것이지, 자신을 선하게 하기도 전에 '의義'라고 하지는 않는다. 마찬가지로 주인이 손님에게 인사를 한 다음에야 예禮를 갖추었다고 하며, 사물을 분별한 다음에야 지혜지.智롭다고 하는 것이다. 따라서 인의예지의 사덕은 복숭아씨나 살구씨처럼 우리 마음 한가운데 열매처럼 주렁주렁 매달려 있는 것이 아니다.[126]

우리에게는 단시설端始說로 알려진 그의 주장은 쉽게 말해 '선先 도덕적 기호의 실천, 후後 도덕적 덕의 형성'이라고 할 수 있다. 즉, 인의예지라는 사덕의 명칭(이름)은 도덕적 기호의 지속적인 실천이 있은 다음 비로소 형성된다는 의미이다. 따라서 인의예지라는 사덕으로 불리는 이름은 이 도덕적인 기호(마음)를 확충함으로써 실현된 결과일 뿐이다.

> 어린아이가 물에 빠질 때 측은한 마음이 있으면서도 구하지 않는다면, 이것은 그 마음의 근원에 비추어 볼 때 인이라고 할 수 없다. 마찬가지로 발로 차면서 내놓은 음식을 취하여 받아먹는다면, 이것 또

한 그 마음의 근원에 비추어 볼 때 의라고 할 수 없다. 또 손님을 맞이할 때 공경하는 마음이 없다면, 그 마음의 근원에 비추어 볼 때 예라고 할 수 없다. 억울한 누명을 뒤집어쓴 것에 대해 시비를 가리려는 마음이 있으면서도 가리지 않는다면, 그 마음의 근원에 비추어 볼 때 지라고 할 수 없다. 이 네 가지 마음이 본래 인간의 본성이다. 따라서 사덕이란 명칭은 이 마음을 확충함으로써 실현된 이름일 뿐이다.[127]

정리하면, 정약용은 인의예지라고 불리는 사덕은 반드시 그 이전에 지속적인 실천 행위가 있어야 하며, 덕은 그 결과로서 비로소 실현된다고 보았다. 따라서 측은지심에 기초한 행위는 인이라고 불리는 덕이 형성되기 위한 처음단시, 端始, 출발점이고, 이러한 측은지심의 지속적인 계발과 누적을 통해 비로소 인이라는 덕이 형성된다고 보아야 한다. 이것은 이상적인 덕으로서 사덕이 태어나면서부터 우리 안에 이미 내재하고 있다는 성리학의 입장단서, 端緖과는 상반된다.

정약용이 기호, 즉 자신이 즐기고 좋아하는 것을 하려는 경향성으로서 욕구(욕망)를 중시했다는 점은 매우 중요한 의미를 지니는데, 그 이유는 어떤 행위를 할 것인지를 선택하는 문제에서부터 그 선택에 따른 행위가 가져올 결과에 대한 책임의 문제에 이르기까지 모든 과정을 당사자인 바로 자기 자신에게 맡기고 있기 때문이다. 각자가 자신의 행위와 삶에 대해 주체라는 의식은 그의 사상이 지닌 근대적 성격을 보여주는 매우 의미 있는 측면이다. 그에게 각 개인은 스스로 선할 수도 있지만, 스스로 악할 수도 있는 선택 권한을 하늘상제, 上帝로부터 부여받은 존재이다. 이 주제에 대해서는 다음 장에서 더 자세히 검토하기로 하자.

지금까지의 논의에 기초해 정약용의 주장과 그 의의를 정리해 보자.

첫째, 어떤 대상을 기호(본성에 따라 어떤 것을 지향함)하는 마음의 주체는 바로 자기 자신이다. 이는 정약용이 인간을 주체성을 지닌 자율적 개체로서 파악하고 있음을 보여 주며, 이러한 특성은 모든 인간에게 동일하게 적용된다는 점에서 평등 의식을 함축하고 있다.

둘째, 우리가 어떤 것을 기호한다는 것은 자율적인 개체로서 어떤 대상을 기호하는 것이기 때문에 행위에 따른 결과에 대한 책임성은 바로 우리 자신에게 있다. 이것은 첫째의 주장으로부터 자연스럽게 도출된다.

셋째, 우리가 사덕(인의예지)이라고 부르는 이름(명칭)은 도덕적 행위를 누적한 결과이지, 행위 이전에 우리 마음에 이미 열매처럼 존재하는 것이 아니다.

넷째, 우리 몸의 기호를 말함으로써 인간이 지닌 욕구를 긍정한다. 단지, 정약용은 선을 추구하는 욕구를 적극적으로 계발하는 반면, 명예와 물질에 관한 욕구는 줄이고 제어할 것을 요구한다. 다시 말해 우리 마음에는 본래 욕구가 있으며, 이 욕구하는 마음이 없으면 천하의 그 어떤 일도 이루어질 수 없다.

자주지권: 인간과 동물의 차이점

●

이제 조금 전 언급했던 상제와 주체성에 대해서 이야기하자. 정약용이 비록 천주교 신자이기는 하지만, 죽은 다음 내세에서의 심판이나 천당과 지옥에 대한 주장은 하지 않은 것으로 보인다. 또 그의 상제 개념은 서학의 인격적 창조주라는 의미보다 모든 존재의 변화와 생성에 관여하는 존재조화, 造化, 만물을 창조하고 기르는 대자연의 이치. 그리고 그런 이치를 따르는 모든 존재로서 의미를 지닌다.[128]

> 맹자가 말한 성선에는 잘못이 없지만, 단지 어떤 사람이 선한 사람이 된다고 하더라도 그 공로가 자기 자신에게 있다고 보기 어렵다. 이 때문에 선할 수도 있고, 악할 수도 있는 권형權衡, 사물의 무겁고 가벼움을 재는 기준, 저울을 부여하여 자신의 주장에 따라 선을 행하려고 하면 그것을 따르게 하고, 악을 행하려고 하면 그것을 따르게 하였다. 이것으로 인해 공로와 과오가 (모두 자신에게서) 발생하게 된다.[129]

이로 미루어 볼 때, 자기 자신의 선택이나 행위와 관련해 일어난 어떤 일이 좋은 결실을 이루든 그렇지 않든, 그에 대한 모든 책임공과, 功過은 바로 자신에게 있다. 따라서 모든 경우에 삼가고 두려워하며 신중하지 않으면 안 된다. 또 하늘은 인간에게 '지주지권自主之權'을 주어 인간이 스스로 선을 행할 수도, 악을 행할 수도 있도록 했기 때문에 인간은 모름지기 선을 좋아하고 악을 미워할 수 있도록 부여받은 도덕적 욕구를 실현하기 위해 애쓰지 않으면 안 된다.

이처럼 정약용은 천명지성으로서 도덕적 기호를 말하면서도, 동시에 인간이 하늘로부터 '자유의지'를 부여받았다고 주장함으로써 어떤 삶을 지향하고 좇는 것이 바람직한 것인지를 스스로 판단하고 실천하도록 하고 있다. 특히 그는 인간의 이러한 본성적 측면이 자연 세계의 동물과는 근본적으로 다른 것임을 지적함으로써 인간에게 고유한 속성임을 더욱 강조한다.

하늘은 동식물(풀·나무·짐승)에 대해 그것이 생겨난 때부터 그들이 살아갈 이치를 부여해 같은 종끼리 종을 번식하면서 자신이 부여받은 본성성명, 性命에 따라 온전하도록 해놓았다. 하지만 이와 달리 사람에 대해서는 영명靈明을 부여해 모든 존재를 초월해 그것들을 누리도록 했다. 그런데도 오늘날 오상(인의예지신)의 덕을 인간은 물론, 모든 존재가 함께 부여받았다고 주장하는 것은 모든 존재에 차등이 없다고 주장하는 것인데, 어떻게 이것을 하늘(상제)의 이치라고 할 수 있겠는가?[130]

정약용은 인간에게 부여된 권형(자유의지)의 능력과 영명의 속성을 근거로 인간이 나머지 모든 자연에 대해 주인이며, 모든 존재를 누릴 수 있어야 한다고 주장한다. 따라서 정약용은 일반적으로 전해 오는 '천지만물이 한 몸만물일체, 萬物一體'라는 말은 합당하지 않으며, 모든 존재는 각각 자신에게 맞은 본성을 지닐 뿐이라고 주장한다.

일벌은 여왕벌을 호위할 수밖에 없지만, 이를 두고 충이라고 하지는 않는다. 이는 동물의 행위가 이미 결정된 마음정심, 定心에 따라 움직이기 때문이다. 이것은 호랑이가 약한 동물을 잡아먹더라도 법을 적용해 처벌하지 않는 것과 같은 이치이다. 그렇지만 사람은 스스로 선이나 악을 행할 수 있는데, 이것은 마음이 정해져 있지 않기 때문이다. 그러므로 선악은 모두 자신의 공과功過에 달려 있다.[131] 옛 고전 어디에도 만물일체라는 말은 없다. 어떻게 자연과 동물이 인간과 하나가 될 수 있겠는가?[132]

정약용이 인간과 자연을 분리하는 '물아이분관'을 통해 인간의 고유성을 주장하며, 이를 근거로 인간이 도덕적 욕구를 실천하지 않으면 안 되는 이유를 더욱 강조하고 있음을 발견할 수 있다. 우리는 정약용 또한 유학자임을 놓쳐서는 안 된다.

한편, 서학이 정약용에게 미친 영향을 고려할 때, 마테오리치의『천주실의』에 실린 다음 내용은 정약용의 자유의지와 물아이분관의 관점을 이해하는 데 많은 도움을 준다.

세상에 존재하는 모든 것들은 이미 자신의 의지를 가지고 있기 때문에 이 의지를 따를 수도 있고, 따르지 않을 수도 있다. 따라서 덕과 부덕, 선과 악이란 이 의지가 행해진 다음에야 붙여지는 명칭이다. 그렇지만 동물은 자신이 행한 행위를 옳은지 그른지를 따져서 할 수 없기 때문에 덕에 대해서도 알지 못한다. 이 때문에 모든 나라의 법은 동물의 부덕함에 대해 벌을 주지도 않지만, 덕행에 대해 상을 주지도 않는다. 하지만 사람은 동물과 달리 내적으로 이성적인 마음이심, 理心이 있기 때문에 자신의 행위가 옳은지 아니면 그른지, 합당한지 아니면 부당한지를 지각할 수도 있고, 이에 따라 행동으로 옮길 수도 있다.[133]

마테오리치는 인간의 자유의지를 인간에게 고유한 이성적 추론 능력에 기초해 주장하고 있으며, 이 자유의지가 무엇을 지향하느냐에 따라 도덕적으로 선과 악에 대한 판단이 결정된다고 말하고 있다. 이것은 인간의 주체성이나 의지에 의한 결단을 설명하기 어려운 성리학의 결정론적 입장과는 큰 대조를 이룬다고 하겠다.

정약용의 인성에 관한 지금까지의 논의를 다시 그의 주장을 통해 확인해 보기로 하자.

악을 행하려 할 때마다, 한쪽 마음에서는 욕망이 나오고, 다른 한쪽에서는 이를 저지하려는 욕망이 나온다. 이처럼 밝게 저지하려는 것이 하늘이 명한 것이자 성이다천명지성, 天命之性. 이것은 우리가 선을 행하는 것은 마치 물이 위에서 아래로 흐르는 것과 같다는 주장과는 충돌한다. 그뿐만 아니라 이런 주장은 우리의 공을 적절히 설명할 수도 없다. 그렇기 때문에 하늘상제, 上帝은 우리에게 자주지권을 주어 선을 원하면 선을 행할 수 있고, 악을 원하면 악을 행할 수 있게 했다고 보아야 한다. 이것이 인간과 동물의 다른 점이며, 이렇게 볼 때 선악은 이미 결정된 것이 아니고, 그것을 선택하는 우리 마음의 선택에 달린 것이다.[134]

결론적으로 정약용은 인간이란 ⑴ 욕구(욕망)를 지닌 존재(즉 생리적 욕구체, 혈기적 존재)이며, ⑵ 자유의지에 따라 주체적으로 선택하고 책임질 수 있는 능력을 지닌 존재(주체적 자율성)이기도 하다. 또 ⑶ 인간은 동물과 구별물아이분관, 物我二分觀되는 도덕 윤리적 존재며, ⑷ 이러한 능력은 각자가 동등하게 지녔다는 점에서 평등한 존재라고 파악했음을 알 수 있다. 바로 이와 같은 점들이 정약용 사상이 갖고 있는 근대성이기도 하다.

이와 같은 인간 이해에 기초해 정약용은 개혁 사상가로서 다음과 같은 주장들을 내놓는다. 농사를 짓는 사람만이 농지를 소유할 수 있도록 하는 경자유전耕者有田의 원칙에 토대를 둔 여전제閭田制, 토지를 공동 경작하게 하고, 한 마을을 기본 단위인 1여로 나누어 토지를 공동 소유하게 하는 제도를 통해 토지에서의 근본적인 개혁을 주장했으며, 과학기술의 장려와 화폐 개혁을 위한 전담 부서의 설치, 그리고 소비 억제와 국부의 해외 유출 방지 및 보호 무역 정책 등을 주장했다.

1 맹자 지음, 안회순 옮김, 『맹자』, 서울: 책세상, 2005. 162쪽.

2 맹자, 위의 책, 138쪽.

3 맹자, 위의 책, 66쪽.

4 맹자, 위의 책, 같은 쪽.

5 맹자, 위의 책, 60쪽.

6 맹자, 위의 책, 126쪽.

7 왕방웅 외 지음, 황갑연 옮김, 『맹자 철학』, 서울: 서광사, 2005. 130-131쪽.

8 맹자, 위의 책, 132쪽.

9 왕방웅, 위의 책, 133쪽.

10 그렇지만 맹자가 인간의 도덕적 본성과 이에 대한 양심을 우산과 비유하는 것은 적절하지 않은 것으로 보인다. 왜냐하면 우산은 본질적으로 자유 의지가 없는 자연이기 때문에 자신을 실현하고자 할 때 외적 요인에 의해 근본적인 제약을 받지만, 인간의 경우는 자유 의지를 통해 외적 요인의 제약에도 불구하고 자신을 보존하고 실현할 수 있는 가능성이 크기 때문이다.

11 맹자, 위의 책, 44쪽.

12 맹자, 위의 책, 22-23쪽.

13 맹자, 위의 책, 18-19쪽.

14 감학주, 『묵자』, 서울: 명문당, 2002. 19쪽.

15 맹자, 위의 책, 138쪽.

16 김학주, 위의 책, 203쪽.

17 김학주, 위의 책, 205쪽.

18 김학주, 위의 책, 206쪽.

19 김학주, 위의 책, 207쪽.

20 김학주, 위의 책, 212쪽.

21 김학주, 위의 책, 254-256쪽.

22 김학주, 위의 책, 257쪽.

23 김학주, 위의 책, 260-261쪽 참고.

24 김학주, 위의 책, 266쪽.

25 김학주, 위의 책, 273쪽.

26 김학주, 위의 책, 224-236쪽.

27 김학주, 위의 책, 230-231쪽.

28 순자 지음, 장현근 옮김, 『순자』, 서울: 책세상, 2002. 60쪽.

29 순자, 위의 책, 61쪽.

30 순자, 위의 책, 62쪽.

31 순자 지음, 김학주, 『순자』, 서울:
　　을유문화사, 2003. 585−586
　　쪽 참고.

32 순자, 위의 책, 579−580쪽, 586쪽.

33 순자, 위의 책, 660−661쪽 참고.

34 순자, 위의 책, 657−658쪽.

35 순자, 위의 책, 662−663쪽.

36 순자, 위의 책, 674−675쪽 참고.

37 순자, 위의 책, 533−534쪽.

38 순자, 위의 책, 263−264쪽.

39 순자, 위의 책, 265쪽.

40 순자, 위의 책, 319쪽.

41 순자, 위의 책, 267−268쪽.

42 순자, 위의 책, 269−270쪽.

43 순자, 위의 책, 476−477쪽.

44 순자, 위의 책, 239−240쪽.

45 춘추 오패春秋五覇란 제齊나라의 환공
　　桓公, 진晉나라의 문공文公, 초楚나라
　　의 장왕莊王, 오吳나라의 합려闔閭,
　　월越나라의 구천勾踐을 말한다.

46 순자, 위의 책, 336−337쪽.

47 순자, 위의 책, 330쪽. 순자는 "법
　　이 다스림의 시작이지만, 법의
　　근원은 군자"(순자, 위의 책, 352
　　쪽)라고 주장함으로써 법을 운
　　용하는 인재의 등용을 특히 강
　　조한다.

48 순자, 위의 책, 213−215쪽 참고.

49 순자, 위의 책, 220−221쪽 참고.

50 순자는 임금을 세 유형으로 분류한
　　다. 예의를 바탕으로 백성의 마
　　음을 얻어 올바른 정치를 하려
　　는 왕자王者, 상벌을 엄격하게 하
　　고, 자기를 지지하는 자들을 늘
　　려 남을 제패하려는 패자覇者, 마
　　지막으로 다른 제후들과 백성을
　　원수로 삼게 되어 위태로워 망하
　　게 되는 강자彊者이다: 순자, 위
　　의 책, 223−225쪽 참고.

51 한비 지음, 이운구 옮김, 『한비자』,
　　서울: 한길사, 2007. 463쪽.

52 한비, 위의 책, 82−83쪽.

53 한비, 위의 책, 106−107쪽.

54 한비, 위의 책, 220−221쪽.

55 한비, 위의 책, 77쪽.

56 한비, 위의 책, 111쪽.

57 한비, 위의 책, 211쪽.

58 한비, 위의 책, 176−177쪽.

59 한비, 위의 책, 105쪽.

60 한비, 위의 책, 83−84쪽.

61 강정인 외 지음, 『군주론』, 서울:
　　살림, 2005. 178쪽.

62 위의 책, 173쪽.

63 위의 책, 180쪽.

64 위의 책, 213쪽.

65 풍우란 지음, 박성규 옮김, 『중국
철학사(하)』, 서울: 까치, 2002.
533쪽.

66 풍우란, 위의 책, 541쪽 참고.

67 풍우란, 위의 책, 543쪽.

68 풍우란, 위의 책, 534쪽.

69 풍우란, 위의 책, 535쪽.

70 진래 지음, 이종란 외 옮김, 『주
희의 철학』, 서울: 예문서원,
2002. 86-87쪽 참고.

71 풍우란, 위의 책, 554-555쪽 참고.

72 진래, 위의 책, 213쪽.

73 위의 책, 228쪽.

74 위의 책, 229쪽.

75 위의 책, 228쪽.

76 백민정, 『강의실에 찾아온 유학자
들』, 서울: 사계절, 2007. 145-
146쪽 참고.

77 풍우란, 위의 책, 549쪽, 555쪽.
"인의예지는 성性이다. 성은 만
질 수 있는 모습이나 그림자는
없고, 오직 그 이치理만 있을 뿐
이다. 그리고 오직 그 감정情만
이 직접 발견될 수 있을 뿐이다.
그 감정情이란 측은의 정, 사양의
정, 수오의 정, 시비의 정이다."

78 백민정, 『정약용의 철학』, 서울: 이
학사, 2008. 159쪽.

79 진래, 위의 책, 316-317쪽.

80 위의 책, 318쪽.

81 위의 책, 327쪽.

82 위의 책, 325쪽, 347쪽.

83 위의 책, 327쪽.

84 위의 책, 370쪽, 373쪽.

85 위의 책, 380-381쪽 참고.

86 진래, 위의 책, 382쪽.

87 진래, 위의 책, 387쪽.

88 풍우란, 위의 책, 596쪽.

89 위의 책, 604-605쪽 참고.

90 위의 책, 600쪽.

91 위의 책, 599쪽.

92 위의 책, 601쪽.

93 백민정, 위의 책, 176-177쪽 참고.

94 풍우란, 위의 책, 597쪽.

95 최영진, 『조선조유학사상사의 양
상』, 서울: 성균관대학교출판부,
2005. 78쪽.

96 임헌규, 『사단칠정을 논하다』, 서
울:책세상, 2014.160쪽.

97 위의 책, 160쪽. 한국철학사연구
회, 『한국철학사상사』, 서울: 심
산, 2005. 195쪽.

98 임헌규, 위의 책, 160쪽.

99 백민정, 위의 책, 202쪽.

100 위의 책, 205-206쪽, 208쪽. 임헌규, 위의 책, "칠정이 이치와 기운을 겸한다는 말은 두말할 것 없이 맞다. 또 칠정과 사단을 구분해 말하면, 칠정과 기운의 관계는 사단과 이치의 관계와 같다. 사단이 외적 사물에 감응해 움직이는 것도 정확히 칠정과 같다. 다만 사단은 이치가 발현할 때 기운이 따르는 것이고, 칠정은 기운이 발현할 때 이치가 타는 것이다."

101 위의 책, 199쪽.

102 한국철학사연구회, 위의 책, 197-198쪽.

103 이황 지음, 최영갑 옮김, 『성학십도』, 서울: 풀빛, 2008. 172-184쪽 참고.

104 위의 책, 같은 쪽.

105 김교빈, 『한국철학에세이』, 서울: 동녘, 2003. 144쪽.

106 황의동, 『율곡 사상의 체계적 이해』, 서울: 서광사, 2008. 226쪽. 이이는 강릉에서 이황과 기대승이 논쟁한 글을 읽고, "기대승의 이론이 나의 뜻과 꼭 맞는다."고 하면서 "성性에는 인의예지신이 있고, 감정情에는 희로애락애오욕이 있기 때문에 오상 밖에 다른 성이 없고, 칠정 밖에 다른 정이 없다. 칠정 중에서 인욕이 섞이지 않고, 순수하게 천리에서 나온 것이 사단이다."라고 말한다.

107 백민정, 위의 책, 211-212쪽.

108 황의동, 위의 책, 144쪽.

109 위의 책, 215쪽.

110 한국철학사상연구회, 『강좌 한국철학』, 서울: 예문서원, 1997. 378쪽.

111 최영진, 위의 책, 117쪽.

112 한국철학사연구회, 위의 책, 203쪽.

113 한자경, 『한국철학의 맥』, 서울: 이화여대출판부, 2008, 217쪽.

114 최영진, 위의 책, 111쪽.

115 위의 책, 112쪽.

116 위의 책, 114쪽.

117 백민정, 위의 책, 214쪽.

118 최영진, 위의 책, 117쪽.

119 임선영 외 지음, 『한국철학, 화두로 읽는다』, 서울: 동녘, 1999. 153-154쪽.

120 한국철학사연구회, 위의 책,
     210쪽.

121 위의 책, 213쪽.

122 금장태, 『다산 실학 탐구』, 서울:
     소학사, 2001. 92쪽.

123 위의 책, 98쪽.

124 위의 책, 같은 쪽.

125 백민정, 『정약용의 철학』, 서울:
     이학사, 2008. 288쪽.

126 한국철학사연구회, 『한국실학사
     상상』, 서울: 도서출판 다운샘,
     2002. 266쪽.

127 백민정, 위의 책, 296-297쪽.

128 위의 책, 175쪽.

129 위의 책, 106쪽.

130 위의 책, 102쪽.

131 금장태, 위의 책, 109쪽.

132 한국철학사연구회, 위의 책,
     269쪽.

133 위의 책, 302-303쪽.

134 위의 책, 306쪽.

• 윤리와 사상 •

사상가들의 텍스트와 함께 읽기

/

서양편

플라톤

·

Platon

기원전 428-348

지성을 통해 인식되는 것들에는 한쪽에 수학 또는 기하학적인 것들이 있고, 다른 한쪽에는 감각적인 것은 전혀 해당되지 않은 모든 것의 근원으로서 형상들 자체만의 영역이 있다. 이 중에서 가장 높은 것은 지성을 통한 앎(직관)이며, 그다음은 추론적 사고를 통한 앎, 그다음은 믿음을 통한 판단, 그리고 마지막은 상상(짐작)을 통한 판단이라고 할 수 있다. 이것들은 공통적으로 진리에 명확하게 참여하는 정도에 따라서 배열된다.

▶ **핵심 주제**

소크라테스와 소피스트

보편적 정의正義

최고선의 이데아와 이상 국가: 신분적 질서 사회로서 철인국가

▶ **핵심 용어**

소피스트: 프로타고라스, 트라시마코스, 글라우콘, 만물의 척도로서 인간, 경험
적·실용적,(만일 뒤의 '상대적 가치'와 이어지는 것이라면 가운뎃점으로 혹
은 '실용적' 뒤에 단어 '가치'를 추가해 주시기 바랍니다.) 상대적 가치, 회의
주의, 현실적인 이해관계와 욕망, 개인적, 강자의 이익으로서 정의

소크라테스: 지식=덕=행복, 무지의 자각, 정신의 건강(영혼의 수련), 보편적인
지식(앎), 주지주의

플라톤: 보편적 정의正義, 『국가』, 기게스의 반지, 이데아, 이상 국가(정의로운
국가), 최고선의 실현(인식), 가시적 영역(현상계)과 가지적 영역(이데아계),
『파이드로스』(이성·기개·절제·정의), 철학자 통치, 사덕, 계층의 질서
체계, 전체주의

소크라테스와 소피스트

세 차례에 걸친 페르시아의 그리스 원정(기원전 492-기원전 448)은 30여 개의 도시국가 연맹체였던 그리스의 승리로 끝났지만, 민주주의를 하고 있던 도시국가 아테네에는 정치적으로 중요한 변화를 가져오는 원인이 되었다. 예를 들어, 페르시아의 두 번째 원정이었던 마라톤 전투(기원전 490)에 중무장한 보병으로 참가한 자유민들은 그리스 연합군이 승리하는 데 중요한 역할을 한다. 또 살라미스 해전(기원전 480)에서는 가난한 농민과 노동자들이 수군으로 참여하여 전쟁을 승리로 이끄는 데 기여한다.

지배 계급이 아닌 이들이 보여 준 국가에 대한 충성도와 전쟁에서의 승리는 이들의 정치적 발언권을 높이는 중요한 계기로 작용한다. 그렇지만 정치적 참여를 위해서는 그에 합당한 지적 수준도 필요했다. 정치 참여의 자격을 갖추고자 하는 수요는 자연스럽게 지식의 공급으로 이어졌다. 그리고 그와 관련된 지식의 훈련을 담당하는 지식의 행상들이 등장했는데, 이들이 소피스트이다.

말하자면, 소피스트의 등장은 당시 아테네의 민주주의가 현실적으로 요구하고 있던 것에 대한 지적이며 실용적인 대응이기도 했다. 이러한 사회 정치적 배경은 또한 소피스트의 성격에 대해서도 적절한 추론을 가능하게 한다. 실제로 시대적 요구에 대한 소피스트의 대응은 현실적이며 실용적인 측면이 강한 것들이었다. 즉, 그들의 교육 내용은 주로 논쟁과 소송에서 이기는 방법을 가르치는 수사학이나 논리학에 관한 것이었다.

비록 수사학이 당시 민주주의 현실에서 실용적인 가치가 높은 도구적 성격은 지녔다 하더라도, 근본적으로 보편적 진리라는 의미로서 정의正義나 사물이나 현상에 대한 객관적 규정으로서 정의定義와는 거리가 있는 것이었다. 왜냐하면 복잡한 정치 상황이나 개인들마다 다양하게 얽혀 있는 복잡한 사회적 이해관계는 언제나 상대적일 가능성이 높기 때문이다. 서로 다른 입장과 신념, 가치관의 차이는 보편적인 것에 대한 합의의 결과로서 공동선의 실현은 어렵게 하지만, 각 개인의 이해관계에는 민감하게 대응하게 한다.

소피스트들의 주장이 객관적인 진리에 관심을 두기보다 경험적이며 실용적인 상대적 가치를 지닌 개인의 이해관계에 봉사하는 성격을 지니게 된 것도 이 때문이다. 이것은 소피스트의 등장 배경이 당시의 사회·정치 현실과 긴밀한 연관성을 갖고 있었던 점을 고려할 때, 자연스런 것이라 할 수 있다. 대표적인 소피스트였던 프로타고라스의『진리』에 관한 명제는 이러한 성격을 적절하게 표현하고 있다.

> 인간은 만물의 척도(기준)이다. 어떤 것에 대해서는 그것이 어떤 것인지에 대한 척도이고, 어떤 것이 아닌 것에 대해서는 그것이 어떤 것이 아니게 되는 것에 대한 척도이다.[1]

일반적으로 이 명제는 어떤 존재란 그것이 나에게 나타나는 그대로 그것은 나에게 그렇게 존재한다는 뜻으로 해석되어져 왔다. 그런데 위의 명제에 나오는 '인간'을 어떻게 해석할 것인지는 매우 중요한 의미를 지닌다. 왜냐하면 인간을 '종種'적인 관점에서 본다면, 공동체와 국가,

민족으로서 전체를 의미하게 되지만, '개인'으로 해석한다면 주관적이고 개인주의적인 신념과 경험적 지식으로 이해할 수 있기 때문이다.

소피스트가 등장하게 된 배경과 그들의 가치 판단 기준이 여러 지역을 돌아다니면서 획득한 경험적 지식들(예를 들면 각 민족마다 갖고 있는 삶의 지혜나 도덕적 가치들, 다양한 풍속 또는 관습들)에 기초했던 점을 고려할 때, 상대주의적이고 개인주의적인 성격을 지닌 의미로 해석하는 것이 적절하리라 본다. 또 그가 말하는 인간을 서로 다른 풍속이나 신념들을 지닌 집단(또는 민족)의 의미로 해석하더라도 이 용어는 절대주의라기보다는 상대주의적 맥락에서 이해하는 것이 적절하다.

같은 맥락에서 그는 신에 대해서도 다음과 같이 말하는데, 이것 또한 그리스인들이 믿고자 했던 보편적 진리에 대한 그의 회의주의적 시각을 드러낸다.

> 나는 신이 존재하는지, 존재하지 않는지에 대해서 알지 못하고, 그 모습에 대해서도 알지 못한다. 왜냐하면 나의 짧은 인생과 신이라는 주제의 모호함 등은 확실한 지식에 대한 믿음을 갖지 못하게 하기 때문이다.[2]

철학적 사유의 주제와 대상을 만물의 근원으로서 자연계에 존재하는 어떤 것(들)에서 찾고자 했던 자연철학자들괴는 달리, 소피스트들은 이처럼 인간의 가장 현실적인 사회·정치적인 삶과 관련이 있는 욕망과 이해관계의 영역에서 찾고 있었다. 그리고 소피스트의 이러한 성격은 도덕적 엄격성과 진리에 대한 절대성을 믿는 사람들로부터 천박하거나 궤변에 지나지 않는다는 부정적인 평가를 받는 원인이 되기도 했다.

소피스트들에 대해 이처럼 부정적인 인식을 가지고 있었던 대표적인 인물은 소크라테스와 그의 가장 탁월한 제자였던 플라톤이다. 이들은 보편적 정의正義에 대해 확고한 믿음을 갖고 있었다.

소크라테스는 만약에 우리가 자신들이 갖고 있는 감각 경험과 이로부터 얻는 경험적 지식들만을 참된 것으로 주장하게 된다면, 각자의 주장이나 판단만이 항상 옳은 것이 될 수밖에 없다고 지적한다. 그렇지만 이렇게 되면 세상 일반의 평가대로 프로타고라스가 훌륭한 스승이라고 주장할 수 있는 근거가 사라지게 된다고 비판한다. 왜냐하면 훌륭한 스승이란 '보다 성숙하고 참된 신념과 가치를 지닌 사람'이라는 전제에 근거해서만 가능한데, 프로타고라스의 진리 상대주의는 이미 이와 같은 전제를 인정하고 있지 않기 때문이다.

소크라테스에게 덕德이란 곧 지식이다. 소크라테스는 이 두 가지가 서로 분리될 수 없는 것이기 때문에 어떤 것이 옳은 것인지를 진정으로 아는 사람은 반드시 그가 알고 있는 앎(즉, 지식)에 따라 그대로 행동할 수밖에 없다는 믿음을 갖고 있었다.

소크라테스의 이러한 믿음을 정리하면, (1) 덕이란 도덕적 탁월성이며, 이것은 지식과 같은 뜻이다. 따라서 서로 다른 덕들도 궁극적으로는 하나의 덕이라고 할 수 있다. (2) 악덕, 즉 도덕적으로 그릇된 행위는 그것이 무엇이든지 무지의 산물이며, 지적인 측면에서 볼 때 과오(부주의 또는 태만에 의한 잘못)이다. 그러므로 (3) 그릇된 행위란 항상 비자발적 행위이기 때문에 '선한 것을 알면서도 악을 행하는' 경우는 있을 수 없다(주지주의).[3]

선 또는 도덕적인 것이 무엇인지를 진정으로 아는 사람은 반드시 그에 따른 행동을 할 수밖에 없다는 소크라테스의 믿음은 또한, 어떤 것이 악이고 도덕적이지 못한 것인지를 아는 사람은 반드시 그와 같은 행동을 하지 않게 된다는 결론도 가능하게 한다. 왜냐하면 어떤 사람이 나쁜 행동을 했다는 말은 그가 자신의 행동이 진정으로 나쁜 행동인지에 대해 무지했다는 뜻이 되기 때문이다. 그러므로 소크라테스에게 앎이란 영혼이 건강한 상태인 반면, 무지란 영혼이 병든 상태라고도 해석할 수 있을 것이다.

영혼 또는 정신의 건강은 소크라테스에게 가장 중요한 주제이다. 왜냐하면 그는 오직 정신의 건강을 통해서만 참된 지혜와 지식이 가능하고, 이를 통해서만 자신을 진정으로 알 수 있다고 확신했기 때문이다. 소크라테스는 '자기 자신을 안다.'는 말의 의미를 다음과 같이 사용한다.

> 자신을 안다는 것은 단순히 자신의 이름만을 안다는 뜻이 아니다. 자신이 인류를 위해 봉사하고, 스스로 인류를 위해 봉사하는 데 적합한지를 성찰하고, 그러한 능력이 있는지를 돌아보는 것이다. 또 자신을 안다는 것은 자신에게 적합한 일이 무엇인지를 아는 것이며, 사신이 할 수 있는 일과 힐 수 없는 일이 무엇인지를 이는 것이다. 이를 통해 비로소 자신을 실현할 수 있고, 비난받지 않을 수 있으며, 불행을 예방할 수 있기 때문이다.[4]

소크라테스는 자신을 안다는 말의 의미를 주로 도덕적인 행동이나 삶과의 관계 속에서 사용하고 있(는 것 같)다. 따라서 자신을 안다는 것은 자신의 도덕적 통찰력에 의한 도덕적 행위라는 맥락에서 이해할 수 있다. 물론, 앎을 가치와 도덕적 차원에 한정하여 이렇게 해석한다면, 사실적이며 객관적인 앎에 해당하는 자연 과학적인 앎은 소크라테스의 앎의 문제에서 다루어지기 어렵다고 보아야 할 것이다.

앎에 관한 소크라테스의 이러한 입장은 그가 당시 아테네인들이 갖고 있었던 가치나 도덕적인 문제에 대한 인식의 한계를 깨우쳐 주려는 데에서 출발했다는 사실과 무관하지 않다. 즉, 소크라테스는 당시 아테네인들의 일반적인 가치·도덕 판단이 주로 전통적인 관습과 실용성, 그리고 개인의 주관적인 경험에 기초하고 있기 때문에 완전하지 못한 것이라고 생각했다. 이 때문에 소크라테스는 자신의 과제를 이와 같은 불완전한 앎, 즉 아테네인들의 무지를 일깨워 참된 보편적인 앎(또는 정의)으로 이끌고자 했던 것이다.

보편적 정의正義

●

플라톤의 『국가』에는 진리와 가치에 대한 소크라테스와 플라톤의 신념을 보여 주는 이야기가 나온다. 나이 많은 케팔로스는 부富가 가치 있는 이유에 대해 세 가지 근거를 제시한다. 첫째, 다른 사람을 속이거나 다른 사람의 것을 빼앗는 상황에 빠지지 않도록 해 주기 때문이다. 둘째, 빌린 것을 갚게 해 주고 신들에게 제물을 바칠 수 있게 해 주기 때문이다. 셋째, 정의正義를 행할 수 있게 해 주기 때문이다.

이에 대해 소크라테스는 그에게 정의가 언제나 진실을 말하고, 빌린

것을 반드시 갚아야 한다(돌려주어야 한다)는 뜻인지, 아니면 이런 일을
행하는 것이 어떤 경우는 옳지만, 다른 어떤 경우는 옳지 않을 수도 있
는지를 되묻는다. 그러면서 다음의 사례를 제시한다.

> 친구에게 무기를 빌리면서 친구가 원하면 언제든 돌려주기로 약속
> 했다고 가정하자. 그런데 친구가 무기를 돌려 달라며 나를 찾아왔
> 다. 하지만 친구는 자신을 흉본 다른 친구 때문에 매우 흥분한 상태
> 라서 정상적인 정신 상태가 아니었다. 친구와의 약속대로 친구에게
> 서 빌린 무기를 친구가 원하기 때문에 돌려주어야 하는가? 아니면
> 절대 돌려주어서는 안 되는가? 누구든지 이 경우라면 무기를 돌려주
> 어서는 절대 안 된다는 것에 동의할 것이다. 만약에 이것이 옳다면,
> '맡긴 것은 돌려주어야 한다.'거나 '진실을 말하는 것이 옳다.'가 참된
> 의미의 정의正義라고 주장해서는 안 된다.[5]

케팔로스와의 대화에서 소크라테스는 당시 아테네인들에게 일반적
으로 받아들여지고 있던 가치와 신념이 사실은 보편적 진리나 정의의
관점에서 볼 때 타당한 신념에 기초한 것이 아니라는 점을 지적하고 있
나. 그리고 이러한 지적을 통해 스스로 무지에 대한 깨달음을 얻도록
하여 참된 앎에 따른 참된 도덕적 행동을 할 수 있게 하려는 의도를 지
니고 있다. 이러한 그의 의도는 『국가』에서 소피스트인 트라시마코스와
의 대화에서도 잘 드러난다.

> 트라시마코스: 정의란 '더욱 강한 자의 이익', 즉 정의란 강자의 이익

일 뿐입니다.[6]

　트라시마코스의 이 말은 '정의'란 강자들의 이익을 대변하는 것이며, 한 나라의 법 또한 이들의 이익을 실현하는 데 봉사하기 위한 것이기 때문에 이들이 만든 법을 섬기고 복종하는 다수의 약자들에게는 해가 되는 것이라는 주장이다. 법이 강자의 이익에 복종하는(충족시켜 주는) 만큼 강자의 이익은 증대되지만, 법의 지배를 받는 대다수의 사람들은 그만큼 해악을 입을 수도 있다.

　이러한 정의관을 따른다면, 개인적 차원에서의 이익을 실현하기 위해 법을 도구화하는 것은 정당화된다. '기게스의 반지'는 소피스트의 이와 같은 정의관을 잘 대변한다. 보편적 정의의 이념을 부정하는 그들에게 개인의 이익을 충족하기 위한 행동은 얼마든지 도덕적 정당화가 가능한 행동이다. 이에 대해 소크라테스는 다음과 같이 반박한다.

소크라테스: 그런데 통치하는 자들도 실수를 할 수 있는 사람들이겠지요?

트라시마코스: 그렇습니다.

소크라테스: 그렇다면 그들은 어떤 법은 옳게 제정하지만, 다른 어떤 법에 대해서는 잘못 제정할 수도 있겠군요.

트라시마코스: 그렇습니다.

소크라테스: 그렇다면 법을 옳게 제정한 경우는 자신들에게 이익이 되지만, 그렇지 않은 경우는 자신에게 이익이 되지 못하겠군요.

트라시마코스: 그렇습니다.

소크라테스: 그렇더라도 다스림을 받는 자들은 일단 제정된 법에 대해 무조건 따라야겠군요.

트라시마코스: 당연히 그렇습니다.

소크라테스: 그렇게 되면 당신이 주장하는 것과는 정반대의 것을 따르게 되더라도 옳은 것이 되겠군요.

폴레마르코스: (대화에 끼어들면서) 그렇습니다.

소크라테스: 의술은 의술에 이익이 되는 것이 아니라 (환자의) 몸에 이익이 되는 것을 먼저 생각해야 하오. 마찬가지로 모든 기술은 자신에게 이익이 되는 것이 아니라 그 기술에 관련된 대상(사람들)에게 이익이 되도록 해야 하오. 지식 또한 더 강한 자의 이익이 아니라 더 약하며 관리를 받는 자들의 이익을 생각해야 하오. 의사란 엄밀한 의미에서 돈벌이를 하는 자가 아니라 몸을 관리하는 자이어야 하오. 통치자 또한 자신의 이익이 아니라 통치를 받는 자들의 편에 서야 하오. 이로써 옳음, 올바른 것[정의正義]에 대한 (당신들의) 정의定義가 정반대의 것이 되었음은 명확해졌소.[7]

소크라테스는 덕德이 곧 정의正義라고 주장하기 때문에 다른 사람들에게 해를 입히는 행위는 징의롭지 못한 덕의 행사이다. 정확히 말하면, 무지에 의한 비자발적 행위일 뿐이다. 따라서 '강자의 이익이 정의'라는 소피스트의 주징은 정의롭지 못히디(덕에 의한 행동이 아니다). 그것은 훌륭한 덕, 즉 이성의 발휘가 될 수 없기 때문이다.

트라시마코스의 굴욕에 글라우콘이 거들고 나선다. 글라우콘은 기게스의 반지에 관한 이야기[8]를 통해 보편적이며 이상적인 의미의 정의正義

올바름를 부정하려 한다. 글라우콘은 사람들이 정의를 존중하는 것은 올바르지 못한 행위를 할 수 있을 만큼 강하지 못하기 때문이라고 주장한다.

다시 말해, 올바르지 못한 행위를 다른 사람의 눈치를 보지 않고 자신 있게 할 수 있는 사람이라면, 그가 누구든 상관없이 자신의 그와 같은 행위를 규제하기 위한 법률과 약정(계약)에 동의하지 않을 것이라는 주장이다. 왜냐하면 그것은 적어도 자신에게는 '미친 짓'이기 때문이다.

따라서 (보편적) 정의를 실천하는 사람들이란 사실 '올바르지 못한' 행동을 할 만한 개인적 힘이 없을 뿐이기 때문에 그렇게 하는 것이다. 자신이 하고 싶은 대로 할 수 있는 능력과 자유를 부여받게 된다면, 그것이 누구이든지 기게스처럼 자신의 욕망이 이끄는 방향으로 자연스럽게 나아가게 될 것이다. 이렇게 볼 때 보편적 정의란 그 자체로서는 부정해야 할 것이지만, 그것이 (대다수가 약자인) 우리에게 가져다줄 명예나 보수 같은 결과 때문에 좋은 것이라고 생각하는 것뿐이다.

글라우콘의 이러한 주장에 대해 소크라테스는 정의란 그 자체로서도 좋은 것이지만, 그 결과 때문에도 좋은 것이라는 주장으로 반박한다. 이를 위해 소크라테스는 국가의 발생 과정에 대한 논의로부터 설명을 시작한다. 즉 정의에는 한 개인에게 해당하는 것도 있지만, 국가(polis) 전체에 해당하는 것도 있다는 것이다. '최소한의 나라'가 되기 위해서는 적어도 농사짓는 사람, 집 짓는 사람, 직조하는 사람, 신발을 만드는 사람 등이 필요하다. 이것은 자신이 잘할 수 있는 일 한 가지에만 종사할 때 더욱 잘할 수 있기 때문이다.

이것은 '자신의 성향에 따라 가장 적절한 시기에' 자신의 역할을 수

행하며, '자신의 일이 아닌 일들에 대해서는 신경 쓰지 않을 때' 가능하다. 그런데 농부가 농사일을 위해 쟁기와 괭이를 필요로 하듯이, 건축하는 사람들 또한 자신의 일을 수행하기 위해 여러 도구들을 필요로 한다. 이렇게 해서 자신의 성향에 적절한 일을 하는 사람들이 더 많이 필요하게 된다.

나아가 한 나라에 유리한 것이 있고, 다른 나라에 유리한 것이 있는데, 이것은 국가와 국가 사이의 교역을 가능하게 한다. 그리고 교역하는 일에 적절한 사람들이 필요하게 된다. 경우에 따라 영토 확장도 필요한데, 따라서 이를 수행할 사람도 있어야 한다. 이러한 협력과 결합의 결과로 국가가 형성되며, 최종적으로 이 국가의 가장 중요한 일을 가장 잘 수행할 수 있는 중요한 사람들이 필요하게 된다. 이를 맡는 사람들이 통치자들이다. 이렇게 해서 이상 국가, 즉 정의로운 국가의 모습이 그 윤곽을 조금씩 드러내게 된다.

또 개인이 아니라 이처럼 국가의 형성과 운영의 관점에서 볼 때 올바름, 즉 정의는 글라우콘이 주장하는 것과는 달리 그 자체로서 옳고, 그 결과 또한 (모두에게) 좋은 것이라는 결론이 도출된다.

최고선의 이데아와 이상 국가:
신분적 질서 사회로서 철인국가

●

결론적으로 소크라테스와 플라톤은 당시의 소피스트들과는 반대로 보편적인 이념(보편적 진리, 최고선, 이상)의 존재를 확신하고 있었다. 플라톤에게 이에 대한 확신은 이데아(Idea) 개념으로 구체화된다. 이데아란 우리의 지성을 통해 인식되기는 하지만, 우리의 감각을 통해서는 보이지 않은 것이다.

예를 들어 우리 눈으로 어떤 것을 본 다음, '그것은 아름답다.'고 했을 때 그것을 아름다운 것 '그 자체', 좋은 것 '그 자체'라고 말할 수 있는 것은 아니다. '~가 있다.'는 말은 우리의 감각을 통해 보인다(가시적인 것)는 의미이지만, 그 보이는 것을 두고 '그 자체'라고 말할 수는 없기 때문이다. 따라서 '그 자체'란 '보이는 것'의 근거이자 '보이는 것'을 다른 것이 아닌 '보이는 바로 그것'으로 부르게 만드는 '이상적(관념적) 실재'를 전제하지 않으면 안 되는데, 이를 가리켜 '이데아'라고 이름 붙인다.

> 그러므로 인식되는 것들에 진리를 제공하고, 인식하는 자에게 힘을 주는 것은 '좋음(선)의 이데아'라고 할 수 있다. 이 이데아는 인식(즉 앎)과 진리의 근원이지만, 우리는 흔히 '인식되는 것'이라고 한다. 그렇기 때문에 이데아가 진리나 인식과 같은 것은 아니다. 이 두 가지 모두(진리나 인식)가 '좋음'을 닮은 것으로 여기는 것은 타당하지만, 그렇다고 좋음 그 자체라고 믿는 것은 타당하지 않다. 정확히 '좋음(선)'의 상태가 더 귀중한 것이다.[9]

따라서 우리의 감각을 통해 '보는 것'과 이성을 통해 '인식하는 것'은 다른 영역의 일이 되며, 우리가 어떤 것을 '인식한다'는 말은 이데아가 우리의 인식 작용을 통해 '인식되는' 것으로 보아야 한다. 이 점에서 플라톤이 우리의 불완전한 감각을 통해 판단하는 영역과 우리의 이성(지성, 영혼)을 통해 인식하는 영역이 있다고 주장하고 있음을 알 수 있다.

> 지성을 통해 알 수 있는 범주(즉 사유의 영역)와 이와는 다른 가시적인 범주가 있다. 이것은 달리 말하면, 지성을 통해 인식되는 범주와 감각을 통해 보이는 범주가 있다는 의미이다. 보이는 범주에는 영상(또는 모상, 그림자들)과 실물(동식물) 또는 인공적인 물체들이 있다. 지성을 통해 인식되는 것들에는 한쪽에 수학 또는 기하학적인 것들이 있고, 다른 한쪽에는 감각적인 것은 전혀 해당되지 않은 모든 것의 근원으로서 형상들 자체만의 영역이 있다. 이 중에서 가장 높은 것은 지성을 통한 앎(직관)이며, 그다음은 추론적 사고를 통한 앎, 그다음은 믿음을 통한 판단, 그리고 마지막은 상상(짐작)을 통한 판단이라고 할 수 있다. 이것들은 공통적으로 진리에 얼마나 분명하게 참여하는가의 정도에 따라서 배열된다.[10]

플라톤의 '선분의 비유'라고 불리는 이것을 표로 정리하면 다음과 같다. 이 선분의 비유[11]는 '동굴의 비유'[12]와 더불어 지성을 통한 이데아의 인식을 설명하는 플라톤의 가장 대표적인 비유이다.

인식의 문제를 가시적 세계(현상계)와 가지적 세계(이데아계)로 구분 짓는 그의 이분법이 감각보다는 지성(즉 정신, 이성)에 절대적 우선성을 두고 있다는 점은 분명하다. 그리고 그의 이분법적(이원적) 세계관은 이후 서양에서 세계와 인간을 이해하는 중요한 분석틀로 작용하는 결정적 계기를 제공한다. 물론, 그가 감정이나 감각의 영역(세계)보다 이성

과 지성의 영역을 강조했음은 당연한 사실이다.

소크라테스와 함께 플라톤의 이성 중심적 사고는 그가 『티마이오스』에서 인간의 영혼을 세 영역으로 구분하는 이른바, '영혼삼분설'에도 그대로 반영된다. 그는 그곳에서 영혼의 이성적인 부분을 머리에, 기개의 부분을 목 아래의 가슴에, 그리고 마지막 욕구의 부분을 그 아래의 배에 대응시킨다.

그런가 하면, 『파이드로스』에서는 이성적인 부분을 마부에 비유하고, 기개의 부분을 백마에, 그리고 욕구의 부분을 흑마에 대응시켜 마차를 끄는 말에 비유한다. 또 여기에서 이성의 친구인 백마는 명예를 사랑하는 것으로 묘사되지만, 흑마는 소란과 무례의 친구로 묘사된다. 이 두 영혼은 이성에 의한 통제, 즉 채찍질이 필요한 영역에 해당한다.

플라톤은 세계에 관한 이분법적인 관점(이데아계와 현상계)과 영혼삼분설의 입장을 자신이 제시하는 이상적인(정의로운) 인간의 모습에 그대로 적용한다. 즉, 가장 이상적인 인간이란 머리(지혜)와 가슴(용기), 그리고 배(절제)가 상징하는 덕들을 가장 이상적으로 조화시켜 구현한 정의로운 사람을 의미한다(일반적으로 사주덕, 즉 지혜·용기·절제·정의의 덕이라 부른다).

또 플라톤은 정의로운 인간의 틀을 그대로 확장하여 정의로운 국가 개념에도 적용한다. 그에게 국가란 '대문자로 쓰인 개인'을 의미하기 때문에 가장 이상적인 국가 또한 이와 같은 덕들이 등급에 따라 순차적으로 완벽하게 질서와 조화를 이루고 있는 조직화된 국가이다. 이것이 우리가 흔히 말하는 '철인 통치', 즉 철학자 왕이 통치하는 이상적인 국가의 모습이다.

> 국가를 수립할 때 우리가 관심을 두는 것은 어느 한 집단을 특히 행복하게 하려는 것이 아니다. 시민 전체가 최대한 행복해지도록 하는 것이다. 그것이 정의(즉 올바름)에 가장 잘 부합하기 때문이다. 행복한 나라를 만들기 위해서는 소수의 사람들을 따로 분리해서 이들을 행복하게 하려는 것이 아니라 이들이 시민 전체가 행복하도록 이끌기 위해서이다.[13] (또) 저마다 타고난 성향에 따라 각각 한 가지 일에 대해 그것에 해당하는 개인을 배치해야 한다는 것은 명확하다. 이렇게 함으로써 나라 전체는 여럿이 아닌 '하나의 나라'가 된다.[14]

플라톤은 정의로운 국가란 모든 계층이 '하나의 나라'로 유기적 통합을 이루어야 하며, 이를 위해서는 각각의 계층이 자신의 역할에만 충실함으로써 다른 계층의 역할을 넘보거나 침해하는 일이 없어야 한다고 보았다. 그렇게 함으로써 나라는 어떤 계층의 나라, 어느 한 집단만을 위한 나라가 아니라 모두를 위한 정의로운 나라가 된다는 것이다.

올바로 수립된 나라는 완벽하게 훌륭한 나라이며, 지혜롭고, 용기 있으며, 절제 있기 때문에 또한 올바를 것이라는 것은 분명하다.[15] (이를 위해 수호자들에게는 공유제를 해야 한다. 즉) 여자들은 공유(이것은 또한 남편의 공유도 의미한다)하도록 하고, 어떤 여자도 남자와 개인적으로는 동거하지 못하도록 한다. 또한 아이들도 공유하도록 하여 자식이 자신의 부모가 누구인지 알게 해서는 안 된다. 이들에겐 주택·토지의 소유, 그리고 일반적인 소유물도 있어서는 안 된다. 사사로운 것들로 나라의 분열을 일으켜서는 안 되기 때문이다.[16]

플라톤은 이처럼 수호자[또는 통치자 계층(인간의 지적 활동에서 가장 탁월한 것으로 믿었던 수학을 중시함)]에 대해서 매우 엄격한 규율을 적용해야 한다는 신념을 갖고 있었다. 그 이유는 이상적인 국가의 가장 중요한 목적이 통치자와 관련된 소수 집단의 행복이 아니라 국가 안에서 생활하는 모든 사람들의 행복을 실현하는 것에 있었기 때문이다. 이를 위해서 플라톤은 지배 계층에 대해 아내의 공동 소유(가족의 구성을 전제로 한 결혼의 의미가 아님)와 자녀의 공동 양육(어린 시절에는 주로 체육과 음악 교육을 받음), 그리고 사적인 소유를 인정하지 않는 등의 장치를 마련해야 한다고 주장했다.

특히 그에게 이상적인 국가란 각 계층에 속하는 사람들이 저마다 타고난 성향에 따라 각각에 해당하는 계층에 속하여 자신들이 갖고 있는 덕을 충실하게 발휘하는 것에 있었다. 이것은 마치 음정에 최고음, 중간음, 최저음이 있는 것처럼 전체적인 조화를 강조하는 것이면서, 동시에 최저음이 최고음의 역할을 할 수 없다는 뜻이기도 하다.

그에게 '올바름'이란 '타고난 성향에 따라' '자신에게 맞는 일을 하는 것'이었다. 이 점에서 그에게 선한 삶이란 타고난 고유의 덕을 가장 완전하게 발휘하는 것이다. 그렇지만 이 때문에 자유로운 신분의 이동이란 불가능하도록 되어 있다. 그렇더라도 플라톤은 이렇게 하는 것이 혼란과 무질서를 끝내고 안정과 질서가 잡힌 정의를 실현할 수 있는 유일한 방안으로 생각했다.

> 최선의 남자들은 최선의 여자들과 가능한 한 자주 성적인 관계를 가져야 하지만, 제일 하찮은 남자들은 제일 하찮은 여자들과 제한적인 관계를 가져야 한다. 전자의 자식들은 양육되어야 하지만, 후자의 자식들은 그럴 필요가 없다.[17] (또) 철학자(지혜를 사랑하는 이)들이 나라를 통치하기 이전 또는 현재의 최고 권력자들이 '진실로 그리고 충분히 철학을 하게' 되지 않는 한, 그리하여 철학과 정치권력이 하나로 결합하지 않는 한, 나쁜 것들의 끝을 볼 수는 없다. 즉, 햇빛을 보게 되는 일은 결코 없다.[18]

플라톤이 가장 우월한 남성과 여성, 가장 열등한 남성과 여성 사이의 성관계를 주장하면시도 전지에 절대적인 중요성을 두고 있는 점은 오늘날 그의 주장에 우생학적인 요소가 있다는 비판을 면하기 어렵게 만든다는 평가를 받는다. 또 당시 아테네가 직면하고 있었던 민주주의의 현실과 자유민들의 정치적 영향력의 증대라는 상황은 정치에 관한 플라톤의 이와 같은 이상과 서로 충돌하기도 하다.

이러한 이유 때문에 칼 포퍼(1902-1994)와 같은 정치철학자는 플라톤의 이러한 정치적 견해를 '타협의 여지가 없이 단호한 전체주의(예를 들면 고상한 거짓말과 우생학, 가족제의 폐지와 예술에 대한 검열 등)'라고 비판하기도 했다.

아리스토텔레스
·
Aristoteles

기원전 384-기원전 322

"플라톤을 스승으로 삼아 함께 연구했다면, 그것은 한 사람의 생애에서 가장 행복한 경험일 것이다. 또한 아리스토텔레스와 같은 제자를 갖는 것은 모든 위대한 스승들의 궁극적인 바람임에 틀림없다."

− R. Arrington −

▶ **핵심 용어**

기능태와 현실태, 목적론적 사고방식, 질료와 형상, 목적(telos), 『니코마코스 윤리학』, 행복(eudaimonia), 영혼(식물, 동물, 인간의 영혼), 덕(지적인 덕, 도덕적인 덕), 중용의 덕, 습관화한 덕, 성품, 용기, 절제, 정의(분배적 정의, 시정적 정의, 교환적 정의), 사회적 동물, 정치적 동물, 토마스 아퀴나스

목적론적 사고방식

라파엘로의 작품 〈아테네 학당〉(1511)의 전면 중심에는 서양 철학사에서 가장 탁월한 한 사람의 철학자와 그의 가장 뛰어난 제자 한 사람이 함께 학당에서 걸어 나오는 모습이 묘사되어 있다. 그리고 이 두 사상가들 중에서 스승은 하늘을 향해 손을 들고 있으며, 제자는 우리가 살아가는 현실의 세계를 가리키고 있다. 스승과 제자 사이의 가장 중요한 사상적 차이를 표현하고 있는 이 두 손짓의 주인공들은 다름 아닌 스승 플라톤과 제자 아리스토텔레스이다. 이제 우리가 검토하려고 하는 인물은 아리스토텔레스이다.

먼저, 아리스토텔레스를 통해 자연의 배후에 존재하는 무엇에 대해 연구하는 『형이상학』은 학문이 될 수 있었다. 물론, 아리스토텔레스에게는 자신의 형이상학이 스승인 플라톤과 학문적으로 갈라서는 계기가 된다.

> 실제로 존재하는 것(사물)과 그것이 실재하는 바로 그것이 되도록 하게 하는 것(이데아)이 서로 분리되어 존재한다는 것은 불가능하다. 이렇게 사물들의 실체인 이데아가 실제로 존재하는 사물과 분리되어 존재할 수 있겠는가?[19]

아리스토텔레스의 입장에서 플라톤의 이데아 개념은 '시적 은유이고, 공허한 것'이다. 왜냐하면 그에게 "사물의 본질은 곧 그 사물 자체에 있기" 때문이다. 따라서 그에게 "형상(이데아)이란 개념은 한 사물을 인식하고자 할 때도, 그리고 다른 사물이 존재하는 데에도 아무런 도움을 주지 않는다. 왜냐하면 형상은 그 형상에 관여한 사물들 속에 실제로 존재하지 않기 때문이다." 그의 이 명제는 스승인 플라톤의 형상, 즉 이데아 개념에 대한 비판이기도 하고, 플라톤의 이원론을 극복하려는 시도이기도 하다.

플라톤을 넘어서려는 아리스토텔레스에게 본질이란 단지 하나의 가능태(가능적 존재)일 뿐이고, 이 가능태는 현실태(현실적 존재)가 됨으로써 그 본질(즉 형상)이 실현되는 것이다. 이것은 마치 도토리 씨앗(가능태)이 땅에 떨어져 성장하여 마침내 도토리 열매를 맺음(현실태)으로써 자신의 가능성을 온전하게 실현하는 이치와 같다. 이렇게 되면 사물의 본질이란 실재 사물이 존재하는 현실태를 넘어서 존재하는 초월적인 개념(형상, form)이 될 수 없고, 현상의 사물들 속에서 발전적으로 발견된다고 할 수 있다.

예를 들어, 대리석(질료) 덩어리는 석공의 목적(의도, 계획)에 따라 여러 단계의 정밀한 과정(발전적 과정)을 거친 다음, 비로소 완성된 하나의 대리석 기둥(현실태 또는 목적으로 지향한 것)이 될 수 있다. 즉, 질료와 형상은 일련의 과정을 거쳐 완성된 대리석 기둥에서 함께 발견된다. 이렇게 볼 때, 아리스토텔레스에게 모든 존재(또는 행위)는 가능적인 상태에서 본질의 실현이라는 어떤 목적(telos)을 향해서 발전적으로 나가는 것이라고 할 수 있다.

그것이 무엇이든지 모든 것은 어떤 목적을 지향한다는 사고는 아리스토텔레스의 사상에서 가장 중요한 것이다. 이제 우리가 말하려고 하는 그의 윤리에서도 이 개념은 그대로 적용된다. 그의 『니코마코스 윤리학』은 이 목적의 중요성을 이렇게 언급하고 있다.

> 모든 기능(기술)과 모든 탐구, 그리고 마찬가지로 모든 행위와 결정
> 은 어떤 선을 목적으로 한다고 할 수 있다. 그러므로 선이란 모든 것
> 이 목적으로 삼는 것이라고 주장하는 것은 옳다고 하겠다. 예를 들
> 어 의술은 건강이 목적이며, 조선은 배가 목적이며, 전술은 전쟁에
> 서의 승리가 목적이고, 경제는 부가 목적이다.[20]

그의 이와 같은 목적론적 사고는 관찰과 증거를 중시하는 근대 자연과학 혁명(특히 우주 자연에 대한 인과론적 이해)이 있기 이전까지 서양 정신사를 지배하는 가장 중요한 사유 방식이 되었다. 무엇보다 목적론적 사고방식은 우리의 현실적 삶과 구체적인 행위를 통해서 쉽게 증명 가능하기 때문에 더욱 설득력을 지닌 것으로 받아들여졌다. 예를 들어 시장에서의 거래 행위는 경제적 이익을 목적으로 하며, 의사의 진료는 건강을 목적으로 하고, 대중 연예인의 공연은 대중의 인기를 목적으로 한다.

그런데 이러한 목적을 반드시 인간의 행위에만 한정할 필요는 없다. 자연계에서 일어나는 모든 물리 현상, 생물계에서 일어나는 모든 생명 활동 또한 어떤 목적을 지향한다고 보아야 하기 때문이다. 그리고 이러한 목적은 한층 더 높은 차원의 목적이라는 관점에 비추어 보면 하나의 작은 목적은 그보다 더 큰 목적을 위한 수단이 된다.

예를 들어, 농부가 소에게 코를 뚫은 것은 소가 농부의 뜻에 보다 쉽게 따르도록 하기 위한 것이다. 그런데 농부가 소를 쉽게 부리려고 하

는 것은 자신의 노동력을 절감하고, 농사일에서 능률을 높이기 위해서이다. 또 노동력의 절감은 자신의 노동력을 다른 목적에 맞게 사용할 수 있게 해 주고, 농사일의 능률을 높이는 것은 농부에게 경제적 이익을 가져다준다. 그리고 농부는 경제적 이익을 통해 보다 넉넉한 생활을 할 수 있게 된다. 농부의 넉넉한 생활은 농부에게 여유로움과 안정을 가져다줘 최종적으로 농부의 삶을 행복하게 해 줄 것이다.

이렇듯 보다 하위의 목적은 그것보다 상위의 목적을 위한 수단이 되며 궁극적으로 최고의 목적은 최고의 선이 되는데, 아리스토텔레스는 이것을 인간에 대해 행복[유다이모니아(eudaimonia), 행복한 상태라는 정적인 개념이 아닌 '잘 사는(flourishing)' 삶 정도의 의미인 동적인 개념]이라고 보았다.[21]

결론적으로 아리스토텔레스에게 '행복'이란 여러 선善들 중에서도 최고선의 의미이며, 따라서 인간이 지향하는 궁극적인 목적이 된다. 또 행복이 삶의 궁극적인 목적이라면, 이 행복은 우리가 마땅히 추구해야 할 것으로 다른 목적을 위한 수단이 될 수 없는 그 자체 목적이 된다.

> 다른 어떤 목적 때문에 선택하는 것이 아니라 오직 그 자체의 목적 때문에 선택하는 것은 행복뿐이다.[22]

그렇다면 인간은 어떻게 해서 이 궁극적인 목적에 이를 수 있을까? 그리스인들은 이것을 덕(또는 탁월성, excellence)이라는 개념과 결합해 설명한다. 아리스토텔레스 또한 인간만이 지니고 있는 덕을 발휘함으로써, 즉 인간만의 본성을 가장 완벽하게 드러냄으로써, 인간만의 탁

월한 잠재성의 기능을 가장 잘 표현하는 삶을 살아감으로써 행복이 가
능하다고 보았다.

행복이 그 자체로서 목적이며, 최고선이라는 점을 설명하기 위해 아
리스토텔레스는 모든 생명체들이 다른 생명체가 아니라 바로 자신일
수 있도록 해 주는 생명체의 원리, 즉 '영혼(psyche)'이라는 개념을 끌어
들인다. 그에게 영혼이란 플라톤처럼 육체라는 무덤에 갇힌 것이 아니
라 잠재적으로 생명을 지닌 육체의 현실태이다. 따라서 육체는 영혼과
분리된 것이 아니라 영혼을 소유하고 있다. 그렇기 때문에 영혼은 육
체의 실현이며, 생명체의 원인이자 원리(영혼)가 되는 것이다.

이에 기초해 아리스토텔레스는 자연계에 존재하는 것들의 영혼을 이
성적인 부분과 비이성적인 부분으로 나눈다. 또 이것은 다시 구체적으
로 세 부분, 즉 (1) 식물의 영혼, (2) 동물(또는 감각)의 영혼, (3) 인간의
영혼으로 나누어 설명된다. 이들 중 식물의 영혼은 운동 능력이 없고
단지 영양분을 흡수하는 소화와 생식 기능만을 갖고 있다. 반면, 동물
(소나 말)의 영혼은 장소의 이동처럼 운동 능력과 욕구, 감각 능력을 갖
고 있다.

이 두 가지 영혼보다 상위의 영혼인 인간의 영혼은 식물과 동물의 영
혼을 모두 갖고 있으며, 여기에 이성(지성, nous)으로서 지직 능력과 추
론의 능력을 갖고 있다. 따라서 인간에게 탁월성으로서 선善이란 이성
을 따르는 영혼의 활동이라고 결론 내릴 수 있다. 그리고 바로 이 지점
에서 최고선으로서 행복을 말할 수 있게 된다.

지적인 덕과 도덕적인 덕, 그리고 행복

　또 아리스토텔레스는 인간의 영혼을 순수하게 이성적인 부분, 그리고 이성의 영향을 받을 수 있는 부분과 이성과 상관없는 세 부분으로 나눈다. 그리고 이에 대해 다음과 같이 설명한다.

> 영혼의 이성적인 측면 이외에 다른 측면이 있는 것으로 생각된다. 그러나 이것 또한 어떤 의미에서 이성적인 요소를 가지고 있다. 왜냐하면 우리는 어떤 사람이 비록 절제를 잘하지 못한다 할지라도 그가 절제를 할 수 있는 능력을 지녔다는 점에 대해서는 인정하고 있기 때문이다. 단지 본성 속에 이성과 대립하는 또 하나의 다른 요소가 있어서 이것이 이성에 대립하여 싸우게 되는 것이다. 이것은 마치 마비된 손과 발이 오른쪽으로 움직이려 해도 왼쪽으로 움직여 버리는 것과 같은 이치이다. 영혼에서도 이와 같은 일이 생긴다. 절제를 잘 못하는 사람의 충동은 이성과 반대 방향으로 움직이기 때문이다. 이렇게 볼 때, 비이성적인 영혼에는 식물적 요소와 욕망적 요소가 있다.[23]

　따라서 욕망적 요소(부분)가 이성의 원리에 귀를 기울이고, 이성을 따르는(순종하는) 한, 이성의 원리를 나누어 가지고 있다고 할 수 있다. 여기서 이성의 원리를 따른다는 말을 좀 더 쉽게 표현하면, 부모나 친구의 올바른 말과 조언을 경청하고 이를 따르는 경우를 떠올려 보면 더 잘 이해할 수 있다.

아리스토텔레스의 영혼에 관한 이러한 입장을 통해 그와 플라톤 사이에 존재하는 중요한 차이도 발견할 수 있다. 즉, 플라톤이 감각과 욕망을 이성의 통제 아래 두어야 한다는 입장이었던 반면, 아리스토텔레스는 감정과 욕망의 의지적 부분이 이성의 올바른 지도에 순종하는한, 이성의 원리와 양립할 수 있음을 인정하고 있다는 점이다.

그의 이러한 입장은 덕德을 설명하는 그의 방식과도 밀접한 연관이 있다. 아리스토텔레스는 덕을 두 가지, 즉 (1) '지적인(지성의) 덕'과 (2) '도덕적(성품의) 덕'으로 구분한다. 이에 따르면, 철학적 지혜나 이해력, 실천적 지혜는 지적인 덕이고, 절제나 온화함은 도덕적인 덕에 속한다. 이 때문에 우리는 어떤 사람의 성격(성품)에 대해 말할 때 '이해력 있고, 지혜롭다.'고 말하지 않고, 성품이 '온화하고 절제를 잘 한다.'고 표현한다. 그리고 지적인 덕에 대해서는 그의 이성 능력에 대해서 말할 때 사용한다. 다시 『니코마코스 윤리학』의 내용을 들여다보자.

덕에는 두 종류가 있으며, 지적인 덕은 주로 교육을 통해 시작되고 성장하기 때문에 시간과 경험을 필요로 한다. 도덕적인 덕은 습관의 결과로 형성된다. '에티케(도덕적·윤리적)'란 '에토스(습관)'란 말과 관련이 있나. 이렇게 볼 때 도덕적인 덕은 본성적으로 생기는 것이 아니다. 본성과 반대되는 습관을 형성할 수는 없기 때문이다. 예를 들어 우리가 아무리 돌을 교육하고 훈련시켜 위로 올리려 해도 돌의 본성에 위로 올라가는 것이 없기 때문에 불가능한 이치와 같다. 반면, 우리는 도덕적인 덕들을 본성적으로 받아들일 수 있도록 되어 있어 있기 때문에 습관에 의해 완전하게 되는 것이다. 우리는 먼저 능력

(가능태)을 얻고, 그다음 활동(현실태)을 하는 것이다.[24]

아리스토텔레스의 주장처럼, 성품의 덕은 오랫동안 지속적인 의지적 실천을 통해 형성된다. 예를 들어 오랫동안 집을 지어 봄으로써 비로소 건축가가 될 수 있고, 악기를 오랫동안 연주해 봄으로써 훌륭한 연주자가 될 수 있는 것처럼, 선한(좋은, 훌륭한) 행위를 지속적으로 오랫동안 실천함으로써 선하게(옳게) 되고, 절제 있는 행위를 함으로써 비로소 절제 있게 되며, 용기 있는 행동을 함으로써 비로소 용기 있게 되는 것이다.

또 옳은(좋은) 행동이란 옳은 행동이 어떤 행동인지에 대한 심사숙고와 도덕적 판단 능력, 또는 중용에 맞는 행위인지에 대한 판단 능력을 전제한 다음 가능해지기 때문에 성품의 덕을 형성하는 과정에서 지성의 덕 중에서 심사숙고에 해당하는 실천적 지혜에 의한 인도가 반드시 필요하다. 즉, 실천적 지혜는 성품의 덕을 형성하는 데 필수적으로 요구되는 지적인 덕이다.

이렇게 볼 때, 그의 윤리는 이성이 결여되지 않은 삶으로서 지적인 덕을 강조한다는 점에서 주지주의적인 성격을 지닌다. 그뿐만 아니라 의지의 통제를 받는 욕구와 욕망이 이성의 인도를 따를 수 있음을 인정하는 점에서, 그리고 이에 따라 옳은(훌륭한) 행동을 지속적으로 실천함으로써 덕이 형성된다고 주장하는 점에서 주의주의적 성격도 지닌다. 이성과 욕구가 함께할 수 있음을 주장하는 그의 주의주의적 성격은 중용의 윤리를 설명하는 부분에서 더욱 두드러진다.

즉 그에게 성숙한 삶으로서 행복, 즉 성공적인 삶, 잘 사는 삶이란 인간의 고유한 탁월성으로서 덕을 탁월하게 지속적으로 '생애 전체에 걸쳐' 드러내는 행위와 관련되는 것이라고 할 수 있다. 그에게 덕이란 생득적으로 완성된 상태로 우리에게 주어져 있는 것이 아니기 때문에 지속적인 훈련과 반복적인 실천 행위를 통해서 한 개인에게 '성품(인격)' 으로 형성되는 것이라고 할 수 있다.

이처럼 올바른 습관의 누적을 통해 형성되는 도덕적 삶의 모습이야 말로 우리가 추구하는 궁극적인 목적으로서 행복한 삶(즉 잘 사는)이 된 다. 아리스토텔레스에게 좋은 습관이란 오랫동안 계속해서 지속해 온 덕스런 행동이 비로소 하나의 습관으로 정착하여 그 사람의 성품이 되 는 것을 말하며, 나아가 궁극적으로 이것이 인간의 본성까지 되는 것 을 의미한다. 그의 '좋은 습관'이 지니는 중요성은 다음에 이어지는 중용의 덕을 통해서 더욱 구체적으로 드러난다.

중용의 덕

●

아리스토텔레스가 지적인 덕인 철학적 지혜를 도덕적인 덕보다 우위에 두면서도 도덕적인 덕을 이처럼 강조하는 이유는 우리 인간은 태어날 때부터 완결된 도덕적 본성이나 성향을 갖추고 태어나지 않기 때문이다. 따라서 교육과 끊임없는, 그리고 실천적 의지의 노력, 즉 덕을 습관화하려는 노력만이 궁극적으로 인간의 탁월성을 가장 잘 발휘하게 하여 행복한 삶이 되게 해 주기 때문이다. 아리스토텔레스의 이러한 의도는 그의 윤리에서 가장 중심을 이루는 중용의 덕으로 구체화된다.

다시 중용의 덕을 다루고 있는 『니코마코스 윤리학』을 살펴보자. 그에게 중용이란 지나침과 부족한 것 사이에서 적절한 중간적인 것을 선택하는 문제와 관련된다.

> 적절한(right, 마땅한) 때에, 적절한 것에 대해, 적절한 사람들에게, 적절한 목적을 위해 적절한 동기로, 적절한 방식으로 (분노, 동정, 신뢰 등의) 감정을 갖는(느끼는) 것은 중간적인 것이며, 동시에 최선의 일이며, 이것은 덕의 특성이다. 행동에도 지나침과 부족함, 그리고 중용이 있다. 중용은 이성적인 원리를 통해 어떤 선택을 할 때, 그리고 실천적인 지혜를 지닌 사람이 어떤 선택을 결정할 때 기준으로 삼아야 할 원리이다.[28]

‘적절한’은 ‘올바른’, ‘마땅한’의 의미이기 때문에 우리가 일상적으로 사용하는 말, 즉 ‘대충’과 같은 의미로 사용하는 ‘적당히’와는 전혀 다른 의미임을 염두에 두어야 한다. 그리고 도덕적 행동에서의 중용이 감정이 배제된 행위가 아니라는 점도 놓쳐서는 안 된다. 왜냐하면 이미 앞에서 보았던 것처럼 성품의 덕은 비이성적인 부분인 욕구의 부분이 실천적 지혜에 의한 심사숙고의 결과를 잘 따름으로써 형성될 수 있기 때문이다. 중용이란 “적절한 방식으로 감정을 느끼고 표현하는 중간적 행동”과 관련된다.

> 도덕적인 덕은 중용을 말한다. 그것은 한쪽의 지나친 결핍의 악덕과 다른 한쪽의 지나친 과잉의 악덕 사이의 중간을 말한다. 유덕한 사람이 되기가 어려운 이유는 어떤 일에서 바로 이 중용을 발견하기 어렵기 때문이다. 예를 들어 누구나 원의 중심을 발견할 수 있는 것이 아니다. 그것은 과학자만이 할 수 있는 것이다. 반면, 누구나 화를 낼 수 있다. 그 이유는 쉽기 때문이다. 또한 누구나 돈을 마음대로 쓰거나 남에게 줄 수 있다. 그렇지만 적절한 사람에게, 적절한 정도의 액수를, 적절한 이유로, 적절한 때에, 적절한 방법을 사용하여 주는 일을 누구나 할 수 있는 일이 아니다.[29]

그러므로 중용을 지킨다는 것은 어려운 일이며, 그렇기 때문에 지속적인 노력과 실천하려는 의지가 필요하다. 중용을 지키고 행하는 것이 이렇듯 어렵고 드문 일이기는 하지만, 바로 이 같은 이유 때문에 중용은 “칭찬할 만한 일이며, 숭고한 일이기도 하다”. 하지만 중용이 일상적인 의미의 '중간적인 것'이 아니라면, 중용은 어떤 성질의 것이란 말인가?

아리스토텔레스에 의하면, 양쪽 중에서 한쪽으로 기운다는 말이 똑같이 나쁜 뜻은 아니다. 어떤 경우는 지나친 것이 부족한 것보다 나쁘고, 또 어떤 경우는 부족한 것이 지나친 것보다 더 나쁜 경우가 있을 수 있다. 따라서 같은 치우침이지만 어느 한쪽의 치우침이 다른 한쪽으로의 치우침보다 더 나쁠 수도 있는 것이다.

이것은 우리가 중용을 지킨다는 것이 그만큼 어렵다는 뜻이기도 하지만, 이것이 정확한 중용을 택하기보다 차선을 택해야 하는 이유이기도 하다. 또한 이렇게 하는 것이 중용의 반대인 악을 피할 수 있는 길이기도 하다. 그뿐만 아니라 이것은 실질적인 의미의 중용에 가장 쉽게 이르는 방법이다. 왜냐하면 각각의 상황과 이에 따른 판단은 각자가 이성의 지도를 받아 자기가 갖고 있는 자신의 감정(또는 성품)의 몫이기 때문이다.

아리스토텔레스가 『니코마코스 윤리학』에서 제시하는 중용의 덕들을 정리하면 아래의 표와 같다.[30]

중용에 관한 이상의 내용들을 정리하면, 중용이란 습관화한 덕으로서 한 개인이 갖고 있는 자신의 성품이라 할 수 있다. 그리고 이러한 성품은 이성의 지도를 받음으로써 더욱 올바른 것이 된다. 또 중용이란 수적인 균형으로서 산술적 평균을 말하는 것이 아니라 모든 상황과 대상에 대해서 적절한 감정을 표현하는 상대적인 성격의 것이다. 하지만 이처럼 중용의 덕이 중요하다고 해서 모든 행동이 중용과 관련된 것은 아니라는 점도 염두에 두어야 한다. 예를 들어 악의나 질투, 살인이

감정 또는 느낌의 영역들	부족함(결핍)	중용(덕)	지나침(과잉)
두려움과 관련된	무모함	용기	비겁함
쾌락과 고통과 관련된	무감각	절제	방종과 방탕
금전관계와 관련된	인색함	절약	낭비
(불)명예와 관련된	비굴함	긍지	허영과 오만
분노와 관련된	무기력	온화	성급함
재미 또는 유쾌함과 관련된	무뚝뚝함	재치	익살, 허풍
모든 덕의 총체			
	불의	정의	불의

나 절도 등은 그 자체로서 나쁜 것이기 때문에 중용을 말할 수 없는 행동들이다.

한편, 아리스토텔레스는 인간을 사회적·정치적 동물로 이해했기 때문에 "사회 안에서 살 수 없는 자, 또는 스스로 자족적이기 때문에 그럴 필요가 없는 자, 이런 자들은 짐승이거나 신임에 틀림없다."고 주장한다.

> 인간은 본성적으로 폴리스를 형성하며 살아가기에 적합한 동물이다. 폴리스 없이 사는 사람은 좀 모자라는 사람이거나 인간 이상의 사람이다. 그는 '형제도 없고, 법도 없고, 집도 없는 자'이다.[31]

아리스토텔레스의 이 말은 인간이란 자신의 잠재성이나 탁월성을 사회 안에서만 실현할 수 있어야 한다는 의미로 해석할 수 있다. 이 점에서 한 개인의 도덕성이란 사회적인 관계 속에서 보다 적절하게 이해될 수 있다.

또 이것을 목적론적인 관점에서 이해했을 때, 개인은 물론 국가도 어떤 목적을 지향한다고 할 수 있는데, 그 목적이란 인간의 사회적 속성과 관련하여 해석되는 것이 적절하다. 왜냐하면 인간은 본성적으로 사회적이며 정치적이기 때문이다. 그러므로 국가의 목적은 시민의 행복하고 좋은 삶, 즉 지적이며 도덕적인 삶의 완성, 또는 시민의 윤리적 완성이라고 할 수 있다. 이 점에서 개인에게 최선인 것과 국가에게 최선인 것은 서로 같(은 것이)다.

> 정치학이란 시민(공민)을 어떤 일정한 성격을 가진 인간이 되도록, 다시 말해 선한 인간 그리고 또 고귀한 행위를 할 수 있는 인간이 되도록 하는 데 가장 큰 관심을 갖는다.[32]

아리스토텔레스는 이에 근거해 플라톤의 이상 국가에 대해서도 비판한다. 이에 따르면, 플라톤이 주장한 수호자 계층에 대한 공유제는 "수호자들에게 행복을 빼앗으면서 입법자는 폴리스 전체를 행복하게 만들어야 한다고 말하고 있다. 하지만 대부분이나 모든 부분 혹은 어떤 부분이 행복을 소유하지 않고 그 전체가 행복해지는 것은 불가능하다".

정의

이제 마지막으로 『니코마코스 윤리학』에 나오는 정의正義에 관한 주장을 검토하기로 하자. 아리스토텔레스는 정의 또한 '어떤 종류의 중용'이라는 맥락에서 논의한다.

> 정의 또는 부정의란 (1) 어떤 유형의 행위와 관련된 문제이다. (2) 정의란 어떤 종류의 중용이다. (3) 옳은 행위란 어떤 극단 사이의 중간에 대한 심사숙고이다.[33]

아리스토텔레스에게 정의란 우리의 행위와 관련된 문제이자, 옳은 행위와 관련된 문제이기 때문에 이는 중용과 관련된 문제이다. 또 그에게 정의란 "정의 속에는 모든 덕이 다 들어 있다."는 그 당시의 속담처럼 '완전한 덕'이다. 여기서 '완전하다'는 말은 이 정의의 덕을 지닌 사람은 자기 자신에 대해서만이 아니라 무엇보다 이웃이나 다른 사람에 대해서도 이 정의의 덕을 보여 준다는 의미이다.

정의의 이러한 성격 때문에 아리스토텔레스는 정의를 "덕 가운데에서 가장 큰 덕", 즉 "덕의 일부가 아니라 덕 전체"라고 말한다. 이러한 정의에는 (1) 기하학적 비례 관계를 중시하는 분배적 정의와 잘못을 바로잡아 산술적 비례 관계를 회복하려는 (2) 시정 또는 교정적 정의가 있다.

> 한 종류의 정의(분배적 정의)는 국가 공동체의 구성원들 사이에 분배

아리스토텔레스는 분배적 정의에 대해 기하학적 비례 관계를 강조한다. 왜냐하면 옳음이란 중간을 말하는데, 이것이 깨져 사람 사이에 균등이 사라지게 되면 갈등과 분쟁이 일어나기 때문이다. 이 때문에 공적이나 가치에 따라서 상을 주지(분배) 않으면 안 된다. 이렇게 볼 때 '옳음', 즉 분배적 정의란 분배할 만한 명예나 보수를 이와 관련이 있는 사람들의 공적이나 가치를 따져 나누어 주는 것이다.

그런가 하면, 한 사람이 다른 한 사람에게 폭력(또는 살인)을 행사했다면, 이 두 사람 사이에는 불균등이 존재하게 된다. 이 경우 재판관은 가해자의 이익에 해당하는 만큼을 빼앗아 상처를 입은 사람에게 되돌려 줌으로써 산술적 균등을 회복해야 한다. 이것을 시정적 정의라고 한다. 그러므로 시정적 정의란 이익(또는 과잉)과 손실(또는 결핍)의 중간이다. 즉, 거래 이전과 거래 이후의 산술적 균등을 회복하는 것이다.

또 경제적인 거래 관계에서 이루어지는 균등 관계의 회복으로서 중간을 경제적 정의(또는 교환적 정의)라고 할 수 있다. 이 모든 것을 고려할 때, 정의가 중간적인 것이라는 점에서는 중용이지만, 일반적인 덕들(예를 들면 절제나 용기 등)과는 차이점이 있다. 그것은 정의의 경우 양쪽 극단 사이의 중간이 아니라 불균등한 한쪽을 원래의 상태(옳음)로 회복한다는 점에서 그렇다.

아리스토텔레스의 도덕 철학은 기본적으로 목적론에 기초해 있으며, 그 궁극적인 목적은 행복한 삶, 즉 생애 전체에 걸쳐 성공적인 삶을 사는 것이다. 그에게 이러한 삶은 인간의 영혼인 지적인 덕과 도덕적인 덕을 가장 잘 발휘함으로써 실현될 수 있는 것이었으며, 이를 위해서는 후천적인 지속적 노력이 필요하다고 보았다.

이 지속적인 노력의 과정은 또한 덕을 습관화하기 위한 과정이기도 하다. 그리고 최종적으로 그 노력의 결과로서 중용의 덕이 성취될 수 있다는 것이다. 이 점에서 그의 윤리는 주지주의와 주의주의적 성격을 함께 지니고 있다. 한편, 인간의 본성을 사회적·정치적인 것에 두었던 그에게 한 개인의 도덕성이란 폴리스인 국가 공동체와 분리될 수 없는 성질의 것이었다.

아리스토텔레스의 목적론에 기초한 철학적 사고는 서양 근대 이전의 정신적 전통이 되었으며, 중세 토마스 아퀴나스에게 특히 중요한 영향을 미쳤다. 그럼에도 그의 도덕 철학에는 뜻밖에도 인간의 이타심이나 동정심에 대한 논의는 거의 발견되지 않고 있다.

또 개인의 도덕성을 도시국가 아테네와 연계 지음으로써 당시 아테네 귀족들의 가치를 정당화했다는 비판을 받기도 하나, 이것은 적질한 지적으로 보이는데, 그 이유는 그가 노예제도를 당연한 것으로 이해했기 때문이다. 이는 알렉산드로스 대왕(세계 시민주의)의 스승임에도 서로의 가치가 충돌하여 헤어지게 되는 원인이 되었다. 특히 아리스토텔레스가 행복을 말하면서 이성의 덕 있는 행동(활동)에 추가하여 다른 외부적인 선善들, 예를 들면 좋은 가문에서의 출생과 성장, 훌륭한 자녀

들, 빼어난 용모 등을 포함시켰다는 점은 이러한 의심을 받게 하기에
충분하다.

　오늘날 그의 '덕 윤리'는 매킨타이어와 같은 공동체주의자들로부터
현대 사회의 위기를 극복하기 위한 대안으로 새롭게 주목받고 있다.

스토아학파

•

Stoicism

기원전 323–기원전 30

이 세상에 일어나는 모든 일은 어떤 것이든 정당하게 일어난다. 주의 깊게 관찰해 보면 모든 일이 인과관계에 따라 순서적으로 일어날 뿐만 아니라 마치 누군가가 각 사물에 고유한 가치를 부여하고 있는 것처럼 올바르고 정당하다는 것을 알 수 있다. 일단 시작한 일은 누구든지 그 선함을 인정할 수 있도록 행동하라. 어떤 일을 하든지 항상 이 점을 명심하라.

▶ **핵심 주제**

세계의 본질: 이성(영혼)

행복한 삶: 이성과 자연의 법칙에 따르는 삶

부동심: 초연

▶ **핵심 용어**

세계의 본질로서 이성(영혼), 행복한 삶 : 이성과 자연에 따르는 삶, 덕 또는 행복, 제논, 클레안테스, 크리시포스, 세네카, 에픽테토스, 아우렐리우스, 운명론적, 세계시민주의와 평등, 보편 이성(logos), 제우스 송가, 아파테이아(부동심, 초연), 자연적이며 필연적인 법칙, 『명상록』, 자연법과 기독교 신학, 스피노자

세계의 본질: 이성(영혼)
행복한 삶: 이성과 자연의 법칙에 따르는 삶

펠로폰네소스 전쟁(기원전 431-기원전 404)의 결과로 도시국가 아테네가 몰락하고 스파르타가 패권을 장악하게 된다. 그렇지만 스파르타의 강압적인 통치에 코린토스와 아테네, 테베가 연합하여 다시 전쟁을 일으켜 스파르타를 몰락시킨다. 그런데 이 무렵 북방에서는 마케도니아가 등장하여 새로운 위협 세력이 된다. 아테네와 테베의 그리스 연합군은 마케도니아 왕 필립포스에게 선전포고를 하고 전쟁에 돌입하지만 결국 패배한다(기원전 338). 패전 이후에도 아테네 등 도시국가들에 대해 자치와 독립은 인정되었지만 실질적으로 아테네는 역사에서 막을 내렸다.

이 시기를 전후하여 일반적으로 우리가 말하는 헬레니즘 시기가 시작된다. 즉, 일반적으로 마케도니아의 왕 알렉산드로스(기원전 356-기원전 323)가 페르시아 제국을 정복한 시점(기원전 330)부터 그가 죽고(기원전 323), 로마가 이집트를 병합(기원전 30)하기까지 약 300년의 시기를 헬레니즘 시대라고 부른다. 알렉산드로스의 정복 전쟁(이집트와 지중해 일부, 중앙아시아와 인도 북서부까지 징악)은 한편으로는 그리스 문화의 발전이자 확장이라고 볼 수 있지만, 다른 한편으로는 이민족의 문화 유입에 따른 그리스 문화의 쇠퇴라고도 볼 수 있다.

그러나 지금 우리에게 이 두 가지 입장 중에서 어떤 입장이 더 적절한가는 중요한 문제가 아니다. 우리에게 중요한 것은 알렉산드로스의 정복 전쟁을 통해 상호 이질적인 문화가 접촉하고 교류하게 되었다는 점이고, 그 과정에서 그리스인들의 시야가 지역적인 데에서 세계적인 것으로 바뀔 수밖에 없는 의도하지 않은 상황에 놓이게 되었다는 점이다.

거대한 제국이라는 세계적 시야 안에서 더 이상 그리스인과 야만인이라는 이분법은 적절한 관점이나 통치 방식이 될 수 없었다. 오히려 그리스는 이제 조그만 도시국가가 아니라 거대한 제국의 일부분일 뿐이었다. 이 때문에 자신들의 고유하고 독립된 문화만이 우월하다고 주장하는 것은 더욱 불가능해졌다.

플라톤이나 아리스토텔레스처럼 도시국가에서 살았던 사람들에게 개인과 국가로서 도시는 서로 분리될 수 없는 것이었다. 그렇기 때문에 이들에게 개인의 삶과 자아실현 또는 행복은 도시국가와의 관계 안에서 파악되어야 했다. 그렇지만 거대한 제국으로 통합된 지금의 상황에서는 이와 같은 도시국가에 적합한 시민보다는 제국(또는 세계)에 적합한 시민의 시야가 보다 이상적인 것으로 인식되었다.

이와 같은 배경에서 등장한 철학이 스토아학파와 에피쿠로스학파의 사상이다. 이 두 학파는 그 구체적인 내용에서는 중요한 차이를 보였지만, 불확실성이라는 동일한 시대적 배경을 가지고 등장했기 때문에 그 시대를 살아야 했던 사람들의 현실적인 고민을 담아내고 있었다. 따라서 그 고민은 도시국가의 시민으로서 어떤 삶이 안정되고 행복한 삶인지를 고민했던 아테네인들의 고민과는 다른 것이었다.

제국(세계)의 시민으로서 그들이 안고 있었던 고민은 도시국가의 안정과 결속으로부터 벗어나 새롭지만 불확실한 세계를 살아가게 됨으로써 발생하는 정신의 혼란과 갈등의 치유였다. 이러한 갈등을 극복하기 위해 이들이 채택한 삶의 방식은 마음의 평온함을 찾는 것이었다. 스토아학파는 이것을 이성과 자연의 법칙에 따르는 삶에서 찾으려 했고, 에피쿠로스는 전원에서의 조용한 삶에서 발견하려고 했다.

한편, 소크라테스가 남긴 유산은 이 불안한 시기를 살았던 사람들에게도 유효했다. 즉, 그의 가르침은 행복한(또는 덕 있는) 삶에 관한 지혜를 깨닫는 데 중요한 지침이 되어 주었다. 소크라테스의 유산은 다양한 형태로 영향을 주었다. 예를 들어 그가 강조했던 '덕'은 어떤 사람들에게는 '행복'이나 '금욕'과 동일시되었는가 하면, 또 어떤 사람들(아리스티포스와 키레네학파)에게는 그의 '행복'에 관한 주장이 '쾌락'으로 받아들여지기도 했다.

이들 중 소크라테스의 '덕'을 금욕적인 삶으로 이해하고, 이것이 곧 행복이라고 생각했던 키니코스학파(견유학파, 개와 같은 생활, 자연 그대로의 삶 강조)는 스토아학파에 영향을 미친다. 안티스테네스는 극단적인 무욕과 은둔의 자족적인 삶을 주장했고, 당시 '통 속의 철학자'라 불리던 디오게네스는 모든 사회적·민족적 의무와 구성을 무시하는 속박받지 않은 삶을 실천했으며, 크라테스는 자신의 재산을 모두 나눠 주고 최초의 여성 철학자인 히파르키아와 결혼하여 거지같은 삶을 산 것으로 선해신나.

스토아학파(건축물에서 수평의 들보를 지른 줄기둥이 있는 회랑, 즉 마루를 의미함)는 크게 전기 스토아주의와 후기 스토아주의로 나뉜다. 단식으로 죽음을 맞이한 키티온의 제논과 제자 클레안테스, 그리고 가난한 마라톤 선수 출신인 크리시포스 등을 전기 스토아주의, 그리고 네로의 스승이지만 자살로 생을 마감한 로마의 세네카, 노예 신분에서 자유민이 된 에픽테토스, 황제인 마르쿠스 아우렐리우스 등을 후기 스토아주의라고 부른다.

이처럼 스토아주의는 다른 철학에서 발견되지 않은 몇 가지 특성이 있는데, 하나는 자살이라는 점이고, 다른 하나는 이들의 신분이 극과 극을 넘나들고 있다는 점이다. 우리는 전자로부터 스토아주의의 운명론적인 삶의 성격을 발견할 수 있고, 후자로부터 세계시민주의라는 평등 의식을 발견할 수 있다. 마지막으로 에피쿠로스학파와 달리 자신에게 주어진 사회·정치적 삶과 역할을 결코 소홀하지 않았다는 점이다.

스토아주의자들은 이 세계를 '이성적인 것'이라고 생각했다. 이때 이성적인 것이란 '신'이자 '자연'이며, '영혼'이다. 그들에게 이 세계란 신적인 보편 이성, 즉 로고스(logos, 사물의 존재를 규정하는 보편 법칙으로 인간을 포함한 모든 사물은 이를 반드시 따라야 함)의 세계이며, 동시에 자연이다. 따라서 그들은 인간을 포함한 세계 안에 존재하는 모든 자연에는 이 로고스가 깃들어 있다고 생각했다. 스토아주의자들의 이와 같은 입장은 그들을 범신론적이며 또한 물활론적이라는 평가를 받는다.

제논의 제자인 클레안테스가 지은 장문의 「제우스 송가」에는 스토아주의의 이와 같은 신념들이 잘 표현되어 있다.

여러 이름으로 불리는 가장 영광스런 신이시여. 당신은 영원한 세월을 통해 변함없는 자연의 위대한 왕입니다. 당신의 정의로운 명령으로 만물을 지배하는 전지전능함을 찬양하며, 제우스를 찬양합니다. 넓은 대지의 모든 것들이 당신의 모습을 간직하고 있습니다. 당신의 목적은 생명을 낳는 것이니, 당신은 땅 위 또는 바닷속 혹은 그 어디에든 생명을 만드십니다. 선한 것들과 악한 것들을 조화시키는 당신의 눈에는 만물을 관통하는 말씀이 영원히 있습니다. 신의 우주법칙, 바로 그것을 이성의 안내를 받아 행복을 얻는 자들은 당신을 숭배합니다. 나머지 사람들은 헛되게도 명예의 허명을 찾는 것에 급급합니다. 자기 욕망대로 재산을 구하려 하고, 무절제하게 육체적 욕망을 채우려고만 합니다. 당신의 자식들을 치명적인 과오로부터 구해 주소서. 그들을 참된 앎으로 이끄소서. 당신은 만물을 통치하며, 만물을 올바르게 다스리는 분이시기 때문입니다. 우주의 법칙을 영원히 올바르게 숭배하는 것보다 더 높은 보상은 심지어 신들조차도 받을 수 없습니다.[36]

스토아주의자들에게 행복한 삶이란 다름 아닌 신의 질서(logos)를 따르는 삶, 곧 자연에 따르는 삶을 의미한다. 스토아주의자들이 자연의 법칙에 따르는 삶을 행복한 사람이라고 말할 때, 이것이 곧 원시적인 자연적 삶이라고 이해해서는 안 된다. 그들이 추구하는 삶은 로고스에 따르는 삶이기 때문에 우주적인 법칙이자 인간 자신의 본질인 이성의 법칙을 따르는 삶이다(자연법). 바로 이것이 자연의 법칙을 따른다는 말의 진성한 의미이나.

또 이성의 법칙에 따르는 삶이 행복한 삶이라는 말은 이것이 곧 덕德 있는 삶이라는 뜻이기도 하다. 왜냐하면 스토아주의자들에게 덕이란 진정한 의미의 선善이기 때문이다. 이성에 따르는 행위는 욕망이나 공포, 두려움, 희망이나 기대감이 동기가 되는 것이 아니라 그 자체로서 바람직한 것을 따르려는 것이다. 그러므로 이성, 즉 자연(신)에 따르는 삶은 그 자체로서 덕 있는 행동이 되는 것이다.

이처럼 스토아주의자들은 비자연적이고 비합리적인 파토스(pathos, 로고스와 반대되는 의미로 수동적인 감정, 즉 대상으로부터 자극을 받아 일어나는 욕망이나 충동, 격정을 의미함)를 통제하고, 나아가 이것들로부터 초연함으로써 성취되는 부동심(apatheia, 외부의 자극이나 정념에 동요하지 않는 초연한 정신의 상태)의 삶을 살아갈 것을 강조한다.

부동심: 초연

●

스토아학파가 강조하는 부동심의 삶의 경지는 로마시대에 노예 신분에서 자유인이 된 에픽테토스와 황제인 아우렐리우스의 가르침에 잘 표현되어 있다. 에픽테토스에 관해 전해 오는 흥미로운 이야기가 있다.[37]

그가 노예였던 때 하루는 주인이 무척 화가 나서 그의 팔을 잡아 비틀자, 그는 아무런 반응을 보이지 않은 채 태연하게, "주인님, 그렇게 계속해서 비틀면 저의 팔이 부러집니다."라고 말했다. 그렇지만 이 말은 주인을 더욱 화나게 했기 때문에 결국 그의 팔을 부러뜨리는데, 이에 대해 그는 "제가 뭐라 말했습니까? 부러질 거라 하지 않았습니까?"라고 말했다고 전해진다.

이 이야기가 전하는 가르침은 우선, 스토아주의의 근본 가르침, 즉 마음과 정신을 혼란하게 하는 상황에서 일어나는 충동과 격정, 분노를 오직 이성으로 잠재우고, 오직 자연의 정해진 법칙만을 따라야 한다는 것이다. 다음으로 그가 노예였기 때문에 그것이 자신의 일일지라도 자신의 능력으로는 어찌할 수 없는 상황, 즉 자기 능력 밖의 일에 대해서는 그 운명을 거스르지 말고 따라야 한다는 가르침이다.

다시 말해, 우리는 자신이 의도한 대로 세상의 일이 일어나기를 기대해서는 안 되며, 그 일이 지금 일어나고 있는 그대로 진행되기를 바라야 한다. 왜냐하면 그렇게 함으로써 비로소 평온한 삶이 가능하기 때문이다.[38] 우리는 그의 이러한 행동에서 스토아주의가 주장하는 부동심의 전형을 발견할 수 있다. "스스로 자신의 주인이 되지 못하는 사람은 진정으로 자유로울 수 없다."는 그의 명제는 자신의 『앵케이리디온』과 『대화』 속에 빈틈없이 반영되어 있으며, 아우렐리우스와 함께 스토아주의의 이상적인 삶의 태도를 보여 주고 있다.

> 나는 죽음을 피할 수는 없다. 그렇지만 나는 죽음의 두려움을 피할 수는 있다. 나쁜 일을 당해서 괴롭고 고통스런 이유는 그 일 자체 때문이 아니라 그 일에 대한 우리의 관념(판단) 때문이다. 죽음 또한 그 자체로는 두려운 것이 아니다. 죽음이 두려운 것이었다면, 소크라테스도 죽음을 두려워했을 것이다. 죽음을 두려운 것이라고 생각하는 것, 바로 그것 때문에 죽음이 무서운 것이다.[40]

> 자신의 뜻대로 할 수 있는 것에 대해서만 관심을 가져야 한다. 또 그 중에서도 자연의 섭리에 어긋나는 것이라면 피해야 한다. 질병과 죽음, 가난을 피하려고 한다면 고통을 겪는다. 이것들은 우리의 의지대로 되는 것이 아니다. 따라서 자신의 힘으로 될 수 없는 것에 대해 원망해서는 안 된다. 자신의 뜻대로 할 수 있는 것에만 관심을 두고,

스토아학파는 죽음을 로고스에 의한 자연적 질서의 인과적 연속 과정의 일부로 이해한다. 따라서 우리가 바라지 않기 때문에 오지 않도록 할 수 있는 것이 아니라, 우연성이 없는 자연 세계 안에서 일어나는 필연적인 과정의 일부로 인식한다. 따라서 죽음은 자연의 질서에 순응하는 태도로 받아들여야 한다. 이것으로부터 도망하려 하거나 탄식하고 부정하는 것은 우리의 삶이 영혼(정신)이 아니라 파토스의 지배 아래 놓여 있다는 것을 보여 줄 뿐이다.

지혜로운 사람은 어떤 경우에도 마음의 평정을 잃지 않는 사람이며, 자신의 삶의 목적이 행복임을 깨닫고, 이를 위해 자연(신, 이성)의 섭리를 따라 마음의 평정(평온함)을 얻는 삶을 실천하는 사람이다.

그대는 단지 작가의 의도대로 연극 속에 등장하는 배우에 지나지 않는다는 것을 명심해야 한다. 작가가 단막극을 쓰면 짧은 삶을 살 수밖에 없는 것이고, 긴 장막극을 쓰면 더 오래 사는 것뿐이다. 가난뱅이 역할을 맡으라면 기꺼이 그 역할을 잘하려고 노력하기만 하면 된다. 그대에게 지도자나 절름발이, 아니면 평범한 시민의 역할이 맡겨질 수도 있다. 그대는 단지 주어진 배역에 충실하면 그뿐인 것이다. 어떤 배역을 할 것인지를 선택하고 결정하는 것은 우리의 몫이 아니다. 세상의 모든 일들을 있는 그대로 받아들여라.[42]

에픽테토스는 선장이 선원들에게 그 역할을 배정하듯이, 우리는 신으로부터 삶에서 어떤 삶을 살지 배정받기 때문에 배정받은 그 역할을 충실하게 수행해야 하는 선원이나 연극의 배우처럼 자신의 현재 역할에만 충실할 것을 주장한다. 역할이나 배역을 거부하는 것은 이 세상에 내놓은 그분(로고스)의 뜻을 거스르거나 거부하는 것이며, 이러한 태도는 거역해서는 안 될 자신의 운명을 비자연적이고 비합리적인 충동 아래 놓으려고 하는 잘못된 자세이다.

아우렐리우스의 표현처럼, "언제 연극을 끝낼지 결정하는 것은 나를 생성하고, 나를 소멸시키는 자연이다. 그 어떤 것 하나도 내가 결정할 수 있는 것은 없다. 그러므로 때가 되면 만족할 줄 알고 물러나자. 그러면 나를 물러나게 하신 자연도 만족스런 미소를 지을 것이다".[43]

이처럼 스토아학파의 사상은 지금 자신에게 주어진 배역은 자연의 법칙이자 보편적 이성(로고스)에 의한 필연의 결과이기 때문에 따르는 것이 곧 자신의 본질인 이성에 따르는 가장 자연스런 모습이라고 가르친다. 하지만 자신이 원하는 대로 일이 이루어지기 바라는 것이 아니라 사물의 본성에 맞게 그대로 따를 것을 강조하는 스토아학파에는 자유 의지에 의한 적극적인 삶보다는 운명애적인 삶의 성격이 두드러진다는 짐이 한계점으로 평가받는다.

아무튼 스토아학파의 운명애적 특성은 아우렐리우스에게서도 발견되는데, 그는 신적인 세계영혼인 불火로부터 생명의 기운을 부여받은 우리 인간은 이 영혼(logos)이 부여한 질서에 따라 살아가도록 운명 지어져 있으며, 죽게 되면 다시 이 세계영혼에게로 돌아가게 되어 있다고 믿었다. 따라서 우리의 삶은 자연적이며 필연적인 운명의 법칙에

의해 운영되는 것이기 때문에 우리가 해야 할 일은 이것에 순응하는 것
이고, 이러한 삶이 곧 이성적이며 자연과 일치하는 삶이라는 것이다.

　스토아학파가 삶을 바라보는 이와 같은 태도와 세계에 대한 인식, 그
리고 그로부터 운명애적인 삶의 태도나 자연적 섭리를 따르는 삶의 태
도를 이미 지적했다. 그런데 이와 함께 모든 존재하는 것들이 보편적
이성(로고스)의 섭리에 따른 것이라면, 존재하는 모든 것들 사이에는 평
등의 이념이 적용될 수 있다는 의미도 성립한다. 바로 이것이 스토아
학파의 또 다른 특성으로, 자연법과 세계시민주의를 주장하는 이유이
기도 하다. 이와 관련된 내용을 아우렐리우스의 『명상록』을 통해 살펴
보자.

> 잘못을 저지른 사람 또한 나와 똑같은 사람이다. 내가 그와 같은 혈
> 통을 가졌기 때문에 그런 것이 아니라, 내가 그와 이성, 그리고 신적
> 인 본성의 일부를 가졌기 때문에 그런 것이다. (그러므로) 나는 나의
> 동류同類에 대해 화내지도 않으며, 미워하지도 않는다. 우리는 손처
> 럼, 발처럼, 눈꺼풀처럼, 그리고 윗니와 아랫니처럼 서로 협력하게
> 끔 되어 있다. 서로를 적대시하는 것은 자연의 이치에 어긋나는 행
> 동이다.

> 신체는 단지 피와 신경, 뼈가 그물처럼 짜인 것에 불과하기 때문에
> 가장 중요한 것은 이성이다. 우주는 이성, 즉 이치(logos)로 가득 차
> 있으며, 우연조차도 자연이 미리 예정해 놓은 것이기 때문에 이치에
> 따라 다스려지는 것이다. 만물은 자연의 이치에서 비롯된 필연적인

것이므로, 이러한 필연성은 우주 전체에 대해서도 유익한 것이다.

언제나 우주를 "하나의 살아 있는 유기체이자 하나의 유일한 실체로, 그리고 하나의 유일한 영혼"으로 이해하는 아우렐리우스는 이것을 동시에 신 또는 자연으로 받아들인다. 따라서 이 세계는 신과 분리될 수 없을 뿐만 아니라 이 세계(자연)의 필연적 질서를 따르는 행위는 신의 섭리를 따르는 것이므로 올바른 덕 있는 행위이다.

그리고 이러한 행위를 통해서 우리는 격정의 파토스로부터 자유로운 정신적으로 평온한 상태의 행복에 이를 수 있다. 우리의 평정심을 잃게 만드는 육체적 쾌락이나 명예, 재산, 권력, 건강, 가난, 질병 같은 외적인 상황이나 환경에 동요되지 않는 이와 같은 마음의 상태를 '아파테이아(apatheia)'라고 부르며, 이것은 스토아학파의 금욕주의적 특성을 표현할 때 주로 사용된다.

나는 스승으로부터 자제심과 함께 어떤 일에도 흔들리지 않는 마음을 배웠고, 자신에게 닥친 일은 무엇이든 불평 없이 해야 한다는 것을 배웠다. 그는 결코 놀라거나 서두르는 일이 없었으며, 고민을 감추기 위해 거짓 웃음을 짓거나 격정에 사로잡히거나 의심하는 일이 없었다.[44] 나, 마르쿠스 아우렐리우스 또한 이성에 따라 살리라. 칼날 같은 이성으로 삶을 관조하는 능력. 끊임없이 파도가 밀려와 부서져도 끄덕도 하지 않고 버티고 서서 성난 물결을 달래는 바위처럼, 나 또한 그렇게 살리라.[45]

스토아주의자들에게 쾌락이란 우리 삶의 궁극적인 목적이 될 수 없는 것이었다. 왜냐하면 쾌락이란 행위에 따른 결과이거나 행위에 수반되는 것일 뿐, 올바른 이성에 따르는 삶과는 질적으로 다른 것이기 때문이다. 우리에겐 단지 '칼날 같은 이성'으로 격정으로부터 해방되어 자연적이며 필연적 신적인 질서만을 인식하고 그것만을 따를 의무만이 있을 뿐이다.

갖고 있던 어떤 것을 잃게 되었을 때, 그것을 잃었다고 말하지 말라. 단지, 원래 그것이 있던 곳으로 되돌아갔다고 말하라. 설령 자식이 죽었을지라도, 사랑하는 사람이 죽었을지라도, 재산을 잃었을지라도 마찬가지이다. 빼앗겼다고 생각하면 화가 날 일이지만, 나에게 그것들을 주신 분이 되가져간 것이라고 생각하면 된다. 단지 그분이 허락한 잠시 동안만 내가 보관하고 있었던 것이라고 생각하라. 그것들은 원래 남의 것이었다. 마치 길을 떠난 나그네가 잠시 여관에 머물렀던 것처럼.[46]

스토아학파의 사상은 이후 기독교 신학, 그리고 근대의 자연법과 칸트의 윤리, 스피노자의 '신 즉 자연' 사상 등에 중요한 영향을 준 것으로 평가받고 있다. 그렇지만 인간의 본질을 이루고 있는 이성과 감정 중에서 이성적인 부분을 지나치게 강조함으로써 감정과 정서적 욕구를 정신의 질병으로 간주하여 배척했다는 비판도 함께 받고 있다.

에피쿠로스
·
Epikouros

기원전 342?– 기원전 271

쾌락이란 최고선으로 축복받은(행복한) 삶의 시작이자 끝이다. 우리가 어떤 것을 선택하거나 회피하는 것은 모두 이것과 관련지어서 일어난다.

모든 선택과 회피의 근원은 그것이 육체의 건강에 도움을 주고, 우리를 영혼(마음)의 동요로부터 해방시켜 주는 것인가에 달려 있다.

▶ **핵심 주제**

쾌락주의, 유물론자: 지식의 기준으로서 감각 경험

지속적이며 정신적 쾌락, 죽음=감각 능력의 부재

▶ **핵심 용어**

아리스티포스, 쾌락주의, 원자론(데모크리토스)과 유물론, 감각 경험, 쾌락의 역

설, 욕망의 크기의 최소화, 쾌락=행복=고통의 부재, 몸의 건강, 불안 없는 마음,

지속적이며 정신적 쾌락, 죽음=감각능력의 부재, 자연적이며 필연적인, 개인적

이며 소극적인 쾌락, 검소와 절제, 경험론과 공리주의

쾌락주의, 유물론자: 지식의 기준으로서 감각 경험

쾌락이 삶의 유일한 목적이기 때문에 쾌락을 위해 순간을 놓치지 말 것을 강조했던 아리스티포스("소유하지만 소유당하지 않는다."를 좌우명으로 삼았던 고대 쾌락주의자)는 한층 강렬한 쾌락을 추구할 만한 가치가 있는 것으로 간주하고, 그것을 좇았다. 하지만 지속적이면서도 완전한 쾌락이란 생각처럼 쉽게 성취되는 것이 아니다.

왜냐하면 쾌락이란 그 속성상 추구하여 만족하는 그 순간, 계속되는 또 다른 욕망의 충족을 위해 쾌락에 매달리지 않으면 안 되기 때문이다. 이 때문에 궁극적으로 더 큰 욕망의 충족으로서 쾌락이란 현실적으로 완전히 실현될 수 없으며, 이러한 욕망의 충족을 위해 애쓰는 것이 사실은 쾌락이 아니라 오히려 고통의 원인이 된다는 '쾌락의 역설'에 부딪히게 된다. 이러한 쾌락의 역설은 만족하려는 쾌락이 감각적이고 육체적인 것일 경우 특히 그렇다.

감각적이며 향락적인 쾌락을 통해서는 삶의 궁극적인 목표인 진정한 행복에 이를 수는 없다는 것을 깨닫게 된다면, 반대로 욕망의 크기를 늘리기보다 줄인다면 지속적이면서도 어렵지 않게 충족할 수 있지 않을까 하는 생각의 전환도 가능하다. 헬레니즘 시대의 에피쿠로스는 쾌락을 우리가 추구하는 삶의 처음이자 끝이라고 생각했던 쾌락주의자이면서, 이러한 쾌락은 더 적은 욕망을 통해 더 쉽게, 그리고 더 지속적으로 충족될 수 있다고 보았던 인물이다. 쾌락주의는 에피쿠로스에 의해 더욱 세련되고 정교해졌으며, 추구할 만한 가치가 있는 것으로 설득력을 얻게 되었다.

쾌락주의자이면서 유물론자인 에피쿠로스는 감각과 경험이 갖는 중요성을 강조하는 것으로 자신의 논의를 시작한다. 또 이러한 성격 때문에 그는 순수 이성의 학문이라고 할 수 있는 논리학이나 기하학, 수학 등에 대해서는 무용론으로 일관했다. 예를 들어 그는 우리가 실제로 삶을 살아가는 현실의 세계에서 기하학의 점이나 선, 면 등은 어디에서도 발견되지 않으며, 따라서 이것들은 감각 지각을 통해서 증명할 수도 없기 때문에 삶에 소용이 없다고 생각했다.

에피쿠로스는 감각 경험에 의한 지각이 지식의 기초이자 기준이 되기 때문에, 만약에 어떤 대상에 대한 우리의 감각이 참이라고 판단하지 않는다면, 이에 대한 진술 또한 거짓이라고 생각했다. 그는 감각을 통해 명확하게 증명되는 것만을 참이라고 믿었다.

> 참인 것은 실제로 본 것이거나 관찰을 토대로 한 생각을 통해 파악한 것이다.[47] 만약에 당신이 당신의 모든 감각을 통해 반대하고 부정한다면, 당신은 옳고 그름을 판단할 수 있는 어떤 기준(근거)도 갖지 못하게 된다. 진리의 기준은 감각(감정)이고, 감각은 개념에 앞선다(선행한다).[48]

감각과 경험이 판단의 기준이라면, 에피쿠로스의 쾌락주의 윤리가 어떻게 정신적이며 지속적인 쾌락을 중요하고 가치 있다고 여기게 되었을까? 이미 언급한 것처럼, 에피쿠로스는 감각과 경험을 중시한 유물론자였기 때문에 인간의 정신도 물질적인 것으로 파악했다.

즉 그에 의하면, 인간의 정신이란 물질 중에서 가장 미세하며 가장 둥근 모양을 하고 있다. 따라서 우리는 이 이성(정신)을 통해 즉각적이고 순간적인 쾌락이란 오래 지속될 수 없으며, 오히려 최종적으로 고통만을 초래하게 되리란 것을 쉽게 알 수 있고, 그뿐만 아니라 이성을 통해 오랜 동안 지속 가능한 쾌락이 무엇인지, 그리고 진정한 의미의 쾌락이 무엇인지에 대해서도 알 수 있다고 주장한다.

지속적이며 정신적 쾌락, 죽음=감각 능력의 부재

●

에피쿠로스가 말하는 쾌락의 내용이 구체적으로 어떤 것인지에 대해서는 『메노에세우스에게 보낸 편지』와 『쾌락』에 자세히 표현되어 있다. 쾌락주의자로서 그가 강조했던 쾌락은 위에서 언급했듯이 욕망의 크기를 줄이면서 지속적 가능한 쾌락이었다. 이는 그의 말대로 "고통스런 모든 것들을 제거하는 것, 이것이 쾌락의 크기의 한계"[49]이다. 이 말은 고통이 없는 상태보다 더 큰 쾌락의 상태란 없다는 뜻이다.

> 쾌락이란 축복받은(행복한) 삶의 시작이자 끝이다. 우리가 어떤 것을 선택하거나 회피하는 것은 모두 이것과 관련지어서 일어난다. 모든 선택과 회피의 근원은 그것이 육체의 건강에 도움을 주고, 우리를 영혼(마음)의 동요로부터 해방시켜 주는 것인가에 달려 있다.[50]

한편, 그가 지속적이고 정신적인 쾌락을 중요하게 여겼다고 해서 모든 감각적 쾌락이나 즐거움을 부정했다는 것은 아니다. 그렇더라도 그는 여전히 쾌락주의자이며, 앞에서 말한 것처럼 가치 있는 것의 판단 근거를 감각에 두었기 때문이다.

> 나는 맛의 즐거움, 사랑의 쾌락, 듣는 즐거움, 아름다운 모습을 보아서 생기는 즐거운 감정들을 모두 제외한다면, 무엇을 선을 무엇이라고 말해야 할지 모르겠다. 아름다움과 탁월함은 그것이 우리에게 쾌락을 제공할 때 가치를 지닌다. 따라서 이것들이 쾌락을 주지 못한다면, 우리는 이것들을 버려야 한다. 건강한 몸의 지속적인 상태와 건강에 대한 확고한 희망은 이것을 정확히 계산할 줄 아는 사람에게 가장 확실하고 완전한 기쁨을 준다.[51]

일관된 쾌락주의자로서 에피쿠로스는 우리가 추구해야 할 쾌락에 대해 중요한 기준 한 가지를 제시하고 있는데, 그것은 어떤 것이 쾌락을 산출하는지를 정확하게 계산해 보아야 한다는 것이다. 그는 이것 이외에도 쾌락이 지속될 수 있는지, 지금의 고통을 견디어 냄으로써 더 큰 고통을 기대할 수 있는지를 고려해야 한다고 주장한다.

> 잠시 동안의 고통을 참음으로써 그 고통으로부터 더 큰 쾌락이 나온다면, 우리는 그 같은 고통은 쾌락을 위해 바람직하다고 생각한다. 그러므로 모든 쾌락이 본래 선이기는 하지만, 모든 쾌락이 (당장) 선택할 만한 가치가 있는 것은 아니다. 또 모든 고통이 악이지만, 그렇다고 모두 회피되어야 하는 것도 아니다. 우리가 쾌락이 선이라고 말할 때, 그것은 방탕한 사람들의 쾌락이나 관능적인 쾌락이 아니라

육체의 고통으로부터 해방, 영혼의 동요로부터의 해방을 의미한다. 왜냐하면 인생을 즐겁게 하는 것은 지속적으로 음주와 주연을 하는 데 있는 것이 아니라 선택할 것인지 아니면 거부할 것인지를 검토하고, 영혼을 괴롭혀 혼란을 초래하는 잘못된 의견들을 물리치는 냉철한 관조에 있기 때문이다. [52]

에피쿠로스는 자신이 추구할 만한 가치가 있는 쾌락으로 '육체적 고통으로부터 해방', 그리고 '영혼의 동요로부터 해방'을 말한다. 이것은 그의 쾌락에서 매우 중요한 의미를 갖는데, 그 이유는 그가 적극적인 쾌락이 아니라 소극적인 쾌락을, 사회적인 쾌락이 아니라 개인적인 쾌락을 강조하고 했음을 보여주고 있기 때문이다. 즉, 육체적 고통으로부터 해방이나 영혼의 동요로부터 해방이란 모두 '자기 자신', 즉 사회적 차원이 아니라 각각의 개인에게 적용되는 표현이기 때문이다.

쾌락이 (삶의) 목적이란 말의 뜻은 육체의 고통과 정신의 불안에서 자유로워지는 것(해방됨)을 의미한다. 이것은 음주, 연회, 정욕의 충족, 편안한 생활, 호화로운 식탁을 갖고 있는 사치가 아니라 취할 것은 취하고, 금지할 것은 금지히는 동기를 탐구하거나 정신이 혼란할 때 생기는 잘못된 의견을 떨쳐내는 건전한 사유이다. [53] 어떤 쾌락도 그 자체로서는 나쁘지 않다. 쾌락은 고통을 제거함으로써만 그 정점에 이를 수 있다. [54]

이처럼 에피쿠로스는 쾌락을 단순히 감각적이며 육체적인 쾌락만이 아니라 삶 속에서 지속될 수 있는 쾌락, 욕망의 적극적인 충족으로서의 쾌락이 아니라 육체적 건강이나 정신의 평온함 같은 고통의 부재로서 소극적이며 정신적인 쾌락을 주장했다(에피쿠로스에게 육체적 쾌락은 정신적 쾌락과 함께 행복의 필수 조건이었다).[55] 그에게 육체적 쾌락이란 고통이 없는 상태를 통해, 그리고 정신적 쾌락이란 죽음에 대한 공포와 삶에 대한 욕망을 정확히 이해함으로써 성취될 수 있는 것이었다.

이러한 이유 때문에 그의 쾌락주의는 온건한 금욕적 성격(절제)과 개인주의적 성격을 수반한다. 왜냐하면 육체에서 고통의 부재와 마음에서 불안이 없는 상태란 사회·정치적인 삶에 대한 적극적인 참여가 아니라 자제(절제)하고 부정함으로써 달성되는 마음(영혼)의 평온함(즉 아타락시아)이기 때문이다.

> 모든 살아 있는 것들은 태어나면서부터 쾌락을 얻으면 만족하고, 고통은 혐오한다. 이것은 본성에 이끌려 그렇게 된 것이다. 모든 행위의 목적은 고통과 공포로부터의 해방이다.[57] 가장 행복한 사람이란 주변의 사람들로부터 당할 수 있는 걱정거리가 전혀 없는 상태에 이른 사람들이다. 이런 사람들은 서로에 대한 신뢰에 근거하여 유쾌하게 살아가며, 우정이 주는 장점을 최대한 즐긴다.[58]

에피쿠로스는 명예나 부, 권력을 추구하는 공적인 사회적·정치적 활동을 중요하게 여기지 않았을 뿐만 아니라 오히려 기피하는 것이 바람직하다고 보았으며, 뜻이 맞는 사람들과 함께 검소와 절제 속에서 우정을 함께 나누는 삶이 가장 이상적이라고 보았다.

활발한 사회·정치적 삶은 물과 빵만으로도 충분한, 즉 더 적은 것으로 만족하는 삶과 상충하는 것임은 물론, 몸의 건강을 해치고 정신(영혼)의 평온함을 방해하는 활동으로 받아들여졌다. 이 때문에 그는 세상과 거리를 둔 '에피쿠로스의 정원'에서의 조용한 은둔적 삶을 이상적인 삶의 방식으로 보았다. 그리고 이를 위해서는 (1) 자연적인 것, 그리고 동시에 (2) 필수적인 것만을 추구하고, 이것에 만족해야 한다고 가르쳤다.

> 욕망 중에는 (1) 자연적이면서 필수적인 것이 있고, (2) 자연적이기는 하지만 필수적이지 않은 것이 있으며, (3) 자연적이지도 않고 필수적이지도 않은, 다시 말해 헛된 생각이 만들어 낸 욕망도 있다.[59] 우리가 검소하고 값싼 식사에 길들여진다면(즉 자연적이며 필수적인 욕망에 길들여진다면), 우리는 그것만으로 건강에 유익한 모든 것들을 충분히 얻을 수 있고, 삶에 필요한 모든 것들을 얻을 수 있다.[60]

복잡하고 번거로우며, 이 때문에 정신을 혼란하게 만드는 상황에서 벗어나는 것, 즉 권력이나 명예로운 삶, 호화로운 삶, 잘못된 판단이 지배하는 사회적 관습에 따르는 삶을 부정하는 에피쿠로스는 자연적이며 필수적인, 그러면서도 쉽게 구할 수 있고 건강의 유지에도 도움을 주는 쾌락을 가치 있는 것으로 여겼다. 이를 위해 그는 적절한 물과 빵, 그리고 채식 중심의 삶을 실천했다. 자신의 욕구(욕망)를 늘리는 것은 곧 고통의 원인을 늘리는 일이기 때문이다.

쾌락주의자로서 에피쿠로스는 우리가 행복하지 못하고 불행하게 되는 또 다른 원인으로 죽음에 대한 두려움을 지적한 다음, 유물론자다운 방식으로 이 문제를 쉽게 해결한다. 운명적이며 인과적 필연성을 부정하는 그는 "죽음은 우리에게 아무것도 아니다. 왜냐하면 우리가 죽게 되면(즉 이것은 원자 결합의 해체를 의미함), 더 이상 아무런 감각이 없기 때문이다. 그러므로 감각이 없는 우리에게 죽음이란 아무것도 아닌 것이다."라는 믿음을 가져야 한다고 말한다.

감각이 진리의 기준이었던 그에게 죽음이란 감각 능력의 상실을 의미할 뿐인 것으로 이해되었다. 따라서 죽음 뒤 우리의 감각은 더 이상 존재하지 않기 때문에 죽음 그 자체와 우리의 감각은 함께할 수는 없는 것이다.

죽음은 우리에게 아무것도 아니라는 믿음에 익숙해져야 한다. 왜냐하면 선과 악은 우리의 감각 능력을 전제해야만 하는데, 죽음은 바로 모든 감각 능력의 상실을 의미하기 때문이다. 따라서 죽음이 우리에게 아무것도 아니라는 점을 정확히 알기만 한다면, 우리는 우리 삶에 있을 것이라고 믿는 무제한적인 시간 개념과 불멸성의 개념을 제거함으로써, 우리의 유한한 삶을 얼마든지 충분히 즐길 수 있다. 삶이 멈추고 나면 아무런 두려움도 느끼지 못한다는 사실을 완벽하게 깨달은 사람은 살면서 아무런 두려움도 느끼지 않을 것이다. 그러므로 가장 두려운 악이라 불리는 죽음은 아무것도 아니다. 죽음이 왔을 때 우리는 이미 존재하지 않는다는 것을 알기만 하면 된다.[61]

에피쿠로스는 우리의 삶을 불행하게 만드는 것으로, 자연적인 것이 아니면서도 마치 우리가 추구해야 할 것처럼 여겨지는 것들(부, 명예, 권력, 호화로운 음식과 옷차림 등), 세상에 복잡하고 신경 쓰지 않으면 안되는 많은 일들(금전 및 채무 관계, 사적이면서 복잡한 인간관계들), 그리고 신 또는 죽음에 대한 두려움 등이 있다고 지적한다.

이 중에서 신 또는 죽음에 대한 두려움은 모두 내세와 관련된 믿음에서 오는 것이다. 따라서 우리가 유물론자로서 감각 능력이 존재하는 그 시점까지만(즉 현세의 생존) 존재한다는 것을 깨닫는다면, 죽음은 우리에게 더 이상 고통의 원인으로 작용하지 않을 것이다. 그리고 이 때문에 죽음은 고통과 두려움의 대상이 될 수 없다.

> 고통이나 두려움은 오직 감각 능력이 활동할(살아 있을) 때에만 가능하다.
> 죽음은 감각 능력이 더 이상 지속될 수 없음을 의미한다.
> 그러므로
> 죽음 자체는 더 이상 고통이나 두려움이 될 수 없다.

고대 데모크리토스의 원자론의 영향을 받은 에피쿠로스는 지식의 근원을 감각과 경험의 활동에 두었으며, 감각과 경험의 활동에서 오는 쾌락과 고통을 삶의 목적인 행복(그는 플라톤의 사덕도 쾌락을 추구하는 데 유용한 논리로 활용했다)과 관련지어 이해했다. 하지만 유물론자인 그는 정신(이성)의 활동 또한 물질의 작용이기 때문에 순간적인 감각 쾌락이 아니라 정신적인 활동을 통해 얻은 지속적인 쾌락을 추구해야 한다고 주장했다. 그리고 이러한 쾌락을 위해서는 무엇보다 우리 몸에 고통이 없고, 우리 마음(영혼)에 불안이 없어야 한다고 보았다.

그는 이러한 입장은 사회적이고 적극적인 쾌락주의적 입장이 아니라 개인적이고 소극적인 쾌락주의적 입장을 취함으로써 더욱 쉽게 성취될 수 있다는 믿음으로 정리된다. 감각 경험을 중시하는 그의 인식론과 쾌락을 선으로 이해하는 그의 쾌락주의는 이후 경험론과 근대 쾌락주의적 공리주의에도 중요한 영향을 미쳤다.

한편, 쾌락을 검소와 절제하는 삶 속에서 추구하라는 그의 가르침은 오늘날 육식 위주의 식생활, 그리고 '소비와 존재'를 동일시하고 있는 현대인들의 삶의 방식에도 의미 있는 메시지를 제시해 주고 있다.

홉스

·

Thomas Hobbes

1588-1679

인간은 본질적으로 이기적이고, 자신의 생명을 보존하기 위해서는 어떤 일도 할 수 있는 준비가 되어 있으며, 때때로 공격적이고 파괴적인 행위도 서슴지 않을 만큼 반사회적 성격을 지니고 태어난다.

유물론자, 자기 보존 욕구: 욕구와 혐오

1588년 스페인의 무적함대가 영국을 침략한다는 소문을 듣고, 이에 놀란 홉스의 어머니는 조산을 하게 된다. 이런 배경 때문에 홉스는 스스로를 '공포와의 쌍생아'로 여겼다. 그런데 그가 생존했던 특정 시기(1651년까지)의 유럽은 종교 개혁의 후폭풍으로 내란과 폭동이 만연했고, 특히 영국은 청교도 혁명의 결과로 1649년 왕이 참수를 당하는 격변의 시기이기도 했다. 이렇게 보면 홉스는 자신의 삶의 한 시기를 정말로 '공포'와 함께했다고 할 수 있다.

그런데 홉스는 이 당시 청교도가 아니라 기본적으로 왕당파의 정치적 신념을 지지했고, 실제로 왕당파와 친밀한 교류를 유지하고 있었다. 이들 왕당파, 특히 제임스 1세는 "신민은 왕에게 복종해야 할 의무가 있으며, 왕은 오직 신에 대해서만 복종할 의무가 있다."고 주장했다. 법이 왕을 만드는 것이 아니라 왕이 법을 만든다는 이와 같은 신념이 군주제를 가장 이상적인 정치 체제로 여기는 것은 자연스런 결론이다.

가톨릭 신자로서 절대 왕권을 확신했던 제임스 1세는 의회와 잦은 마찰을 초래했고, 그 뒤를 이은 잘스 1세 때는 보수적 반농 성지가 더욱 심화되었다. 이는 1642년 내전을 불러일으키는 결정적 계기가 되었는데, 이것이 청교도 혁명이다. 물론, 홉스는 1640년 자신의 정치적 입장이 위기에 몰릴 것을 예감하고 프랑스로 정치적 망명을 떠난다. 그리고 그곳에서 데카르트의 『성찰』을 읽고, 자신의 비판적 견해를 제시한다. 경험주의자인 홉스가 합리주의자인 데카르트의 입장과 서로 충돌하는 것은 당연한 것이지만, 홉스 역시 자연 과학(수학과 물리학)에 대해서는 신뢰를 갖고 있었다.

근대 최초의 유물론자로 불리는 홉스는 아리스토텔레스의 목적론적 형이상학이나 데카르트의 실체 이원론과 자아 개념, 그리고 연역적 학문 방법론을 거부했다. 또 그는 과학적으로 설명이 불가능한 신학 자체를 철학과 학문의 영역에서 배제하려고 했다(신의 존재만큼은 인정했지만, 홉스에게 그것은 무의미한 것이었다. 왜냐하면 홉스에게 실체란 물질 뿐인데, 그에게 신이란 비물질적인 실체이기 때문이다). 그에게 중요한 것은 물체와 물체의 운동일 뿐이었다.

> 이 세계에 있는 가시적인 사물들과 이것들의 놀라운 질서 때문에 인간은 이것들에 원인이 있을 것이라고 상상하면서 이것을 신이라고 부른다. 하지만 아무도 신에 대한 관념이나 이미지를 갖고 있지는 않다.[62]

홉스에 의하면, 물체들의 운동을 연구하는 학문인 철학은 물질적 물체(자연철학), 인간의 신체, 정치적 집단을 연구한다. 그에게는 국가 또한 인공적 물체이다. 이처럼 모든 것을 물체와 물체의 운동으로 환원하여 생각하는 그는 유물론자였으며, 따라서 철학의 임무 또한 운동하는 물체를 연구하는 것으로 생각했다.

또 그는 물체로서 동물은 두 가지 형태의 운동을 한다고 주장한다. 하나는 의식적인 노력 없이 생명을 유지하는 기계적인 운동으로, 피의 순환·호흡과 영양 섭취 운동 등이 여기에 속한다. 다른 하나는 자발적인 운동으로, 욕구나 욕망 또는 혐오로부터 비롯되는 것으로 어떤 것을 향한 운동이다. 홉스의 도덕 철학은 여기에서 시작한다.

홉스에게 선과 악의 개념은 절대적인 것이 아니라 상대적이다. 또 도덕을 인간이라는 물체의 자발적인 운동 과정, 즉 육체라는 물체가 욕구하거나 혐오하는 것에 수반되는 것으로 이해하고 있기 때문에 윤리적 자연주의라고 할 수 있다. 그에게 보편적이며 절대적인 선악의 개념이나 기준은 존재하지 않으며, 문제가 되는 것은 개인이 욕구하느냐 아니면 혐오하느냐이다.

이처럼 홉스에게 자발적인 운동이란 욕구와 혐오의 문제와 관련되며, 이것은 그가 가장 강조했던 '자기 보존'이라는 개념으로 환원시켜 이해할 수 있다.

따라서 홉스에게 자기 보존 욕구는 선택과 판단의 기준으로 작용하며, 유기체의 바로 이와 같은 속성 때문에 각 개체는 이기적일 수밖에 없다.

계약과 인공적인 물체, 리바이어던

●

심리적 이기주의와 원자적 개인주의에 기초한 홉스의 인간에 대한 이해는 최종적으로 인공적인 물체인 국가는 어떻게 형성되며, 국가는 어떤 존재인가를 규명하는 주제로 나아간다.

홉스에 의하면, 모든 사람의 자발적인 행위는 자기 보존과 이익 추구를 지향하기 때문에 자연 상태에서 각 개인은 자신의 이러한 본질을 실현하기 위해 자신의 권리를 자신의 의지대로 자유롭게(마음대로) 사용할 수 있다. 따라서 적어도 자연 상태에서 각각의 모든 개인들은 어떤 방식으로든 자기 보존과 욕구를 실현하려 하고, 혐오하는 것을 회피하려 하기 때문에 그들이 어떤 행동을 하든 선 또는 악의 개념으로 판단할 수는 없다.

왜냐하면 자연 상태에서는 인간의 본질인 자기 보존 욕구에 따른 자연권의 행사만이 문제 될 뿐, 정의와 불의, 선과 악의 문제는 다뤄질 수 없기 때문이다. 홉스는 인간의 이기적인 본성을 자연스런 것으로 파악했으며(심리학적 이기주의), 따라서 사회 상태가 아닌 자연 상태에서 그것의 행사와 그것에 따른 도덕적 판단은 불가능하다.

사실, 홉스가 자연 상태의 인간 본성을 통해 말하고자 했던 참된 의도는 인간이 이기적임에도 불구하고 어떻게 질서와 평화의 사회 상태가 가능한가였다. 이 같은 목적을 이루기 위해 그는 인간의 본성이 이기적이라는 사실을 하나의 장치로서 활용했던 셈이다.[66] (그는 자연 상태에서 인간의 이기적인 본성은 경쟁심, 자기 확신의 결핍에서 생기는 불신, 명예에 대한 열망을 낳으며, 이것들은 분쟁과 갈등의 원인이 된다고 지적한다.)[67]

그렇다면 인간에게 평화와 시민사회, 그리고 선악의 도덕 개념의 적용은 어떻게 가능해지는가? 홉스는 이 문제를 자연 상태로부터 출발하여 계약에 의한 국가의 탄생에 이르는 일련의 과정을 통해서 설명한다. 먼저, 그는 자연 상태를 만인의 만인에 대한 전쟁 상태로 규정하면서 다음과 같이 설명한다.

> 자연 상태에서 인간은 만인의 만인에 대한 투쟁 상태에 놓인다. 두 사람이 동일한 대상에 대해 소유하고 싶은 욕구를 가지거나 (그 양이 충분하지 못해) 서로 만족할 수 없을 때, 두 사람은 적이 될 수밖에 없다. 이들은 자기 보존이라는 목적을 위해 서로를 굴복시키거나 파괴하려고 노력한다. 그러므로 자신을 위협하는 힘이 더 이상 없다고 판단힐 때까지 모든 사람을 지배하려는 것은 자연스럽다.[68]

자연 상태에서 인간은 오직 본래적인 이기적 욕망과 정념에 의해서만 지배를 받으며, 자신의 생존을 위해서는 다른 사람과의 전쟁도 서슴지 않으며 폭력적이다. 하지만 홉스의 표현대로 사회 상태가 아닌 이러한 자연 상태에서는 그 성과가 불확실하기 때문에 산업이 발전할 수 없다. 즉, 그런 상태에서는 토지의 경작이나 항해, 예술과 학문, 사회 등이 존재할 수 없다. 하지만 이것보다 더욱 나쁜 것은 폭력에 의해 언제 자신이 죽을지도 모른다는 끊임없는 공포와 위험이다. 이 때문에 자연 상태에서 "인간의 삶은 고독하고, 빈곤하며, 잔인하고, 짧다."[69]

하지만 홉스는 자연 상태라는 가상적 상황을 말하면서도 동시에 인간이 순수하게 고립적인 상황만을 원하지도 않는다고 말한다. 왜냐하면 그렇게 되면 자기 보존이라는 이기적 본성과 상충하는 결과를 초래하게 되기 때문이다. 자기 보존을 위해서라면 인간은 기꺼이 그와 같은 고립적 상황에서 벗어나고자 할 것이다.

> (이 때문에) 모든 사람은 평화를 얻을 수 있다는 희망을 갖고 있는 한, 그것을 추구해야 한다. 물론 이것이 불가능할 때 전쟁의 도움을 이용할 수도 있다.[70] (하지만 자연 상태의) 인간에게 가혹한 전쟁 상태로부터 벗어날 수 있는 가능성이 전혀 없는 것은 아니다. 그러한 가능성은 한편으로는 죽음에 대한 공포와 생활에 필요한 물건들을 획득하고자 하는 욕망과 희망의 정념을 통해서, 그리고 다른 한편으로는 이성이 각자가 서로 합의할 수 있는 적절한 평화의 규약들인 자연법을 제안하는 것에 의해 생겨난다.[71]

적대적인 자연 상태로부터 평화 상태로 이행하기 위한 기초를 인간의 정념과 이성에 기대어 마련한 홉스는 이제 계약과 그 결과로서 국가가 어떻게 탄생하게 되는지를 설명한다.

자연법은 이성이 발견한 원리 또는 일반적인 규칙이다. 인간은 이것을 통해 (자신의) 생명을 파괴하는 행위, 생명을 보존하기 위한 수단을 박탈하는 행위, 그리고 생명 보존을 위해 가장 중요하다고 생각하는 것들을 무시하는 행위들을 더 이상 하지 못하도록 제지당하게 된다.[72]

홉스에게 자연권 또는 자유란 자신의 생명 보존을 위해 원하는 무엇이든 할 수 있는 것이므로 외적인 장애나 방해가 없는 상태를 말한다. 즉 자유란 방해나 반대가 없는 것이며, 자유의 반대란 자발적인 운동이 외적인 방해를 받는다는 뜻이다. 따라서 자연 상태의 자연권에서 이성이 발견한 자연법의 단계로 이행한다는 것은 자유에 대한 제한이자 구속이라고 할 수 있다. 그러므로 자유가 멈추는 곳에서 의무가 시작되는 것이다.

이성이 발견한 일반적인 규칙 또는 지침으로서 자연법들에는 다음과 같은 것들이 있다.[73]

제1자연법 : 평화를 추구히고 따르라.

제2자연법 : 평화와 자기 보호를 위해 필요하다고 판단되면, 모든 것에 대한 권리(즉 자연권)를 다른 사람과 똑같이 기꺼이 포기하라. 그리고 자신이 다른 사람에게 허용하는 그만큼의 자유에 자신 또한 만족하지 않으면 안 된다.

제3자연법 : 각 개인들은 자신들이 맺은 신약을 반드시 이행해야 한다. 부정의란 계약을 지키지 않는 것이며, 확립된 강제력이 없는, 즉 국가가 없는 곳에는 소유권도 없다.

　제4자연법 : 다른 사람으로부터 은혜를 입은 사람은 은혜를 준 사람이 후회하지 않도록 합당한 노력을 해야 한다.

　제9자연법 : 모든 사람은 본래 동등하다는 것을 인정해야 한다.

　제17자연법 : 누구도 자신의 문제에 대해 재판관이 될 수 없다.

　홉스에게 계약이란 자연적 권리에 대한 상호 양도를 의미한다. 따라서 권리의 양도가 상호 간에 이루어지지 않을 경우, 이것은 무상으로 주는 선물이거나 시혜에 지나지 않는다. 따라서 한쪽이 계약을 이행하고, 다른 한쪽 또한 마찬가지로 계약을 이행할 것이라는 믿음, 즉 신약에 대한 믿음이 있어야 한다. 그렇지만 이것이 언어적인 약속에 그치게 되면, 언제든지 누구에 의해서든지 이행되지 않을 수 있다.

> 자연법이 존재하더라도 어떤 권력이 확립되어 있지 않으면, 혹은 확립되어 있더라도 사람들의 안전을 보장하기에 충분할 정도로 강력하지 않으면, 모든 인간은 타인에 대해 경계심을 품게 되어 결국 자신의 힘과 기량에 의지하려 들게 될 것이다.[74]

　따라서 계약의 강제적 이행을 위한 장치는 반드시 필요하다. 이러한 이유 때문에 홉스는 강제적 이행을 위해 공동의 권력(common power, common wealth)을 확립하고자 했다. 그는 이것을 자연적 인격체라는 말과 구별하여 '인공적 인격체(artificial person)'라 불렀다. 이것은 다른 사람의 말과 행동을 대표하는 인격이라는 뜻이다.

홉스는 인간의 자기 보존 욕구 때문에 "칼(sword)이 없는 신약은 단지 말(word)에 불과하며, 인간을 안전하게 할 아무런 힘도 갖지 못한다."[75] 그렇기 때문에 공동의 권력으로서 인공적인 인격체의 확립을 통해 자신의 생명을 보장받지 않으면 안 된다고 보았다. 그리고 이 인공적인 인격체, 즉 리바이어던(Leviathan, Mortal God, 지상의 신)을 통해 우리는 비로소 평화와 자기 보존을 보장받을 수 있게 된다.[76]

인공적인 물체인 리바이어던의 절대 권력은 『리바이어던』의 책 표지에 상징적으로 표현되어 있다. 한 명의 거인이 있는데, 그의 머리 위에는 "지상에서 이보다 더 강력한 자는 없다. 누가 그와 겨루랴!"라는 라틴어 문구가 새겨져 있다.[77] 그리고 그의 몸은 수많은 사람들로 이루어져 있으며, 머리에는 왕관이 씌어 있다. 이것은 거인이 각 개인의 자연권의 양도 결과에 따라 형성된 절대 권력임을 상징한다.

그의 아래에는 정비된 도시들이 있고, 그의 아래 왼쪽에는 포성을 멈춘 전쟁 무기들이 놓여 있다. 그리고 그의 아래 오른쪽에는 교회의 권위를 상징하는 주교의 모자가 놓여 있고, 종교 간 갈등과 논쟁을 보여주는 그림이 있다. 그런데 이 모든 것들이 거인의 아래에 놓여 있다. 이것은 성聖과 속俗이 거인의 아래에서 비로소 평화와 질서를 확립할 수 있음을 의미한다. 홉스는 이 모든 것을 고려하여 제목을 『리바이어던』이라고 붙였던 것이다.

아무도 그를 이길 수 없기 때문에 보기만 해도 뒤로 넘어진다. 지상의 그 어느 누가 그와 대적할 수 있으랴! 그는 생겨날 때부터 어떤 두 사실, 리바이어던은 구약성서에 등장하는 괴물로 혼돈과 무질서, 교만을 상징한다. 그렇지만 홉스는 이와는 반대되는 뜻으로 자기 보호, 안전과 질서, 평화를 지켜 주는 상징으로 사용하고 있다. 홉스에게 어떤 정부, 어떤 권력의 형태가 가장 바람직한 것인가 하는 문제는 이차적인 주제였다. 그에게 중요한 과제는 청교도 혁명을 전후한 영국 사회의 혼란과 갈등을 질서와 안정된 체제로 수습하는 것이었다. 홉스가 이에 대한 현실적인 방안으로 절대 군주를 채택하기는 했지만, 그와 같은 절대 권력의 형성 근거와 정당화 논리에는 사회 계약이라는 근대적인 사고가 깊이 배어 있다.

결론적으로 도덕과 도덕적 판단, 그리고 정의의 문제를 물체(유기체)의 자발적인 운동 과정, 즉 욕구는 지향하는 반면, 혐오는 회피하려는 자연적 성향을 따르는 것으로 이해하는 홉스의 도덕 철학은 윤리에서의 자연주의와 심리학적 이기주의의 입장을 지닌다고 하겠다. 왜냐하면 홉스의 윤리에는 도덕적 가치를 평가하려고 하기보다는 경험적으로 관찰 가능한 인간의 사실적 행동 경향성을 기술하면서, 이를 도덕의 기준으로 사용하고 있기 때문이다.

또 우리는 홉스가 주장하는 사회 계약론과 그 결과로부터 그의 사회 · 정치사상이 지닌 근대적인 성격과 함께 절대 군주정을 옹호하는

보수주의적 성격이 동시에 존재하고 있음을 확인할 수 있다. 이것은
그가 생존했던 16–17세기가 중세에서 근대로 이행하는 과도기인 '중세
의 가을'이라는 끝자락에 있었기 때문에 나타나는 특징이라고 할 수
있다.

흄

·

David Hume

1711-1776

이성은 정념(감정)의 노예일 뿐이고, 단지 노예이어야만 한다. 이성은 정념에 봉사하고, 복종하는 것 이외에 다른 어떤 임무나 권리도 탐내서는 안 된다.

인상, 관념, 관념들의 결합, 그리고 회의주의자

우리가 알고 있는 『국부론』의 저자인 애덤 스미스의 가장 친한 친구이기도 한 흄은 경험주의자이면서 동시에 회의주의자였기 때문에 인간이 본질적으로 '생득관념'을 지닌 이성적 존재라는 합리주의자의 입장에 동의하지 않는다. 오히려 그는 우리의 삶에서 이성이 차지하고 있던 지배적인 지위를 감정과 정념 아래로 내려놓았다. 흄의 이러한 입장은 먼저 자신의 인식론, 즉 '우리는 어떻게 앎을 형성하게 되는가?'라는 물음에서부터 시작한다.

흄은 로크의 인식론의 영향을 받았기 때문에 관념 또는 지각이 우리 안에 어떻게 형성되는가에 대한 로크의 입장과 다르지 않았다. 예를 들어 가만히 눈을 감고 자신의 공부방을 생각해 보자. 이때 내 머릿속에 떠오르는 나의 공부방(즉 관념, idea)은 사실 그동안 내가 '나의 공부방'이라고 하는 곳에서 느끼고 경험했던 인상(impression)들로부터 추론된 것이다. 그렇기 때문에 이미 경험했던 직접적이고 생생한 인상들이 먼저 없었다면 나의 공부방이라는 '관념(즉 지식)' 또한 존재할 수 없게 된다. 이 점에서 인상은 관념에 선행하며, 관념은 인상의 복사물이라고 할 수 있다.

달리 말하면, 아주 어린아이에게 포도가 어떤 맛인지를 알게 하려면, 먼저 그 아이에게 직접 포도를 맛볼 수 있도록 해 주면 되는 것이다('생생한 인상', '직접적인 지각'). 그런 다음 아이는 포도가 어떤 맛인지를 알게 된다('관념'). 관념 또는 지식이란 우리가 직접 경험한 인상들에 대해 사유와 추리를 통해 기억들을 떠올리는 것(회상)이라고 할 수 있다.

결론적으로 우리가 첫 인상을 경험하지 못한다면, 그와 관련된 어떤 관념도 갖지 못하게 된다. 따라서 이와 같은 결론이 맞다면, 경험하지 않은 것들에 대해 출생과 더불어 본래적으로 이미 그와 관련된 어떤 관념을 지닌다는 데카르트의 생득 관념(본유 관념)은 부정된다.

그런데 우리는 어떻게 한 번도 가 본 적(경험한 적)이 없는 '황금 궁전'에 관한 관념을 지닐 수 있을까? 흄은 그 이유를 관념들의 결합 때문이라고 주장한다. 즉 우리는 비록 '황금 궁전'을 경험한 적은 없지만, 황금을 본 적이 있는 경험, 그리고 궁전을 사진으로 보았든 직접 가 보았든 궁전을 보았던 경험이 있는데, 이 두 경험이 주는 인상들로부터 얻어 낸 관념(즉 황금+궁전)을 결합시켜 '황금 궁전'이라는 관념을 지닐 수 있다는 것이다. 흄은 이처럼 색깔이나 모양, 맛과 같은 직접적인 '단순 관념'들과 이러한 관념들을 결합(연합)시킨 '복합 관념'을 통해서 우리는 경험하지 않은 '황금 궁전'에 대한 새로운 관념을 형성할 수 있다고 보았다.

또 흄은 단순 관념들과 복합 관념들은 크게 세 가지 형식으로 서로 결합하며, 이를 통해 우리의 관념(또는 사고)은 또 다른 관념(또는 사고)으로 옮겨 갈 수 있다고 생각했다. 예를 들면, 남대문을 찍은 사진을 보고 우리의 관념은 자연스럽게 실제 남대문을 떠올리면서, '어? 남대문이네!'라고 말한다는 것이다. 이것을 '유사성'이라고 한다. 또 축구를 예로 들면 브라질 ○○○ 선수가 있다면, 우리나라에는 ㅁㅁㅁ 선수가 있다고 할 수 있는데, 이를 '근접성'이라고 한다. 마지막으로 두 개의 사물(현상) 중에서 한쪽이 다른 한쪽의 원인이라고 생각한다(인과성). 예를 들어 피아노 건반을 누르면 소리가 날 것이라고 생각하는 것이다. 흄은 이처럼 인상과 관념, 그리고 관념들의 결합의 원리를 가지고 우리의 모든 의식의 작용을 설명할 수 있다고 믿었다.

그런데 피아노 건반을 두드리면(원인), 반드시 정말로 소리가 나는 걸까(결과)? 또 흰색의 당구공을 쳐서 빨강색 당구공을 맞추면(원인), 정말로 반드시 빨강색 당구공이 늘 보아 왔던 방향으로 굴러가는 걸까(결과)? 수학능력 시험일에는 정말로 '수능한파'가 있는 걸까? 즉, 원인과 결과는 사실 그대로 정말 있는 걸까? 흄은 모든 지식의 출발점은 경험이라고 보았지만, 사실 이전의 경험을 통해 이러한 사건들 사이에 마치 필연적인 인과관계가 있는 것으로 받아들이게 된다고 보았다.

따라서 흄은 과거의 규칙적인 경험 때문에 미래에도 똑같은 결과가 일어날 것이라고 가정할 수는 없다고 주장한다. 즉, 과거의 귀납추리를 가지고 미래에도 반드시 그럴 것이라고 단정할 수 없다는 것이다. 바로 이 점 때문에 흄은 귀납이란 단지 우리가 대체로 그러하다고 받아들이는 일반적인 습관일 뿐이라고 생각했다. 그리고 이러한 일반적인 습관에 따라 삶을 살아가면서, 이것을 필연적인, 또는 이성의 법칙인 것처럼 받아들인다는 것이다.

이렇게 본다면, 우리의 삶은 이성이 아니라 습관이나 관습적 경험에 의존하는 삶이라고 할 수 있다. 또 그렇기 때문에 귀납적인 방법을 가지고서는 귀납적인 추론이 필연적으로 옳은 것이라고 증명할 수도 없다. 바로 이것이 경험주의의 귀납 추론이 갖고 있는 한계이기도 하고, 이를 발견한 흄이 회의주의자인 이유이기도 하다.

도덕성의 기원: 이성이 아니라 감정
도덕성: 판단이 아닌 정서

●

　경험주의의 귀납 추론이 보편적 진리를 보장할 수 없다는 점을 지적한 흄은 이것을 인간의 행위 문제로 확장하여 적용한다. 즉 만약에 인과율이 존재하지 않는다면, 인간의 행위나 가치 판단의 문제에서도 이성에 의한 절대적인 도덕 규칙이나 선을 주장해서는 안 된다는 것이다.

　이 때문에 흄은 이성의 지위와 역할에 제약을 걸면서 동시에 정념(감정, 정서)의 역할에 주목한다. 그는 『인간 본성론』에서 이성과 정념의 관계에 대해 다음과 같이 진술한다.

> 내가 증명하려는 철학 전반의 오류는 첫째, 오직 이성만으로는 어떤 의지적 활동이나 행위의 계기가 될 수 없다는 것이고, 둘째 이성은 의지의 방향을 결정함에 있어 결코 정념과 반대될 수 없다는 것이다.[80] (좀 더 분명하게 말하면,) 이성은 정념의 노예일 뿐이고, 단지 노예여야만 한다. 이성은 정념에 봉사하고, 복종하는 것 이외에 다른 어떤 임무나 권리도 주장해서는 안 된다.[81]

　흄은 "이성만으로는 어떤 행동이나 의지적 작용도 일으킬 수 없다."고 주장하면서 감정(정념)으로 관심을 전환한다. 즉 이성은 감정에 의한 의지 작용(즉 행동)을 막을 수도 없고, 감정과 우위를 다툴 수도 없다는 것이다.

　하지만 흄이 우리의 행동이 이성이 아니라 감정으로부터 나온다고

해서 이성은 아무런 역할을 하지 못한다는 주장으로 받아들여져서는
안 된다. 흄의 말은 이성에 의한 '도덕적 지식(거짓말은 나쁘다)'과 정보
가 우리로 하여금 곧바로 '도덕적 행동'을 이끌어 내지는 못한다는 뜻
이다. 다시 말해, 어떤 행동을 하게 하거나 하지 못하도록 하는 역할을
못한다는 말이다. 행위의 직접적인 동기는 이성이 아니라 혐오나 선호
에 대한 기대, 즉 감정(정념)이기 때문이다.

> 이성을 통해서 행동이 나오지는 않는다. 이성은 단지 행동을 설명(즉
> 마치 행동과 행동의 동기 사이에 개연성이 있다는 지식과 정보를 제공함)할
> 뿐이다. 어떤 대상을 향해 혐오나 선호의 감정이 일어나는 것(즉 행동
> 이 일어나는 것)은 고통 또는 쾌락에 대한 기대 때문이다.[82]

흄은 도덕을 어떤 행동(실천)이나 정서(정념, 감정, affection)를 일어나
게 하는 문제로 인식했고, 이것은 이성을 통해서가 아니라 우리의 정
념에 대한 자극과 이에 따른 정념의 구체적 반응인 행동으로 이해했
다. 따라서 우리의 행위를 일으키는 정념을 자극하지 못한다면, 도덕
적이거나 비도덕적인 행동을 말할 수 없게 된다.

> 이성은 정념을 자극하여 어떤 행위를 하게 하거나 못하게 할 능력이
> 전혀 없다. 그러므로 도덕 규칙은 이성의 결론이 아니다.[83]

생득 관념이나 본유 관념을 인정하지 않는 흄의 도덕 철학에서 가장
주목할 점은 두 가지다. 그것은 첫째, 이성이 아니라 감정(정념)에 대한

강조이고, 둘째, 이 때문에 (도덕) 행위의 동기는 이성이 아니라 감정(feeling) 또는 정념(passion)에서 비롯된다는 주장이다. 그의 이러한 주장은 '덕은 이성적인 활동과 일치하는 행동'이라고 생각했던 이성주의적 관점과는 상반된다.

정념 또는 감각 경험이 도덕적 행위인지를 구분하는 기초라고 말하는 흄의 주장은 다음의 예를 통해서도 증명된다. 우리는 자식이 부모를 죽이면 인륜을 저버린 행위(패륜), 배은망덕이라고 비난한다. 그렇다면 이 경우 '죽임'이라는 말에 우리가 악덕이라고 할 만한 어떤 참된 존재가 있기 때문에 그런 것인가?

흄은 아니라고 말한다. 흄에 의하면, 우리는 '자식이 부모를 죽였다.'는 행위가 우리에게 혐오와 고통이라는 감정 반응을 일으키고, 이러한 감정 경험을 통해 우리는 그 행동을 거부 또는 부인(혐오)의 정서를 드러내는데, 이를 근거로 우리는 그 행동이 악덕 또는 패륜이라 말한다는 것이다. 그러므로 악덕이란 바로 우리 안의 정서에 있는 것이지, 대상 자체에 있는 것이 아니다.

이와 달리 숲에서 어린 묘목이 자라서 나중에 자신을 있게 한 어미나무를 말라 죽게 하더라도, 우리는 그 어린 묘목에 대해 도덕적 판단을 내리지 않는다. 우리는 그 묘목의 행위(또는 사실)로부터 어떤 도덕과 연관 지을 만한 정서적 반응(승인과 부인, 칭찬과 비난, 쾌락과 고통)을 경험하지 않기 때문이다. 즉, 어린 묘목의 행동은 도덕 문제와는 상관이 없다.

이처럼 흄에게 어떤 행위에 대한 판단으로서 느낌이란 시인과 부인의 정서와 관련된다. 그런데 이러한 감정은 우리들 또는 제3자에 대해 자긍심과 수치심, 사랑과 증오의 감정을 일으킨다. 따라서 이러한 감정은 생명이 없는 존재들(예를 들면, 음악이나 포도주 등)이 주는 쾌락의 감정과는 다르다. 나아가 이 정서(감정)는 개인의 주관적인 감정만을 의미하지도 않는다. 흄이 강조하려는 것은 이러한 도덕 감정이 지닌 보편적인 측면이다.

흄이 도덕과 관련지어 말하는 감정이란 "어떤 성격과 행동이 우리에게 일으키는 쾌락(쾌감) 또는 고통(혐오)의 감정이자, 칭찬 또는 비난을 일으키는 감정과 관련"해서이다. 그리고 이것은 개인적인 이해관계가 아니라 일반적인 이해관계와 관련되어 일어나는 감정이다. 즉, 사회적 유용성과 관련해서 일어나는 감정이다.

이처럼 사회적 차원에서의 도덕적 덕을 중요하게 여겼던 흄은 '자비심 많은 온화한 감정, 사교성 있고, 성품은 선하며, 인정 많으며, 매사에 감사하고, 관대하며, 자선의 마음을 지닌'[87] 등의 표현이야말로 인간의 본성이 도달할 수 있는 가장 높은 수준의 도덕적 감정이라고 말한다.

결론적으로 흄이 말하고자 했던 도덕 감정이란 '인류에게 공통된 정서(공감, sympathy)'이며, 이 정서(감정)는 '우리 모두가 일반적(보편적) 승인'을 하도록 이끌어 내는데, 이렇게 해서 궁극적으로 '도덕은 사회적이고 보편적이며, 포괄적이게 되어 인류 전체에까지 확장될 수 있는' 정서가 된다.

이 점에서 도덕성과 자기 이익은 구별되어야 하는데, 도덕성은 일반적인 유용성, 즉 '사회적이고 보편적인 정서'의 공유를 전제하기 때문이다.[88] 도덕은 우리에게서 가장 멀리 떨어져 있는 사람들의 행동까지도 우리의 칭찬(승인, 시인, 쾌감, 선) 또는 비난(부인, 거부, 불쾌, 악)의 대상이 되게 한다.

윤리학에서 주관주의(정서주의)란 진리와 옳고 그름을 단지 이성이 아니라 '의견'이나 '감정'의 문제로 환원하는 것을 말한다.[89] 따라서 객관적인 기준이나 근거를 주장하기보다는 주관적인 심리 상태에 근거하여 판단 기준을 마련한다. 도덕·윤리적 판단에 대해서도 주관주의는 개인적 또는 사회적(집단적) 감정이나 시인의 문제로 환원하여 주장한다.

개인의 의견이나 감정을 옳고 그름의 기준으로 삼는 것을 개인적 주관주의라고 하며, 집단의 의견이나 정서를 옳고 그름의 기준으로 삼는 것을 사회적 주관주의라고 한다. 이렇게 볼 때, 흄은 도덕적 판단의 기준을 사회적 정서와 시인에 두고 있기 때문에 사회적 주관주의적 입장에 서 있다고 할 수 있다.

회의적 경험주의자인 흄의 사고는 칸트가 이성의 독단에서 깨어나는 데 결정적인 영향을 미쳤고, 이후 영국에서 전개되는 공리주의 형성에도 결정적 계기를 제공했다.

데카르트

•

René Descartes

1596 –1650

나는 전에 증명으로 받아들였던 모든 근거들을 거짓된 것으로 폐기했다. 나는 내 안에 들어왔던 모든 것들이 내가 나의 꿈속에서 보았던 환영과 마찬가지로 더 이상 참이 아니라고 가정했다. 그럼에도 불구하고 내가 이와 같이 모든 것을 거짓으로 간주하고 있는 동안에도 이런 생각을 하고 있는 나는 여전히 반드시 그 무엇이어야 한다는 것을 알게 되었다. 그리고 '나는 생각한다. 그러므로 나는 존재한다.'라는 이 진리는 너무나 명확하고 확실한 것이어서 그 어떤 회의주의자의 가정조차도 이를 흔들어 놓을 수 없다는 것을 알게 되었다. 나는 이것을 주저하지 않고 철학하는 제1원리로 받아들이기로 결정했다.

▶ **핵심 주제**

철학의 제1원리로서의 의심

실체이원론: 정신적 실체와 물질적 실체

인간중심주의: 인간을 위한 자연의 도구화

▶ **핵심 용어**

철학의 제1원리로서 의심(회의), 『방법서설』, 명증적 직관, 직관과 연역, 실체
이원론(정신과 물체), 『성찰』, 인간과 자연의 이분법, 동물=자동기계, 인간중심주
의, 자연의 도구화, 자연 지배의 정당화

철학의 제1원리로서의 의심

●

우리가 지금 옳다고 믿고 있는 것은 의심의 여지없이 정말로 옳은 것인가? 그것들은 직관적으로 진리임을 보장할 수 있는 것들인가? 만약 그렇다면 서로 다른 어떤 지역들의 풍습이나 관습은 어떠한가? 우리가 도덕이라고 믿고 있는 가치들은 또 어떠한가? 어쩌면 우리가 옳은 것이라고 믿고 있는 이 모든 것들이 오히려 우리에게 '자연(진리)의 빛을 흐리게 하고, 이성의 소리를 듣지 못하게 하여 수많은 오류'에 빠지게 할 수 있는지도 모른다.

이런 의미에서 어쩌면 도덕은 '화려하고 웅장한 것처럼 보이지만, 모래와 진흙 위에 세워 놓은 궁전과 다름없는' 것인지도 모른다. 왜냐하면 덕이 존경받을 만한 것이기는 하지만, 경우에 따라 어떻게 하는 것이 덕德인지 직관적으로 인식되지 않는 경우가 많기 때문이다.

도덕이나 관습이 우리의 참된 판단을 속이는 것처럼, 감각 또한 마찬가지로 우리를 자주 기만할 뿐만 아니라 잘못된 추론으로 빈번하게 오류를 저지르게 한다. 쉬운 예로 착시를 들 수 있다. 한 사물이 갖고 있는 객관적인 성질이라고 할 수 있는 크기나 색깔, 모양 등이 우리가 눈으로 식섭 보는 것과 반드시 일치하는 것은 아니다.

우리에게 가장 잘 알려진 '꽃병과 얼굴', '노파와 젊은 여인'을 그린 그림에서 나타나는 착시 현상은 우리의 감각과 경험이 객관적인 사물을 인식하는 데에 얼마나 왜곡과 한계가 있는지를 보여 준다. 이 점에서 감각이나 경험 또는 관찰에 기초한 인식이 실제 사물 그대로 모습과 일치한다고 확신할 수 없다. 다시 말해, 감각 경험에 의존하는 지식은 주관적이거나 우연적이기 때문에 의심의 여지가 없이 명확하다고 할 수 없다.

이 때문에 데카르트는 이전에 자신이 참된 것, 옳은 것이라고 배워 왔고, 믿어 왔던 것들을 거짓된 것, 아니면 의심해야 할 것으로 이해하여 모두 버리기로 하는 한편, 더 이상 의심할 수 없는 분명한(명증적) 지식의 기초를 탐구하기 시작하기로 한다. 그리고 이를 위해 '의심'이라는 방법을 사용하기로 한다. 이에 대해 그는 『방법서설』에서 주저하지 않고 다음과 같이 선언한다.

> 나는 전에 증명으로 받아들였던 모든 근거들을 거짓된 것으로 폐기했다. 그리고 내가 깨어 있을 때에 갖고 있는 모든 생각들이 사실은 잠들어 있을 때조차도 그대로 나타날 수 있기 때문에 참된 것이란 아무것도 없다고 생각하게 되었다. 나는 바로 이 점을 알았기 때문에 내 정신 안에 들어왔던 모든 것들이 내가 나의 꿈속에서 보았던 환영과 마찬가지로 더 이상 참이 아니라고 가정했다. 그럼에도 불구하고 내가 이처럼 모든 것을 거짓으로 간주하고 있는 동안에도 이런 생각을 하고 있는 내가 여전히 반드시 그 무엇이어야 한다는 것을 알게 되었다. 그리고 '나는 생각한다. 그러므로 나는 존재한다.'라는 이 진리는 너무나 명확하고 확실한 것이어서 그 어떤 회의주의자의 가정조차도 이를 흔들어 놓을 수 없다는 것을 알게 되었다. 나는 이것을 주저하지 않고 철학하는 제1원리로 받아들이기로 결정했다.[90]

데카르트가 참된 지식 또는 더 이상 의심할 수 없는 지식을 탐구하기 위해 받아들인 '의심'의 방법은 권위에 의한 것, 전통에 의한 것, 감각과 경험에 의한 것은 물론, 수학적 지식에도 적용되었다. 그는 '3+4=7'이라는 지식에 대해서도 어쩌면 이것이 악령에 의한 의도적 왜곡일 수 있다는 의심을 감추지 않았다. 모든 지식에 대한 의심, 즉 회의('방법적 회의')에도 불구하고, 이렇게 의심하고 있는 자신만큼은 의심할 수 없었던 그가 자신의 철학하는 제1원리로 도출한 결론은 사유하는 한에서만 비로소 존재할 수 있다는 명제였다.

이 모든 의심을 통해 그가 절대적으로 신뢰할 수 있게 된 지식은 감각 경험에 의한 것이 아니라 직관 또는 연역에 의한 것뿐이다.

> 우리가 다루고자 하는 대상과 관련해 우리는 다른 사람들이 생각했던 것이나 우리 자신이 예측하는 것이 아니라, 오직 더 이상의 의심 없이(명석하고 판명하게) 직관되거나 아니면 확실하게 연역된 것에만 의지해야 한다. 왜냐하면 오직 이와 같은 방식을 통해서만 지식은 획득될 수 있기 때문이다.[91]

그에게 직관이란 변덕스런 감각에서 비롯된 믿음이나, 사물을 그릇되게 묘사하는 상상력과는 근본적으로 나른 것이나. 직관이란 '순수하고 주의를 집중한 정신이 이루어 낸 단순하고 판명(개념의 내용적 요소가 가지는 성질을 명확히 인식하는 일)'한 파악이기 때문에 어떤 의심도 할 수 없다. 따라서 이것은 오직 이성의 빛에 의해서만 인식된 것이다.

'순수'하다는 말은 신체나 감각, 또는 상상력을 배제한다는 것이며, '집중'한다는 말은 정신을 혼란에 빠지게 하는 선입견이나 편견을 배제한다는 뜻이다. 이렇게 볼 때, 직관이란 연역보다 순수하고 확실한 것이다. 예를 들어, 우리는 직관을 통해 삼각형이 세 변으로 이루어져 있음을 인식하는 것이다.

반면, 연역이란 명확하게 인식된 하나의 명제로부터 다른 하나의 명제가 필연적으로 도출된다는 뜻이다. 계속해서 길게 연결된 연쇄적인 하나의 사슬 속에서 사슬의 마지막에 있는 결론이 사슬의 맨 처음에 있는 것과 필연적으로 연결되어 있음을 밝히는 것이다. 이 점에서 연역과 직관은 다르다고 할 수 있다. 연역이 연결 고리들에 대한 단계적인 검토를 요구하는 데 반해, 직관은 참된 원리 그 자체를 통찰하기 때문이다.

데카르트는 우리의 정신과 우리의 학문하는 방법은 오직 이 두 가지를 따라야 하는데, 그 이유는 이 두 가지 이외의 다른 모든 방법은 우리를 오류로 이끌어 갈 수 있기 때문이라고 지적한다.

실체이원론: 정신적 실체와 물질적 실체

데카르트에게 직관과 인과적 필연성이라는 연역의 방법은 그의 자연에 대한 해석과도 직접적으로 맞닿아 있다. 즉, 그는 직관과 연역을 가능하게 하는 인간의 정신(의식, 이성)을, 이러한 속성을 전혀 갖지 않는 우리의 신체, 자연(동식물), 기계와는 완전히 다른 것으로 구분하는 이분법(또는 이원적)적 접근을 확립한다.

(인간의 신체의 일부인) 심장의 운동은 (기계인) 시계의 운동이 추와 톱
니바퀴의 힘, 그리고 위치와 모양에 따라 필연적으로 작동하는 것과
같다. 즉, 심장의 운동이란 심장에서 우리가 눈으로 명확하게 볼 수
있는 기관들의 배치와 심장에서 손가락으로 감각할 수 있는 열, 그
리고 실험을 통해 알 수 있는 피의 본성(즉 혈액의 순환) 등을 통해 필
연적으로 귀결된다는 것을 알 수 있다.[92]

이처럼 사유(생각)하는 속성을 본질로 하는 자아(즉 의식을 지닌 자아)
에 의한 자신의 존재 인식을 철학하는 제1원리로 삼은 데카르트는 이
러한 능력을 지니지 않는 신체와 나머지 모든 자연들을 서로 독립된 것
으로 구분 짓는다. 그리고 이 모든 것들은 정신과 생명이 아니라 기계
적 속성을 지닌 인과적 필연성의 법칙에 따라 작동하는 것으로 파악
한다.

존재하는 모든 것들을 정신(의식)이거나 아니면 물체, 즉 시간과 공
간을 점유하고 있는 연장으로 파악하는 그의 입장을 '실체 이원론'이라
고 한다. 그의 실체 이원론은 아래의 이어지는 내용을 통해서도 분명
하게 드러난다.

나는 내가 신체를 갖고 있지 않으며, 세계도 없으며, 내가 있는 장소
도 없다고 가정할 수 있지만, 그렇다고 나 자신이 진혀 존재하지 않
는다고 가정할 수는 없다. 오히려 이와는 반대로 내가 다른 것의 진
리성을 의심(생각)하고 있다는 사실 그 자체에서 나는 내가 존재하
고 있다는 것이 너무나 명확하다는 결론에 이르렀음을 알게 되었다.

내가 단지 생각하는 것만 중단한다면, 내가 존재하고 있었다는 것을 믿게 할 만한 어떤 근거도 없음을 알았다. 바로 이것으로부터 나는 하나의 실체이며, 이것의 본질 또는 본성이 오직 생각하는 것임을 알게 되었다. 또 (이것은) 존재하기 위해서 어떤 장소도 필요하지 않으며 어떤 물질적 사물에도 의존하지 않는다는 것을 알게 되었다. 따라서 나를 나이도록 해 주는 이 정신은 물체와는 전혀 다른 것이며, 심지어 물체보다 더욱 쉽게 인식될 뿐 아니라 비록 물체가 존재하지 않더라도 스스로 끊임없이 존재한다.[93]

데카르트에게 정신이란 비물질적인 실체로서 그 속성은 사유이다. 정신적 실체는 알고, 느끼며, 의지하며, 의견을 제시하고, 추론하며, 의심하는 등의 다양한 사유 활동을 한다. 반면, 연장적 실체로서 물질(또는 물체, 신체, 자연)은 다양한 형태와 모양을 지니며, 공간을 차지하고 운동을 한다. 따라서 정신과 물체 사이에는 근본적인 차이점이 존재한다.

정신과 신체 사이에는 중요한 차이가 있다. 물체는 본질적으로 언제나 분할 가능하지만, 정신은 절대 분할할 수 없다. 실제로 내가 정신을 오직 사유하는 행위를 가지고서만 생각해 볼 때, 나는 이 경우 정신을 나눌 수 없으며, 오히려 나와 정신이 완전히 하나이자 통합된 것으로 이해하고 있음을 알 수 있다. 비록 나의 정신이 신체와 결합되어 있는 것처럼 보이지만, 만약에 발이나 팔과 다리 등 신체의 어느 한 부분을 잘라 낸다고 하더라도, 나는 그 때문에 내 정신으로부

터 어떤 무엇인가가 제거되었다고 하지는 않는다. 그뿐만 아니라 의
지력이나 이해력, 감각이나 개념화 능력 등을 단지 정신의 일부분에
지나지 않는다고 해서는 안 된다. 왜냐하면 이러한 모든 활동을 하
는 주체는 언제나 하나의 동일한 정신이기 때문이다. 따라서 정신은
신체적이거나 연장적인 것들과는 완전히 다른 것이다.[94]

인간중심주의: 인간을 위한 자연의 도구화

인간의 가장 중요한 속성을 정신에서 발견한 데카르트는 이것을 (인
간의 신체를 포함한) 인간이 아닌 나머지 모든 자연 세계의 존재들에게까
지 확장하여 적용한다. 다시 말해 자신의 실체 이분법적인 구도를 인
간의 정신과 비인간, 즉 나머지 자연 세계로 확대하여 적용한다.

그에게 인간의 정신과 구별되는 모든 것들, 즉 인간의 신체는 물론
동식물을 포함한 자연세계의 모든 존재들은 생명력(의식 또는 정신 능력)
이 없는 기계로 인식되었다. 왜냐하면 "인간의 이성(의식)이란 모든 상
황에서 적절히 대처할 수 있는 보편적인 도구인 반면, 기계는 어떤 특
정한 업무만을 수행하도록 상지된 기관들의 배치일 뿐"이기 때문이다.

만약에 원숭이 또는 이싱이 없는 다른 동물들과 똑같은 기관과 모양
을 하고 있는 기계가 있다면, 우리는 바로 이러한 기계가 원숭이 또
는 이성이 없는 다른 동물과 똑같은 본성을 지니고 있다고 할 수밖에
없다. 반면, 우리의 신체와 비슷하고, 우리의 행동을 아무리 비슷하

게 모방해 낼 수 있는 기계가 있다고 할지라도, 그것이 진정한 인간
일 수 없는 두 가지 명확한 이유가 있다. 첫째, 그와 같은 기계는 다
른 사람들에게 자신의 생각을 이해시키기 위해서 말을 사용하거나
아니면 다른 기호를 조합하여 사용할 능력이 전혀 없다는 점이다.
둘째, 그와 같은 기계가 어떤 일을 매우 잘 처리한다고 해서 다른 일
을 또한 잘 처리해 낼 수 있다는 말은 아니다. 이로부터 그 기계는
인식이 아니라 전적으로 기관의 배치에 따라서만 작동한다는 사실이
드러난다.[95]

데카르트에게 인간의 고유성이란 정신과 의식 능력으로서 이성, 즉
대화와 토론, 의사소통 능력에 있는 반면, 물체와 기계는 엄밀한 기계
적 작동 원리를 따르는 필연성의 지배를 받는 데에 있다. 이 점에서 인
간과 같은 정신 능력을 지니지 않는 모든 존재는 동일한 범주의 연장적
실체에 지나지 않는다.

이 때문에 그에게 인간의 신체와 동물을 포함한 모든 자연은 일종의
'자연적 자동 기계' 장치에 지나지 않는다. 반면, 아무리 적은 이성을
지닌 사람일지라도, 또 선천적으로 청각이나 시각 장애를 갖고 있는
사람일지라도, 이들은 태생이 아무리 좋은 동물보다 더 우월한데, 그
이유는 이들은 자신의 의도와 생각을 표현할 수 있는 자기 나름의 다양
한 상징화 능력을 갖고 있기 때문이다.

동물에게는 인간의 행위를 '모방하여 지껄이는' 이상의 능력이란 전
혀 존재하지 않는다고 보는 데카르트는 인간이 갖고 있는 정신 능력을
모든 가치의 중심에 올려놓는다. 인간에 대한 절대적 가치와 존엄성을

주장하는 이러한 입장을 일반적으로 '인간중심주의'라고 부른다.

이러한 입장을 따르게 되면, 오직 인간만을 도덕적 자격과 책임 및 고려의 대상으로 주장하게 되지만, 정신 능력이 없는 나머지 자연은 인간의 도덕적 고려의 대상에서 완전히 배제하게 된다. 이 때문에 그의 자연에 대한 관점은 인간중심주의의 전형으로 평가받는다. 그에게 동물 또는 자연이란 단지 필연성의 지배를 받은 기계적인 자동 장치에 지나지 않기 때문이다.

> 오히려 동물은 정신을 전혀 가지고 있지 않으며, 각 기관의 배치에 따라서 작동하는데, 이것이 바로 자연이다. 이것은 마치 시계가 톱니바퀴와 태엽만으로 만들어지지만 우리가 갖고 있는 능력보다 더 뛰어나게 시간을 정확하게 가리킬 수 있는 있는 것과 같다.[96]

데카르트에 관한 지금까지의 내용은 대략 다음과 같이 요약할 수 있다. 첫째, 그는 명증적 지식을 얻기 위해 의심(회의)이라는 방법을 사용했다. 둘째, 그는 학문에서 직관과 연역의 방법만이 신뢰할 수 있다고 확신했다. 셋째, 직관과 연역은 인간에게 주어진 생득 관념(본유 관념)으로서 사유와 정신 능력이 있기 때문에 가능하며, 이것이 인간의 고유한 속성이다. 넷째, 바로 이러한 속성을 통해 인간은 나머지 자연과 구별되는 매우 특별한 존재이다.

이로부터 우리는 데카르트가 인간과 자연에 대해서도 자신의 실체이원론에 기초한 이분법을 일관되게 적용하고 있음을 발견한다. 다시 말해, 그에게 자연이란 생명력이 없는 죽은 대상에 지나지 않기 때문에 인간이 자신의 실용적 이익을 위해 자연에 대해 행사하는 모든 간섭과 조작은 도덕적으로도 정당화된다는 논리이다. 그는『방법서설』에서 우리가 "자연의 탐구를 위해 더욱 진전시켜야 할 것이자, 이 책을 쓴 동기"라는 부분에서 인간의 자연에 대한 이해를 간명하게 정리하여 제시한다.

> 우리는 우리 주변의 모든 물체의 힘과 작용을 명확하게 앎으로써 장인처럼 이 모든 것을 적절하게 사용하고, 이를 통해서 우리는 자연의 주인이자 소유자가 될 수 있다. 이것은 지상의 열매와 모든 유용함을 제공하는 수많은 기술의 발명을 위해서도 바람직하며, 의심의 여지없이 삶에서 최고선이자 다른 모든 선의 기초인 건강을 유지하기 위해서도 바람직한 일이다.[97]

　오늘날 생태 문제의 가치론적 배경으로 인간과 자연 사이의 이원적(이분법적) 세계관, 그리고 기계론적 세계관(자연관)을 지적하는 것에 대해 일반적으로 의견의 일치를 보고 있다. 또 이러한 이분법적인 주장의 결과로서 인간의 목적을 위한 자연의 도구화가 생태 문제의 원인을 제공하는 중요한 단서가 되었다는 점에 대해서도 이견이 없다. 그리고 이러한 입장이 근대 데카르트의 사상에서 가장 두드러지게 발견되고 있다는 지적에 대해서도 이견이 없다.

　수동적이고 생명이 없는 자연, 그렇기 때문에 인간의 지배 대상이 되어 인간의 복지와 이익을 위한 도구로서 봉사해야 할 자연은 이후 서양 근대 사상에서 일반적인 자연관이 되었지만, 거의 예외적으로 스피노

자에게 자연은 능동적이며 생산적인 자연이자 신神으로 새롭게 조명
된다.

맹목적 의지를 부정하고 금욕적 삶을 통한
열반의 가치를 주장한

쇼펜하우어

•

Arthur Schopenhauer

1788–1860

의지의 소망은 끝이 없고, 의지의 요구는 멈추는 법이 없다. 욕망의 충족은 또 다른 욕망을 낳는다. 세상의 그 어떤 만족도 욕망의 심연을 채워 주지 못한다.

▶ **핵심 주제**

세계의 본질: 맹목적 의지

구제: 미학적 · 윤리적 · 종교적 차원

▶ **핵심 용어**

『의지와 표상으로서의 세계』, 비합리적인 맹목적 의지, 반이성주의(반계몽, 반주지주의), 생명의 근원적인 역동성, 삶: 고통, 윤회, 의지의 부정과 충실한 삶, 의지 부정의 세 차원(예술, 윤리, 종교), 동정의 윤리, 열반과 공空, 니체, 슈바이처의 생명사상

세계의 본질: 맹목적 의지

선천적으로 우울과 불안, 의심이라는 가족 병력을 가지고 태어난 아이가 있었다. 여기에 더하여 그가 살았던 시기는 나폴레옹의 침략으로 사회 전반에 비관주의적 사고가 만연해 있었다. 이런 아이에게 세계란 로고스(logos), 즉 질서정연한 체계에 의해 작동하고 있는 것으로 보이기보다는 비관적이며 고통스럽고 맹목적인 것으로 비춰졌을 것이다. 그렇지만 천부적인 재능을 함께 갖고 태어난 이 아이는 자라서 대학 교수가 되었다. 그가 바로 쇼펜하우어이다.

그런 그가 강의를 시작한 곳은 다름 아닌, "이 세계란 정신의 자기실현 과정"이라고 주장하면서 당시 사상계를 지배하고 있었던 질서와 체계의 철학자 헤겔의 바로 옆 강의실이었다. 그의 이러한 시도는 헤겔의 '이성과 질서(법칙)'와 자신이 주장하는 '맹목적 의지' 사이의 충돌이라는 중요한 의미를 지닌다.

시대의 우울과 쇼펜하우어 자신의 기질적 성향은 자신의 철학 속에 그대로 투영되어 나타난다. 그리고 그 결과는 이 세계란 '맹목적 의지'의 산물이라는 명제로 구체화된다. 그는 세계의 이러한 본질을 자신의 저서 『의지와 표상으로서 세계』에서 나음과 같이 실명한다.

> 세계는 나의 표상이다. 이것은 현존하여 인식하고 있는 모든 존재에게 해당되는 진리이다. 이러한 진리를 반성하고 의식할 수 있는 존재는 오직 인간뿐이다. 인간이 알고 있는 것은 태양과 대지가 아니라 태양을 보고 있는 눈, 대지를 느끼고 있는 손에 불과하다. 즉, 인

간을 에워싸고 있는 이 세계는 단지 하나의 표상으로서만 존재한다. 따라서 세계는 자신과 전혀 다른 존재인 인간이라는 표상하는 자와 관계함으로써만 존재한다.[98]

이처럼 그에게 이 세계란 기독교에서 말하는 것처럼 신이 창조한 것도 아니며, 또 헤겔이 주장하는 것처럼 정신이 자신을 드러내고 펼쳐 가는 과정도 아니다. 단지 의지의 결과일 뿐인 이 세계를 지각 능력을 지닌 인간이 자신들의 관점에서 그려 낸 모습일 뿐이다. 이 점에서 이 세계는 '의지로서의 세계'이며 또한 '표상으로서의 세계'인 것이다. 이 것이 이 세계의 본질적인 모습이다.

쇼펜하우어가 주장하는 의지와 표상으로서의 세계는 다음과 같다.

> 자연계를 지배하는 본체계의 근본 원리는 '의지'라고 할 수 있는 생명 활동이다. 이 활동은 무기물의 세계에서는 '자연력'으로, 식물의 세계에서는 '생명력'으로, 동물과 인간에게서는 '의지'로 드러난다. 이 점에서 자연계를 지배하는 것은 생명을 유지하려는 맹목적인 무한한 우주적인 활동뿐이다. 우리가 살고 있는 세계란 이러한 근원적인 의지가 작동하는 '의지의 세계'이지만, 그와 동시에 이것은 세계를 개념의 세계로 바꾸어 인식하면 '표상의 세계'인 것이다. 세계는 이처럼 표상의 세계이기도 하지만, 동시에 갈망하고 투쟁하는 힘으로서 의지의 세계이기도 하다.[99]

이렇게 볼 때, 세계란 두 가지 의미를 갖는다. 첫째, 의지로서의 세계이다. 이에 따르면, 이 세계는 맹목적인 의지적 활동의 결과이다. 이것은 물리 화학적인 무기물의 단계에서는 자연력이, 유기체적인 단계에서는 자기 보존과 성性충동 같은 생명력이, 그리고 인간의 단계에서는 무의식적이고 맹목적인 의지와 비합리적인 충동들이 활동한 결과이다.

둘째, 표상으로서의 세계이다. 이 세계란 우리가 인식하고 있는 개념으로서의 세계이다. 따라서 이 세계는 본질적으로 의지의 세계일 뿐이며, 표상으로서 세계란 우리의 인식 능력으로 그려 낸 묘사된 세계라고 할 수 있다. 쇼펜하우어가 세계를 비합리적이고 맹목적인 의지의 관점에서 파악하는 점은 세계를 변증법적인 통일된 질서 체계의 완성으로 파악하는 관념론자인 헤겔과 정면으로 충돌한다.

맹목적 의지에 기초하여 세계를 파악하는 쇼펜하우어의 입장은 근대 계몽주의와 주지주의, 그리고 독일의 관념론에서 절대적으로 신뢰했던 이성과 합리주의를 부정하는 반이성주의를 드러낸다. 역시『의지와 표상으로서의 세계』에서는 이러한 성격을 아래와 같이 묘사한다.

> 인간과 동물의 신체가 그들 각각의 의지 일반과 완벽하게 적합한 것은 바로 여기, 즉 의지(예를 들면, 신제는 의지의 객관화)에 근거하고 있기 때문이다. 이것은 마치 제작자의 의지에 따라 만들어진 도구와 유사하지만, 이것을 훨씬 뛰어넘는 것이다. 따라서 신체의 각 부분은 의지를 드러내는 욕구들과 완벽하게 일치해야 하며, 이러한 욕구들의 가시적인 표현이어야 한다.[100]

모든 각각의 사물은 의지의 발현이다. 모든 자연의 힘들 속에서 활동하는 충동은 의지와 동일한 것으로 볼 수 있다. 우리는 모든 자발적인 운동이나 근원적인 힘의 본질을 의지로 간주하지 않으면 안 된다. 결론적으로 의지란 인간만을 예외로 하지 않기 때문에 모든 존재와 사물(동식물은 물론 무생물까지를 포함)에 동등하게 적용된다. 그것이 단세포적인 생물이든, 의식능력을 갖고 있는 고등의 인간이든 상관없이 이 모든 존재들이 갖고 있는 현재의 모습은 모두 맹목적인 의지의 결과를 반영하고 있다.

이렇게 되면 우리가 동물은 본능과 충동의 지배를 받고, 인간은 이성과 자율성의 지배를 받기 때문에 인간이 다른 나머지 존재들에 비해 우월하다는 인간중심적인 관점은 정당성을 잃게 된다. 마찬가지로 칸트의 주장처럼, 우리가 마땅히 따라야 할 객관적이고 보편적 타당성을 지닌 도덕 법칙 또한 존재할 수 없게 된다. 단지, 이 세계 어느 곳에나 두루 편재하고 있는 맹목적인 의지의 충동만이 존재할 뿐이기 때문이다. 굳이 말한다면, 오직 "의지만이 물자체이다." 이 세계는 의지들의 대결장이다. 이것을 달리 해석한다면, 모든 생명은 근원적으로 역동적인 힘을 갖고 있다는 뜻으로도 풀이된다.

그런데 맹목적인 의지는 영원한 것이기 때문에 결코 진정될 수도 없다. 의지의 바로 이러한 본질 때문에 우리의 삶이 고통스러운 것이다. 이것을 가리켜 쇼펜하우어는 의지의 결과로서 우리의 삶이란 '일종의 오류이며, 태어난 것 자체가 죄악'이라고 지적한다. 삶이 잔혹하고 맹목적이며 무의미함에도 불구하고, 우리가 삶에 매달리는 것은 우리의 의지가 사고 작용이라는 위장된 모습을 갖추어 이를 겉으로 감추고 있

기 때문이다. 따라서 설령 우리가 행복하다고 느낀다 할지라도, 이는
단지 악이나 고통이 일시적으로 정지하고 있는 휴지기에 지나지 않은
것일 뿐이다.

> 의지의 소망은 끝이 없고, 의지의 요구는 멈추는 법이 없다. 욕망의
> 충족은 또 다른 욕망을 낳는다. 세상의 그 어떤 만족도 욕망의 심연
> 을 채워 주지 못한다. 그러므로 괴로워하지 않고 산다는 것은 완전
> 히 모순된 일이며, 이러한 모순은 우리가 '행복한 삶'이라는 용어를
> 사용할 때에도 마찬가지로 해당한다.[103]

쇼펜하우어에 의하면, 이러한 이유 때문에 의지는 오히려 맹목적이
며, 비이성적인 의지는 영원히 재생되고 윤회하며 순환한다. 이것은
우리가 자살을 한다고 해서 사라지는 것이 아니다.

구제: 미학적 · 윤리적 · 종교적 차원

●

그렇다면, 인산은 고통이라는 최악의 세계에서 어떻게 해방될 수 있
을까? 쇼펜하우어는 고통과 고뇌로부터 구제받기 위해서는 의지의 부
정, 즉 금욕주의적인 충실한 삶을 실천함으로써 삶의 궁극적인 가치를
발견하려는 노력이 필요하다고 강조한다. 그리고 이러한 의지의 부정
은 세 가지 차원에서 가능하다고 본다.[104]

첫째, 미학적 차원의 구제이다. 그에게 예술이란 플라톤적인 이데

아를 인식하는 것이며, 이것을 다른 사람들에게 전달하는 것이다. 따라서 예술은 경험이나 과학의 영역이 아니라 형이상학적 영역이다. 이 점에서 예술은 완전한 객관성으로서 이데아(이념)를 가장 순수하게 표현할 수 있는 관조적 활동이다. "이념만이 예술의 대상이다."[105] 그렇기 때문에 우리는 예술 활동을 통해서 맹목적인 의지의 명령에 구속되어 있는 의지의 시녀 상태로부터 해방될 수 있다.

하지만 예술 활동을 통해 우리가 영원히 지속적으로 이데아에 대한 관조 상태에 머물러 있을 수는 없기 때문에 현실의 삶에서 우리는 의지, 즉 욕망에 굴복당할 수밖에 없게 된다. 다시 말해, 예술을 통한 행복은 인생 전체를 채워 주지 못하고, 단지 순간순간 일시적으로 찾아오는 것일 뿐이다. 그렇기 때문에 예술을 통해 고통에서 해방될 수 있지만, 이것은 단지 진정제일 뿐이다.

둘째, 윤리적 차원의 구제이다. 이것 또한 살아야겠다는 의지를 부정하는 한 형태이다. 우리의 모든 고통이 맹목적 의지로부터 나오는 이기주의적 욕망들 때문이라면, 우리에게 고통을 일으키는 의지를 소멸시키는 것이야말로 우리 삶의 목적이 되어야 한다. 즉, 더 이상의 욕망과 충동이 일어나지 않도록 하는 것이 우리 삶의 목적이어야 한다. 쇼펜하우어는 이것이 동정(sympathy)과 공감(compassion)을 통해 가능하다고 믿었다.

우리는 동정과 연민을 통해 고통을 가하는 행위를 그만두거나, 고통을 줄일 수 있는 방법을 찾아 자신의 행위를 바꿀 수 있다는 것이다. 즉, 동정을 느낌으로써 자기중심적인 개체적 의지를 넘어서 의지의 꼭두각시 노릇을 멈출 수 있다고 보았다. 우리는 '오직 살아야 한다(즉 생존).'라는 맹목적인 의지를 부정할 수 있게 해 주는 동정의 윤리를 통해 열반에 이를 수 있는 토대를 마련할 수 있다.

셋째, 종교적 차원의 구제이다. 쇼펜하우어에게 의지를 부정할 수 있도록 이끌어 주는 가장 효과적인 방안은 종교적인 금욕주의를 실천함으로써 삶을 더욱 충실하게 살아가는 것이다. 불교와 힌두, 그리고 기독교적인 금욕과 금식, 자발적 빈곤과 가난, 자기희생 등은 의지와 충동의 불을 끄고 부정하는 데 가장 효과적이고 적절한 방법이다. 맹목적 의지의 이기심을 부정하는 자기 고행 앞에서 의지는 더 이상 한 개인을 동요시키거나 굴복시키지 못할 것이다.

이처럼 삶을 부정하는 것이 아니라 의지와 욕구를 부정함으로써 우리는 완전한 구원, 즉 열반에 이를 수 있다. 이러한 상태에서 우리는 더 이상의 경쟁이나 고통, 잔혹함, 이기심에 지배되는 것이 아니라 불교에서 말하는 평화와 평온한 마음인 공空의 상태에 머물 수 있게 된다.

> 우리는 세계의 본질 그 자체를 의지로 이해했다. 그리고 세계의 모든 현상이란 의지의 객관화로 파악했다. 그렇기 때문에 자유로운 의지를 부정한다면, (의지의 결과물인 이 세계의) 모든 각각의 현상이란 없는 것과 같다. 그렇게 되면 목직도 없고, 잠시도 쉼이 없는 지속적인 욕구와 충동도 없게 되며, 자신은 물론, 모든 현상 또는 주체와 객체도 없어지는 것이다. 즉 의지가 없다면, 모든 표상도 없는 것이고, 전체 세계도 없는 것이다. 결국 남는 것은 아무것도 없다無. '세계는 나의 표상이다.' 결국 무인 것이다.[106]

　　의지에 기초하고 있는 반이성주의적 성격과 예술의 중요성을 부각시
킨 그의 사상은 니체의 '힘에의 의지' 사상뿐만 아니라 바그너와 톨스토
이, 릴케와 같은 음악가와 문학가들에게도 중요한 영향을 미쳤다. 특
히 슈바이처는 쇼펜하우어의 '의지의 부정'을 생명에 대한 경외라는 생
명 존중 사상으로 발전시켰다.

감각적 쾌락이 지배하는 삶이 아닌
참된 신앙인의 삶을 주장한

키르케고르

·

Søren Aabye Kierkegaard

1813–1855

이제 인간은 신의 계시를 통해 자신이 신의 죄인이라는 것을, 그리고 신을 부정함으로써 자신의 자유의 조건을 내버렸다는 것을 몸소 깨닫는다. 이로써 단독자는 모든 죄가 전적으로 자신의 오만한 행위로부터 비롯되었다는 것을 인정하고 뉘우친다. 자신을 낮추는 뉘우침의 행동을 통해 인간은 예수의 고행을 반복한다. 바로 이러한 영원성과의 관계를 통해 인간은 자신의 자유, 그리고 주체로서 자신의 존재를 새롭게 규정한다.

▶ **핵심 주제**

주관적 체험과 '대지진'

실존의 3단계: 질적 도약의 변증법

▶ **핵심 용어**

실존, 합리주의와 본질주의 그리고 과학기술 비판, 주체의 선택과 결단, 책임성, 주관적 체험과 참회, 참된 신앙인, 단독자, 예외자적 삶, 절망, 불안, 유신론, 질적 변증법,『죽음에 이르는 병』, 실존의 3단계(심미적·윤리적·종교적),『이것이냐, 저것이냐』, 신 앞에서 선 단독자, 신을 향한 절대적 의무의 이행과 불안, 주체성＝진리, 역설

월 임금 127만 원을 받는 비정규직은 2011년 기준 약 570만 명(전체 노동자 중 36.7%)이라고 한다. 그렇다면 이 숫자 속에 의식적인 존재로서 한 사람 한 사람의 비정규직의 실존은 무엇인가? 추상적인 숫자 570만 명과 36.7%라는 통계 속에 의식적인 존재로서 한 사람 한 사람의 비정규직은 존재하지 않는다. 마찬가지로 대한민국의 인구가 4천 9백만 명이라는 통계 속에 '나'라는 실존은 존재하지 않으며, "동물의 일원이지만, 다른 동물에서 볼 수 없는 고도의 지능을 소유하고 독특한 삶을 영위하는 존재"라고 규정하는 인간에 대한 규범적 정의 속에 구체적이고 개별적인 실체로서 '나'라는 의식적 실존은 존재하지 않는다.

개별적인 주체적 실존을 이처럼 표준화와 추상화, 과학화(수량화), 개념화의 방식으로 환원시켜 통계나 도표, 또는 추상화된 이론으로 이해하려는 방식을 거부하는 철학이 실존주의이다. 실존주의의 이러한 특성은 합리주의와 본질주의, 그리고 과학기술 문명에 대한 비판 의식을 담고 있다. 이처럼 합리와 보편, 객관과 추상이 아니라 주체와 주관, 그리고 이 주체의 선택과 결단에 의한 책임성을 강조하는 것이 실존주의의 특성이다.

주관적 체험과 '대지진'

●

키르케고르는 각각의 개인에게는 인간에 관한 보편적이고 합리적인 기준으로 설명하기 어려운 주관적인 체험이 있었으며, 바로 이것이 그 사람의 삶과 사상을 설명하는 핵심 요소가 될 수 있음을 보여 주는 대표적인 인물이다.

　7남매 중 막내로 태어난 그의 가족사에서 1832부터 1834년은 견디기 어려운 가혹한 시기였다. 이 기간 동안 어머니를 비롯해 누나 크리스티네(33세), 형 안드레아스(24), 누나 세베리네(33세) 등 네 사람이 세상을 떠난다. 아버지의 뜻으로 신학을 공부하고 있었던 키르케고르의 가족에게 드리워진 일련의 사건들은 그의 내면에 근본적인 변화를 일으키는 원인으로 작용한다.

　여기에 우울증을 앓고 있던 아버지는 평생을 불안으로 살면서 신을 저주했고, 키르케고르에게 자주 '절망 속에 소리 없이 사라질 가엾은 아이'[107]라고 되뇌었다. 키르케고르는 성장하면서 이런 아버지를 짓누르고 있었던 무거운 죄의식을 비로소 깨닫게 되는데, 그것은 자신이 집안의 하인인 아네와의 관계에서 태어났다는 사실이었다.

　이러한 사실은 엄격한 신앙인인 아버지와 신학을 공부하고 있었던 자신에게 더욱 깊은 죄의식을 갖게 했다. 특히 키르케고르는 형과 누나들이 예수의 고행을 의미하는 34세 이전에 모두 세상을 떠났다는 사실에 주목했고, 이러한 사실은 자신의 가족이 신으로부터 벌을 받고 있음을 보여 주는 하나의 심판이라고 해석했다. 그뿐만 아니라 자신의 아버지는 이 모든 원죄를 짊어지고 자식들보다 오래 삶으로써 더욱 격렬한 고통을 받게 되는 벌을 받게 된 것이라 생각했다. 이러한 절망과 우울 속에서 키르케고르는 사랑했던 레기네와 약혼을 하지만 자신이 34세 이전에 세상을 떠나리라는 확신 때문에 결국 파혼을 선택한다.

　가족사에 드리워진 충격적 사건들은 키르케고르에게 자신의 삶의 방향을 바꾸게 하는 '대지진'으로 작용한다. 34살이 되어도 살아 있는 자신을 믿을 수 없었던 키르케고르는 자신의 삶이 예수의 삶처럼, 고행의 '예외자적 삶', 즉 단독자로서의 삶을 사명으로 부여받았으며, 이것이 가족에 드리워진 죄에 대한 참회의 의미라고 해석한다. 자신의 삶이 예수의 고행을 상징하는 34세 이전에 마감될 것으로 확신했던 키르케고르는 1847년 5월 5일, 자신이 34세가 되던 날, 여전히 살아 있는 믿을 수 없는 자신의 모습과 맞닥뜨린다.

그는 이 믿을 수 없는 사실을 자신의 일기에 기록하는데, 그것은 자신의 생일이 잘못되어 일어난 일이기 때문에 자신이 정말로 34세가 되면 당연히 죽을 것이라는 확신이었다. 젊은 시절 자신의 정신적 고뇌와 방황, 그리고 일생 동안 오직 한 여인만을 사랑했던 지고지순한 사랑 이야기는 그의 글 속에 고스란히 녹아 있다.

> 만약에 내가 나의 모든 과거 경험들을 고백해야 했다면, 내 마음속에 드리워진 영원한 어두운 밤을 고백할 수밖에 없었을 것이다. 나를 잘못되게 한 것이 바로 이 '불안'이었으며, 이 때문에 내가 존경하고 사랑하는 한 사람(레기네)이 비틀거리게 될 것이라는 점을 알았을 때, 나는 어디에서 위안을 구할 수 있었겠는가? 만약에 나에게 신앙이 있었다년, 나는 그때 그녀의 곁에 미물리 있었을 것이다.[108]

> 만약에 내가 참회자가 아니었다면, 또 지금까지의 나의 체험이 없었다면, 그리고 내가 우울에 빠져 있지 않았다면, 나는 그녀와의 결합으로 행복했을 것이다. 지금까지 내가 꿈꾸지 못했을 정도로.[109]

이와 같은 고뇌와 불안, 절망의 심연에서 진리, 즉 신을 선택(결단)하는 참된 신앙으로 도약하기 위한 결단을 하는 문제에 대해 키르케고르는 다음과 같이 말한다.

> 기절하는 사람에게 우리는 외친다. 물 또는 각성제를 가져와! 그렇지만 절망에 빠진 사람을 앞에 두고서 우리는 '가능성을! 가능성을!'이라고 외친다. 하나의 가능성만 있어도 다시 숨을 쉬고 살아난다. 궁극적으로 믿음이 문제될 때, 치유책은 오직 한 가지이다. 즉, 하느님에게는 모든 것이 가능함을 아는 것이다.[110]

키르케고르의 실존주의가 유신론적이라는 이유는 이와 같은 진술 때문이다. 그의 실존주의는 한마디로, "나는 어떻게 참된 신앙인이 될 수 있는가?"에 관한 것이다. 그리고 이것의 배경에는 자신의 주관적인 체험이 작용했다. 실존주의자로서 그가 강조한 것은 각 주체의 삶이 신으로부터 멀어진 비진리로서의 삶이 되어서는 안 되며, 참된 신앙인으로서 신이라는 진리와 하나가 되는 삶이어야 한다는 것이다.

그리고 이와 같은 삶은 관념론자인 헤겔의 주장처럼, 부단하고 연속적인 변증법에 의해서가 아니라, 논리적 단절에 의한 질적 도약이라는 변증법적 과정을 통해 죄와 절망을 극복하고, 신과의 참된 만남, 즉 참된 신앙인이 됨으로써 실현될 수 있다고 주장한다. 그에게 죄란 다름 아닌 절망을 의미하며, '죽음에 이르는 병'이기도 한 이 절망이란 잘못된 믿음, 즉 자기 자신과 진리의 근거인 신을 저버리고, 나아가 신에 대해 완전히 무관심하면서도 자신의 삶을 조금도 고통스러운 것으로 느끼지 않는 삶을 의미한다. 자신이 궁극적으로 자신과 같은 의미인 신과 멀어지고, 동시에 신을 저버리고서도 신을 찾으려고 하지 않는 것이야말로 가장 무서운 죄이자 타락이며 절망이다.

반면, 참된 신앙이란 자기 자신을 고유한 자신의 모습과 관계 지으려 함으로써, 즉 신과의 관계 속에서 자기 자신이 되고자 함으로써, 그리고 자신을 결정하는 신에게 자기 자신을 진실로 내맡김으로써만 가능하다. 그러므로 키르케고르에게 죄란 신 앞에서, 또는 신을 자기 마음속에 두고서도, 자기 자신이 되려고 하지 않음으로써 절망하거나(심미적 실존), 자기 스스로 자신이 되고자 하기 때문에 절망하는 것(윤리적 실존)이다. 이 때문에 죄란 자신의 허약성이 있는 그대로 드러난 것일 뿐이다. 따라서 우리는 신과의 참된 만남을 통해 자신을 발견하는 인격, 즉 예수와 같은 '단독자'가 되지 않으면 안 된다(종교적 실존). 이 단계의 삶에서 주체성은 곧 진리가 된다.

> 단독자에게는 단독자라고 하는 인생관이야말로 진리이다. 이 진리는 하느님 앞에서 하느님의 도움에 의해, 하느님의 입회 아래 (가능하다.) 단독자는 하느님과 하나가 됨으로써 하느님 안에서 자신의 실존을 스스로 발견하기 때문에 진리가 된다.[111]

실존의 3단계: 질적 도약의 변증법

●

그렇다면 나는 실존하는 주체로서 하느님과 어떤 관계를 맺어야 하는가? 이를 설명하기 위해서는 먼저 '나'라고 하는 구체적인 실존을 이해해야 한다. 왜냐하면 우리가 어떤 무엇을 인식한다는 것은 곧 그것을 인식하는 실존하는 주체로서 '나'와 관련된 문제이기 때문이다. 그렇지만 나는 하느님으로부터 나왔기 때문에 나 자신이 된다는 것은 오직 하느님 앞에서 자신이 되려는 선택할 때, 비로소 참된 자신을 발견하는 인격으로서 '단독자'가 될 수 있다.

반대로, 하느님으로부터 나왔음에도 불구하고, 하느님 앞에서 하느님으로부터 멀어지는 잘못된 관계를 선택할 때 죄와 절망이 발생한다. 그리고 이 같은 죄와 절망을 극복하여 참된 실존으로 나아가기 위해서는 이전의 삶과는 다른 질적인 도약이 필요하다. 키르케고르는 실존(존재)의 단계를 『이것이냐 저것이냐』와 『두려움과 떨림』에서 (1) 심미적(감성적) 실존 단계, (2) 윤리적 실존 단계, (3) 종교적(기독교적) 실존 단계라는 세 영역으로 나누어 설명한다.

그런데 이 세 영역은 헤겔의 변증법이 주장하는 정반합의 개념처럼 서로 양립하지 않으며, 따라서 서로 종합될 수도 없는 하나의 역설이다. 왜냐하면 심미적 선택을 하든, 윤리적 선택을 하든, 종교적 선택을 하든, 그것은 개인의 주관적인 결단의 문제이기 때문이다. 즉, 하나의 가능성 속에 던져진 개인에게 의미를 갖는 진리란 전적으로 그 개인과 관련되어 의미를 지니는 것일 뿐, 객관적인 진리가 아니기 때문이다.

예를 들어 '전체는 부분보다 크다.'는 명제는 객관적인 진리이지만, 주체인 나와는 아무런 상관이 없다. 오히려 나와 밀접한 관련을 갖는 의미(진리)는 사랑했던 여자 친구와 함께했던 추억들이다. 이 점에서 개인은 객관적인 진리가 아니라 주관적인 진리를 요구한다. 즉, 진리는 '나에게' 진리인 한에서만 진리일 수 있다. 이 점에서 '진리는 주체성'이다.

이처럼 논리적인 필연성도, 변증법적인 필연성도 작용하지 않으며, 단지 자신이 처해 있던 단계와 관계를 끊을 것인지, 그렇지 않을 것인지의 선택만이 문제될 뿐이다. 그리고 이러한 역설적 결단을 통해 주체는 다른 영역으로 질적 도약을 할 수 있다. 역설은 자신을 죽이는 행위이자, 비정상적인 발달이다.[112]

> 심미적으로 산다는 것, 즉 인간에게 미적인 삶이란 무엇인가? 자기 자신의 힘에 의해서 정립되지 않은 방식으로 놓여 있는 조건이다. 이 단계에서 인격은 정신적인 것으로서가 아니라 육체적인 것으로 규정되어 있다. 인생을 향락하고, 욕망대로 살라고 권고한다. (그렇기 때문에) 심미적 인생관의 최종적인 모습은 절망 그 자체이다.[113]

심미적 단계는 키르케고르가 자기 가족사의 비밀을 알게 된 후, 그리고 자신이 34세 이전에 죽을 것이라고 확신했던 젊은 대학생 시절의 방황하고 문란했던 생활과도 관련된다. 심미적 실존의 단계에서 인간은 "나날을 즐기라!"는 신념에 따라 살아가기 때문에 자신을 오로지 순간적이며 향락적인 쾌락에 내맡긴다. 이 단계에 놓인 실존은 에로틱한 욕망의 전략가인 돈 후앙(Don Juan)처럼 순간순간 변화하는 욕망과 쾌락에 자신을 내맡겨 수동적인 삶을 살아간다. 이 때문에 이 단계의 실존은 참된 자신이 되고자 하는 삶의 모습과 가장 멀리 떨어져 있다.

그렇지만 악마적 쾌락을 추구하면 할수록 쾌락은 끝없는 불안과 공허감, 권태감, 새로운 상황에 대한 끝없는 갈구 등으로 자신을 드러낸다. 심미적 단계의 끝에서 실존은 비로소 자신에 대한 성찰을 시도하며, 불안이야말로 실존이 존재하는 방식임을 깨닫는다. 그리고 이러한 불안을 극복하기 위해 심미적인 삶의 방식과의 결별을 요구하며, 삶에 관한 관점을 바꾸는 새로운 단계로의 변증법적인 질적 도약을 감행한다.

그런데 이 도약은 점진적인 발전의 산물로서 종합이 아니라 하나의 사건으로서 선택이며 결단이다. 즉, 여러 가능성들 중에서 하나를 결단하는 것이다. 바로 이 선택을 통해서 심미적 단계의 실존은 윤리적 단계의 실존과 구분된다. 쾌락만을 인생의 궁극적 목표로 삼는 미학적 실존의 단계가 가져온 죄책과 절망의 심연에서 주체는 자신을 선택하게 됨으로써 윤리적 실존의 단계로 질적인 도약을 감행한다.

> (심미적 실존과 달리) 윤리적 실존에서 인간은 윤리에 의해 자신이 앞으로 무엇이 될 것인지를 이끌게 된다. 이 단계에서는 자신이 바로 이상이며, 목적이다. 즉, 인생의 목적은 자기 내부에 있다. 이 단계에서 개인은 자신에 대한 절대적인 인식을 통해 자신을 선택하며, 자신의 인생의 목적을 외부에서 찾았던 심미적 단계를 벗어나 내면적인 인격으로서 자신을 획득하게 된다. 즉, 선택한다. 이 단계에서 최고의 윤리적 표현은 뉘우침이기 때문에, 이 단계에서 개인은 자신을 죄가 있는 자로 선택할 때에만 자신을 절대적으로 선택하는 것이다.[114]

윤리적인 것을 향한 도약, 즉 선택한다는 말은 진정한 자아가 되고자 하는 선택이다. 그것은 순간순간 변화하는 것이 아니라 영원한 가치를 지닌 자아를 선택한다는 뜻이다. 윤리적인 인간의 임무는 자기 내면의 인격을 형성하는 것이다. 따라서 그것은 이성적이며, 또한 타인을 고려하지 않으면 안 된다.

이 점에서 윤리적 실존은 양면성을 보여 준다. 왜냐하면 이성을 통해 자신이 된다는 점에서는 특수성을 의미하지만, 타인과의 관계를 염두에 둔다는 점에서 보편성과 규범을 의미하기 때문이다. 윤리적인 단계의 인간은 이 둘 사이에서 균형을 이루어야 한다. 따라서 윤리적 인간은 보편적인 것이 자신에게 무엇을 요구하고 있는지를 확인하고, 이것을 자유롭게 선택하여 실현하는 인간이다. 결론적으로 윤리적 인간의 삶이란 도덕이나 법, 사회 국가적인 의무에 자신의 내면적인 삶을 조화시키는 삶이다.

그렇지만 윤리적 인간이 의무의 형태로 자신을 사회 윤리 규범에 일치시킨다고 해서 이것이 사회 규범에 복종한다는 뜻은 아니다. 왜냐하면 윤리적 인간은 자신의 각각의 행위 속에 오직 자기 자신을 위해 주체로서, 그리고 가능성으로서 자신을 자유롭게 선택했기 때문이다. 또 이 점에서 윤리적 인간은 의무의 노예도 아니다. 현실 속에서 이루어지는 구체적인 존재들의 선택들로 이루어진 윤리적 인간의 삶은 헤겔이 말하는 것처럼 '이성의 간계'나 꼭두각시의 삶과는 전혀 다른 개인적이며 주관적인 차원의 자유로운 삶인 것이다.

이처럼 윤리적 인간은 사회의 도덕규범을 따르면서 동시에 자신에게는 자신만의 개인사가 있음을 중요하게 받아들인다. 그런데 이 개인사란 선과 악, 정의와 부정의를 내포한다. 이는 우리의 선택적 행위 속에 선과 정의도 있지만, 악과 부정의도 있다는 것을 의미한다.

결국 윤리적 인간은 이 개인사를 통해 인간이라는 존재에 대해 또 하나의 균열을 깨닫게 된다. 그것은 존재한다는 것이 잘못을 저지른다는 것과 불가분의 관계에 놓여 있다는 것에 대한 깨달음이다. 윤리적 인간은 자신의 주체성을 통해 자신의 개인사를 성찰함으로써 회개의 필요성을 깨닫고, 이를 통해 종교적 단계를 향한 새로운 도약의 계기를 마련한다. 그것은 종교와 신앙의 단계로의 도약이다.

> 자유란 자신에게 미리 자신의 과제로 주어져 있다. 심미적 실존 단계에서 윤리적 실존의 단계로의 이행이 자유로운 선택에 기초했던 것처럼, 윤리적인 것에서 기독교적인 것으로의 이행 또한 선택(결단)을 통해서 일어난다. 그렇지만 윤리적인 자기 선택과 기독교인이 되고자 하는 결단 사이에는 근본적인 차이가 있다. 그것은 바로 영원한(초월적인) 것과의 관계, 즉 종교적인 것과 관계한다는 점이다. 윤리적인 실존이 스스로의 선택에 의해 자신의 존재 가능성을 실현하는 것인 반면, 기독교적 실존은 자신의 존재 가능성을 자기 바깥에 두고 있다. 즉, 인간이란 자신의 뜻대로만 할 수 있는 존재가 아니라 그 어떤 것에 의존하는 존재이다. 이제 인간은 신의 계시를 통해 자신이 신의 죄인이라는 것을, 그리고 신을 부정함으로써 자신의 자유의 조건을 내버렸다는 것을 몸소 깨닫는다. 이로써 단독자는 모든 죄가 전적으로 자신의 오만한 행위로부터 비롯되었다는 것을 인정하고 뉘우친다. 자신을 낮추는 뉘우침의 행동을 통해 인간은 예수의

종교적인 단계에서 실존하는 주체는 신앙을 통해 절대자인 신과 절대적인 관계를 형성한다. 이러한 절대적인 관계는 윤리적 단계에서의 죄의식을 통해 더욱 강화된다. 인간은 자신이 불완전한 존재라는 사실을 깨닫지만, 동시에 마음속에 존재하는 완전함에 대한 열망도 함께 발견한다. 그리고 이 완전함에 대한 의지는 사회와의 관계(윤리적 실존)보다는 하느님과의 관계를 추구함으로써 실현될 수 있다.

이러한 믿음으로서 신앙은 아브라함의 행동에서 가장 극적으로 표현된다. 아브라함은 신의 축복으로 노년에 얻은 이삭(웃음 짓는 자)을 신의 뜻에 따라 제물로 바치기로 결심한다.

하느님이 아브라함에게 멈출 것을 명령한 이유는 그의 종인 아브라함이 자신에 대한 신앙에 따라 복종하는 모습을 보았기 때문이다. 이처럼 우리 각자는 자신이 치르는 싸움에 따라 그 위대함이 결정된다.

세상과 싸운 자가 세상을 정복했을 때 위대한 것처럼, 자신과 싸운 자는 자신을 이겨 냈을 때 위대해진다. 이 때문에 종교적 실존의 단계에서 가장 이상적인 모범은 바로 신의 뜻에 따라 자신을 이겨 낸 아브라함이 된다.

도덕·윤리적 관점에서 볼 때, 아브라함의 행동은 부모가 자식을 '죽이는' 행동이기 때문에 사회적 의무에 반하는 부도덕한 행동이다. 그렇지만 종교적인 관점에서 볼 때, 아브라함의 행동은 '신의 말씀에 따라 신에게 제물을 바치기로' 한 신앙적 결단 행위이다. 즉, 오직 절대자인 신을 향한 무한한 의무만을 이행하려는 신앙에서 나온 행동일 뿐이다.

따라서 그 어떤 인간적인 음성도 들리지 않는 고독의 심연에서 확실한 것은 오직 '불안'뿐이며, 동시에 신과의 관계를 확신하는 '신앙'뿐이다. 이 점에서 도덕과 신앙은 다른 것이다. 절대자와의 절대적인 관계를 위해 주체로서 실존은 윤리적인 것과 결별을 감수할 수 있어야 하기 때문이다. 이것을 가리켜 '신 앞에 선 단독자'라고 표현한다.

이 단계에서 신에 대한 신앙은 도덕적 요구에 우선한다. 이 점에서 진리는 주체성이며, 역설이다. 이 역설을 따를 것인지는 전적으로 주체의 주관적인 결단에 달려 있기 때문에 주체성이 곧 진리가 된다. 그리고 이때 주체성이란 신을 따르려는 무한 열정, 즉 신앙이어야 한다.

벤담

·

Jeremy Bentham

1748–1832

자연은 인류를 두 지배자의 지배를 받도록 만들었다. 하나는 쾌락이며, 다른 하나는 고통이다. 우리가 앞으로 무엇을 할 것인지, 그리고 무엇을 해야 할 것인지는 모두 이 두 지배자, 즉 쾌락과 고통의 지배를 받게 되어 있다. 옳고 그름, 그리고 원인과 결과의 관계가 모두 이 두 지배자의 지배 아래 묶여 있다. 쾌락과 고통은 우리가 생각하고, 말하고 행동하는 모든 것들을 지배한다.

▶ **핵심 주제**

유용성 대 반ᵥ유용성의 원리

쾌락과 고통의 원천: 제재

쾌락과 고통의 측정

『판옵티콘』

▶ **핵심 용어**

철학적 급진주의, 자유주의 개혁, 실증주의, 쾌락주의, 경험주의, 『도덕과 입법의 원리』, 쾌락과 고통, 양적 공리주의, 유용성(효용), 결과로서 행복, 반ᵥ유용성 원리(금욕과 동정·혐오, 신학적 원리), 객관적 수량화와 쾌락의 계산(강도, 지속성, 확실성, 원근성, 다산성, 순수성, 범위), 외적 제재(물리적·정치적·도덕적·종교적 제재), 사회적 차원의 쾌락, 사회란 허구적 실체, 최대 다수의 최대 행복, 판옵티콘(원형감옥)

유용성 대 반反유용성의 원리

영국의 경험주의 전통은 19세기에 들어 새로운 국면을 맞이한다. 초기 산업 혁명의 전개가 도시로의 인구 집중을 가져와 빈곤과 악취, 범죄 등 다양한 문제들을 일으키고 있었기 때문이다. 영국 사회 전반에 걸쳐 자유주의에 기초한 새로운 개혁이 절실히 필요했지만, 보수적인 귀족과 지배 계급은 이에 대해 무관심했다. 이때 새로운 변화와 개혁을 주장하는 '철학적 급진주의'자들이 등장했는데, 이들 중 대표적인 한 사람이 제레미 벤담이었다.

이러한 시대적 배경을 반영하듯이 그는 법학자, 정치가, 경제학자, 철학자로서의 면모를 두루 갖추고 있다. 그의 이러한 현실주의적이고 개혁주의적인 성향은 신학이나 형이상학이 아니라 직접적인 관찰을 강조하는 실증주의적인 방법이 주요한 흐름을 형성하고 있던 19세기의 학문적 정서와 자연스럽게 결합한다. 벤담 사상의 한 축을 이루는 쾌락의 '계산'에 관한 아이디어 또한 이러한 실증주의적 사고의 반영이라고 할 수 있다.

밀의 말처럼 '영국 개혁의 선구자'로서 벤담은 자신의 관점을 절대적인 어떤 존재를 전제하는 형이상학이나 신학적인 논변에 기대지 않았다. 오히려 그는 쾌락과 행복을 동일시했던 쾌락주의와 경험주의적 전통에 따라 구체적인 삶을 살아가고 있는 이해관계중심의 현실적인 인간에 주목했다. 인간, 그리고 사회 전반에 대한 그의 이러한 입장은 『도덕과 입법의 원리』에 자세히 묘사되어 있다.

따라서 여기서는 이 저서를 중심으로 그의 사상을 살펴보고자 한다.

벤담은 인간의 본성과 관련해 같은 책에서 다음과 같이 묘사하고
있다.

> 자연은 인류를 두 지배자의 통치 아래 묶어 두었다. 그 통치자란 하
> 나는 쾌락이며, 다른 하나는 고통이다. 우리가 앞으로 무엇을 할 것
> 인지, 그리고 무엇을 해야 할 것인지는 모두 이 두 지배자인 쾌락과
> 고통의 지배를 받게 되어 있다. 옳고 그름, 그리고 원인과 결과의 관
> 계가 모두 이 두 지배자의 지배 아래 놓여 있다. 쾌락과 고통은 우리
> 가 생각하고, 말하고 행동하는 이 모든 것들을 지배한다. 우리가 아
> 무리 이 두 군주의 지배로부터 벗어나려고 발버둥을 치더라도, 그것
> 은 오히려 우리가 이 두 지배자의 지배 아래 놓여 있다는 것을 증명
> 하고 확인시켜 주는 것에 지나지 않는다. 인간은 언제나 이 두 지배
> 자가 통치하는 제국의 지배를 받도록 되어 있을 뿐이다.[118]

벤담의 쾌락주의적 공리주의를 표현하고 있는 대표적인 저서이기도
한 이 책에서 벤담이 공리주의의 '유용성의 원리'를 설명할 때 사용한
이 문단은 그가 인간을 이해하는 기본 관점이며, 동시에 그의 사상이
일관되게 설명하려고 하는 것이 무엇인지를 암시하는 핵심 문장이다.
이에 따르면, 인간의 모든 사고와 판단, 행동과 목적은 모두 쾌락 또
는 고통과 직접적으로 관련되어 있다. 달리 말해, 우리가 한 사회 안
에서 좋다거나 나쁘다, 또는 옳다거나 옳지 않다고 판단하는 기준으로
삼는 도덕의 근거, 우리가 만드는 법의 목적과 정당성의 근거가 모두
쾌락 또는 고통과 직접 관련되어 있다는 주장이다.

한편, 벤담이 강조하는 '유용성'이란 말은 경제학에서 주로 양적인 만족의 크기를 의미하는 '효용'으로 해석하며, '어떤 목적(행복 또는 쾌락)을 이루는 데 도움이 되는 것'이라는 의미에서 '공리'라는 말로 해석하기도 한다. 유용성의 용어가 어떤 의미로 쓰이든 그의 철학은 '유용성(또는 효용)을 극대화'할 방안을 모색하고, 이를 정당화하는 철학이라고 할 수 있다.

> 유용성의 원리란 그것이 어떤 행위이든지 상관없이 관련된 모든 사람들의 이익을 증대시키는 경향이 있는가, 아니면 감소시키는 경향이 있는가를 기준으로 삼아 그 행위를 승인(칭찬)하거나 부인(비난)하는 것이다. 즉, 어떤 행동이 (그 결과로서) 행복을 증대시켰는가, 아니면 감소시켰는가를 기준으로 그 행동의 옳고 그름을 판단하는 것이다.[119]

벤담의 공리주의에서 드러나는 이와 같은 특징은 쾌락은 곧 좋은 것이고 옳은 것이며, 고통은 곧 나쁜 것이고 옳지 않은 것이라는 생각을 갖게 한다. 그리고 '관련된 모든 사람들의 이익'을 고려한다는 점에서 쾌락의 원칙이 사회 전체의 체계를 어떤 방향으로 만들어 가야 하는지를 결정하는 기준임을 시사한다.

또 벤담이 '이성과 법률의 손으로 행복을 직조한다(짠다)'고 했을 때에도, 이것이 의미하는 바가 곧 사회 전체의 행복(효용·이익·쾌락)임을 알 수 있다. 그에게 유용성이란 그것이 어떤 특정한 개인과 관련될 때는 그 개인의 행복(쾌락)이고, 그것이 사회일 때는 사회 전체의 행복(쾌락)과 관련된다. 공리주의의 구호로 알려진 "최대 다수의 최대 행복"은 이를 가리키는 표현이다.

벤담은 올바른 도덕의 원리, 그리고 올바른 법의 원리(기준)를 사회 전체의 쾌락의 증대, 또는 고통의 감소에 두었기 때문에 자신의 관점에서 이와 같은 유용성의 원리에 반하는 원칙을 제시하는 가르침들에 대해서는 매우 비판적이었다. 특히 그는 (1) 금욕주의 원리, (2) 동정 또는 혐오의 원리, (3) 신학(종교)적 원리에 대해 비판적 태도를 보였다.

> 금욕주의 원리는 유용성의 원리와는 반대로 관련된 사람들의 행복을 감소시키는 것처럼 보이는 행동을 승인하는 반면, 그들의 행복을 증대시키는 것처럼 보이는 행동은 오히려 부인한다.[120]

벤담은 만약 이들의 주장처럼 금욕에 따른 고통을 우리가 추구할 만한 가치가 있는 것이라고 한다면, 우리가 다른 사람들에게 고통을 주는 행동을 하더라도 그것이 크게 문제되지는 않을 것이라 비판한다. 그러면서 극단적으로 국가가 노상강도나 주거침입, 방화에 능숙한 사람들을 길러 내는 공공기관을 설치하는 것도 고려하게 될 것이라고 힐난(트집 잡아 비난함)한다.

> 동정 또는 혐오의 원리는 관련된 사람들의 행복을 증대하여 주는지와 상관없이, 단지 동정 또는 혐오의 감정을 갖고 행동하는 당사자의 성향에 따라서 그 어떤 행동이 승인되거나 부인될 뿐이다.[121]

이 때문에 이 원리는 벤담이 강조하는 쾌락과 고통에 대한 객관적 측정(계산)의 기준에 반하게 된다. 쾌락과 고통의 계산을 위해서는 일관성 있게 표현되어야 하지만, 이 원칙은 개인의 주관과 경험에 좌우된다는 문제를 지닌다. 따라서 행위 자체의 승인과 부인을 위한 충분한 기준이나 근거로는 적절하지 못하다.

> 우리는 모든 옳은 것의 기준을 신神의 의지와의 일치 여부에 둘 수도 있다. 하지만 이것은 '우리에게' 옳은 것이 무엇인지를 보여주지 못한다. 왜냐하면 우리는 우리 자신의 문제를 검토해서 (그것이 유용성의 원리에 부합하는지를 기준으로) 옳은지를 판단해야 하기 때문이다. (그렇기 때문에 우리는 상벌과 관련해) 신이 자신의 의지를 드러낸 것이라 말해서는 안 된다.[122]

이처럼 벤담은 쾌락과 고통을 통해서만 설명되는 유용성의 토대 위에서 이와 대립하는 나머지 이론들, 예를 들면 칸트주의나 스토아주의, 에피쿠로스주의(절제와 온건한 금욕), 신의 의지를 강조하는 신학적이며 금욕주의적인 이론들을 모두 배척한다. 이뿐만 아니라 개인의 주관적인 성향에만 치우쳐 있는 도덕 감정, 동정이나 혐오에 대해서도 객관적인 수량화가 불가능하기 때문에 유용성의 원리에 반하는 것으로 판단해 거부한다.

쾌락과 고통의 원천: 제재

이처럼 벤담은 유용성과 반유용성의 원리에 대해 말한 다음, 계속해서 쾌락과 고통의 네 가지 요인에 대해 설명한다. '외적 제재'로 알려진 이 네 가지 요인은 주로 고통을 일으키는 원인이 되는 행동들을 왜 하지 않게 되는지에 대해 설명한다. 벤담은 앞서 유용성의 개념을 설명하면서 어떤 행위에 의해 영향을 받는 '관련된 모든 사람들의 이해관계의 고려'라고 말한 바 있다. 이것은 우리가 어떤 행동을 할 때 그 행동으로 인해 자신은 물론, 관련된 사람들의 쾌락을 증대하는 경향, 또는 고통을 감소시키는 경향이 있는지를 고려해 행동하는 것이 바람직하다는 의미를 내포한다.

따라서 우리는 어떤 행동이 그 결과로서 고통을 일으키는 원인이 된다면, 마땅히 그 행동을 하지 않아야 맞는데, 벤담은 이를 '제재(사회의 도덕·관습·규범 따위를 어긴 사람에게 주는 심리적·물리적 압력, 또는 법이나 규율을 어기는 행동에 대해 벌)'란 용어로 설명한다. 쉽게 말해, 고통이 예상되는 행동을 하지 않도록 금지하거나 제한하는 것을 말한다.

벤담은 제재의 네 가지 형식으로 (1) 물리적 제재, (2) 정치적 제재, (3) 도덕적 제재, (4) 종교적 제재를 든다. 예를 들어 집에서 일어난 화재가 자신의 부주의와 실수 때문에 일어났다면, 이것은 '물리적' 제재와 관련된다. 그런데 만약에 화재가 정치적 사건과 관련하여 법원 판사의 결정에 따라 일어난 것이라면, 이것은 '정치적 제재'라 할 수 있다. 그런데 만약에 화재가 집 주인이 갖고 있는 성격적 결함 때문에 마을 사람들이 일으킨 것이라면, 이것은 '도덕적 제재'와 관련된다. 마지막으로 화재가 집 주인이 지은 죄의 대가로 신이 내린 벌이라고 한다면, 이것은 '종교적 제재'라고 할 수 있다. 이것들을 순서대로 인용하면 다음과 같다.

> 만약에 쾌락이나 고통이 현재의 삶에서, 그리고 자연의 일상적인 과정 속에서 발생한다거나 기대되는 것이라면, 즉 어떤 사람의 의지에 의해 고의적으로 일어난 것도 아니고, 또 어떤 비가시적인 우월한 존재의 비범한 개입에 의해 일어난 것도 아니라면, 그것은 물리적 제재에 속한다.[123]

> 만약에 국가를 지배하는 통치 권력의 의지에 의해, 공동체의 특정한 사람들에 의해서 어떤 특정한 목적을 지니고 판결이나 분배가 이루어진다면, 이것은 정치적 제재의 결과라고 할 수 있다.[124]

> 만약에 공동체 안에서 한 개인에게 일어난 일이 고정되고 성문화된 법규에 의한 것이 아니라 구성원 각자가 자발적으로 그렇게 되었으면 하는 바람, 즉 그러한 경향에 따라 일어난 것이라면, 이것은 도덕적 또는 여론의 제재에 따른 결과라고 할 수 있다.[125]

> 만약에 현재와 미래의 삶이 어떤 우월한 비가시적인 존재에 의해서 그렇게 되는 것이라면, 이것은 종교적인 제재의 결과라고 할 수 있다.[126]

벤담은 이처럼 우리에게 어떤 행동을 하도록 이끄는 힘이 다름 아닌 고통에 대한 일종의 협박으로서 제재, 즉 예상되는 쾌락의 증대 또는 고통의 감소와 관련된 것이라고 설명한다. 따라서 각 개인의 행동은 물론, 한 사회의 도덕 및 법과 제도는 결과적으로 그 개인의 행복, 나아가 사회 전체의 쾌락을 증대시키든지 아니면 고통을 감소시키는 것을 목표로 구성되어야 한다는 입장이다.

쾌락과 고통의 측정

●

벤담은 자신의 『도덕과 입법의 원리』를 처음부터 끝까지 한결같게 쾌락과 고통이라는 '유용성'의 개념과 결합해 주장한다. 하지만 어떤 행동이 가져오는 결과가 쾌락일지 아니면 고통일지 어떻게 알 수 있으며, 알 수 있다고 하더라도 객관적인 비교가 가능한 것인가 하는 물음을 던져 볼 수 있다. 이에 대해 벤담은 모든 쾌락이나 고통은 질적으로는 아무런 차이가 없으며 단지 양적인 차이만이 존재할 뿐이라고 주장한 다음, 그렇기 때문에 객관적이고 산술적인 계산 및 측정 또한 가능하다고 주장한다.

어떤 개별적인 행동이 산출한 결과를 쾌락과 고통과 관련된 일곱 가지 기준표에 수적인 점수를 매김으로써 그 행동에 대한 도덕 판단이 가능하다는 것이 벤담의 생각이다. 이 기준은 어떤 행동(또는 대상)이 다른 어떤 행동(또는 대상)과 쾌락과 고통의 관점에서 서로 충돌할 것으로 예상되거나 어떤 하나를 결정해야 할 때, 다시 말해 이 둘 중에서 어떤 것을 선택하는 것이 더 큰 유용성을 가져다줄 것인지를 판단할 때에도 똑같이 적용된다.

그가 제시하는 항목을 살펴보면 다음과 같다. 일곱 가지 기준들 중에서 (1) 강도(강렬함), (2) 지속성, (3) 확실성 또는 불확실성, (4) 원근성 등의 네 가지는 쾌락과 고통이 지니는 그 자체만의 가치를 기준으로 삼은 것이다. 그리고 (5) 다산성, (6) 순수성은 쾌락과 고통 그 자체의 가치라기보다는 어떤 행동이나 사건이 지닌 경향성에 해당한다. 마지막으로 (7) 범위는 쾌락과 고통으로부터 영향을 받는 사람들의 숫자를 의미한다. 이 일곱 가지 기준은 모든 도덕에 적용되며, 또한 법을 만드는 모든 입법가들이 반드시 지니고 있어야 할 것들이다.[127]

(1) 강도(강렬함의 정도)

(2) 지속성

(3) 확실성 또는 불확실성

(4) 원근성

(5) 다산성, 또는 같은 종류의 감각을 수반할 가능성, 즉 그것이 쾌락이라면 쾌락을, 고통이라면 고통을 수반할 가능성

(6) 순수성, 또는 반대되는 종류의 감각을 수반하지 않을 가능성, 즉 그것이 쾌락이라면 고통을 수반하지 않을 가능성, 고통이라면 쾌락을 수반하지 않을 가능성

(7) 범위, 즉 행위나 법규범을 통해 영향을 받게 되는 사람들의 숫자

우리는 위의 일곱 가지 항목에 담긴 쾌락과 고통의 표를 만들어 계산

하게 되면, 최종적으로 어떤 사건이나 현상 또는 행동이 어떤 결과(수치)를 가져오게 될지를 비교하여 예측할 수 있다. 그리고 그 계산된 결과에 따라 쾌락을 증대시키는 선택을 할 수도 있고, 고통을 최소화할 수 있는 선택을 할 수 있다. 그리고 이것이 유용성을 객관적으로 정확히 측정할 수 있다는 말의 의미이다.

생각하기에 따라서는 이러한 과정이 까다로운 시간 낭비처럼 보일지도 모른다. 그렇지만 쾌락 또는 고통이라는 결정적 중요성을 지닌 문제가 걸려 있는 상황에서 이와 같은 계산을 하지 않을 사람은 없을 것이다. 물론, 사람에 따라 더욱 치밀하게 계산하거나 아니면 대충 계산하는 정도의 차이는 있을지 모르지만, 사람이라면 누구나 기본적으로 이해타산적이기 때문에 이와 같은 계산을 하리라 본다.

쾌락을 행복과 동일시하며, 우리 삶의 궁극적인 목표로 삼아야 한다는 주장이 벤담으로부터 시작된 것은 아니다. 이미 고대 아리스티포스나 에피쿠로스에게서 나타났기 때문이다. 또 벤담이 쾌락의 계산을 위한 기준으로 제시하고 있는 '강도, 지속성, 확실성, 원근성, 다산성' 등도 이미 에피쿠로스에게서 어느 정도 발견되고 있다. 따라서 벤담이 강조했던 '범위'(을)를 제외하면 이전의 쾌락주의들이 대부분 주장했던 것들을 근대의 실증주의적 학문 풍토에 맞게 수량화할 수 있도록 구체화시켜 놓은 것이라 보아도 큰 무리는 없을 것 같다.

벤담의 중요한 기여라고 한다면, 바로 이 '범위'라는 요소이다. 유용성이 어떤 사건이나 현상, 행동과 관련하여 자신은 물론, 그로부터 영향을 받게 되는 이해관계 당사자들의 숫자라는 점을 고려할 때, 이것은 벤담의 근대 공리주의의 중요한 특성이라 할 수 있다. 즉, 에피쿠로스적인 개인주의적이고 소극적인 의미의 쾌락이 근대 19세기에 들어서 개인의 쾌락은 물론, 나아가 사회적 차원의 쾌락으로 발전하고 있음을 확인할 수 있다.

그렇다고 벤담이 인간 본성에 대해 이타주의적 관점을 취하는 것은 아니다. 명확히 그는 모든 인간이 쾌락과 고통의 지배를 받을 뿐이라고 주장하고 있으며, '사회(공동체)란 바로 이 사회를 이루고 있는 각각의 구성원들의 결합에 의한 허구적 실체'이며, '공동체의 이익 또한 사회를 구성하고 있는 구성원 한 사람 한 사람의 이익을 모두 합한 것'[128]일 뿐이라고 정의하고 있기 때문이다.

따라서 어떤 것이 개인의 이익인지 적절하게 이해하지 못한 상태에서 사회 전체의 이익을 주장하는 것은 무의미하다. 또 그가 주장하는 '최대 다수의 최대 행복'도 바로 이와 같은 사고의 토대 위에서 이해되어야 한다. 그리고 이러한 목표는 자신(자신들)의 이해관계를 우선하는 귀족주의나 군주정이 아니라, 대표자가 최대 다수(국민)의 행복을 위해 봉사할 수 있는 민주주의에서 실현될 수 있다고 보았다.

이제 쾌락 또는 고통과 관련된 마지막 이야기를 할 차례이다. 그렇다면 쾌락을 극대화하고, 고통을 최소화하려는 시도는 오직 인간에게만 적용되기 때문에 인간 이외의 다른 존재에게는 적용되지는 않는다고 보아야 할까? 벤담이 이에 대한 구체적인 주장이나 논의는 하지 않았지반, 그가 책의 주석에 남긴 선지자적인 언급은 『동물 해방』을 썼던 싱어(P. Singer)에게 깊은 영감을 주었다.

언젠가 그런 날이 올지도 모른다. 동물들이 권리를 획득하는 그런 날이 올지도 모른다. 그런 날이 오면, 동물의 권리는 오직 폭군만을 예외로 하여, 그 누구에 의해서도 억압받지 않을지도 모른다. 프랑스인들은 이미 피부색이 검다는 것이 인간을 순간적인 충동에 따라 고통이나 고문을 주고도 아무런 배상을 하지 않은 채 내버려 두는 것이 타당한 이유가 되지 못한다는 것을 깨달았다. 언젠가 감각 능력이 있는 존재가 이와 같은 운명이 되는 경우에도 마찬가지로 아무런 배상을 받지 않은 채 내버려 두어도 된다는 것이 적절한 이유가 되지 못한다는 것을 깨달을 그런 날이 올지도 모른다. 이 넘어설 수 없는 방향 이외에 또 다른 어떤 것을 생각해 볼 수 있겠는가? 추론 능력인가? 아니면 토론 능력인가? 그렇지만 완전히 성숙한 말이나 개는 하루나 일주일 또는 겨우 일 개월이 지난 갓난아이에 비해 의사소통과 추리 능력이 훨씬 뛰어나다. 그렇지만 동물들이 그렇지 않다고 가정하더라도 바로 이것들이 그렇게 유익한 가치가 될 수 있는가? 중요한 것은 동물들이 추론이나 대화 능력을 갖고 있느냐는 것이 아니라 고통을 경험할 수 있는 능력이 있느냐는 것이다.[129]

『판옵티콘』

●

벤담은 범죄에 대한 처벌에 대해서도 쾌락과 고통에 기초한 유용성의 원리에 충실하여 설명한다. 그러므로 고통을 일으키는 모든 행위는 악이기 때문에 어떤 처벌도 본질적으로 그 자체로서는 악이라고 할 수 있다. 그런데 유용성의 원리는 개인은 물론, 사회 전체에 대해 이익을 극대화시킬 것을 요구하기 때문에, 만약에 처벌이 범죄 행위가 초래한 해악과 균형을 이룬다면, 그리고 그렇게 하여 사회 전체의 행복을 최대화하는 데 기여한다면, 그럴 경우에 한하여 정당화된다고 본다. 즉 처벌은 반드시 어떤 사람이 저지른 범죄 행위와의 비례 관계를 고려해야 한다.

범죄와 처벌에 관한 벤담의 이러한 입장은 당시 영국 사회의 대표적인 사회적 문제였던 범죄 문제의 해결에 그대로 적용되었으며, 그것은 원형 감옥, 즉 판옵티콘(panoticon)이라는 건축물에 대한 아이디어로 구체화된다. '모두(pan) 본다(opticon)'는 의미를 담고 있는 판옵티콘은 벤담 자신의 유용성의 원리에 가장 충실한 결과물이다.

벤담이 판옵티콘을 구상하게 된 직접적인 계기는 범죄를 지은 죄수들을 효율적으로 수감할 수 있는 시설의 필요성 때문이었다. 하지만 그는 이러한 시설이 실현될 수 있다면, 이는 감옥뿐만이 아니라 효율성을 필요로 하는 모든 곳에 확장해 적용할 수 있을 것이라고 생각했다. 즉 "다수의 사람에게 일어나는 모든 일을 파악할 수 있는, 또 우리가 원하는 방식으로 이끌 수 있도록 그들을 에워쌀 수 있는, 그리고 그들 행동과 (인적) 관계, 생활환경 전체를 확인하고, 그 어떤 것도 우리의 감시에서 벗어나거나 의도에서 어긋나지 않도록 할 수 있는 수단이 있다면, 이것은 국가가 여러 주요 목적에 사용할 수 있는 정말 유용하고, 효과적인 도구임에 틀림없을 것"이라고 생각했다.

> 한 사람이 어떻게 다수를 완벽하게 감시할 수 있을까? 다수의 사람
> 들을 어떻게 한 사람에게 집중할 수 있도록 할 수 있을까? (만약에 이

와 같은 유용한 생각이 완벽하게 가능하다면,) 우리는 지금까지 있었던 그 어떤 힘보다 강력한 감시 권력을 단 한 사람에게 줄 수 있을 것이라 확신할 수 있다. 이것은 특히 교도소에 적합하다. 교도소에 갇힌 죄수의 교화를 보장하고, 신체와 정신적으로 오염된 건강과 청결·질서·근면성을 교정하고, 비용을 줄이면서도 공공의 안전을 견고히 할 필요가 있다면, 이 간단한 건축 아이디어(판옵티콘)로 이 모든 것이 실현될 수 있다.[130]

'원형 감옥', '정신의 병원', '범죄의 진정한 의무실'로서 판옵티콘은 산업 혁명 이후 증가하고 있던 당시 영국 사회의 범죄 문제를 해결하기 위해 등장했다. 그뿐만 아니라 당시의 형벌은 공개 처형 등 비효율적이고 범죄 행위에 대해 지나치게 가혹한 측면이 있었기 때문에 공리주의자인 벤담의 입장에서 볼 때 바람직하지 못한 형벌로 이해되었다.

이 때문에 벤담은 강제 노동을 선고 받은 수감자에게 치명적인 고통만을 수반해서는 안 되지만, 그렇다고 수감자가 가난한 일반인보다 더 자유롭고 좋은 조건에 있어서도 안 된다고 생각했다. 또 무엇보다 공공지출을 최소화해야 한다는 원칙을 충족하면서도 수감자에게 가장 효율적으로 적용할 수 있는 수감시설이 필요했다. 판옵티콘은 이러한 고민의 결과물이다. 그에게 판옵티콘이란 범죄 행위에 비례하는 처벌을 받게 하면서도, 범죄자에게는 교화의 효과가 있고, 범죄의 유혹보다는 처벌의 두려움을 알게 하여 사회를 범죄자로부터 보호하기 위한 가장 효과적인 장치였던 셈이다.

벤담의 판옵티콘은 오늘날 정보 통신 기술의 발달로 현실화된 시선의 비대칭성과 이에 따른 권력의 집중화 현상이 초래하는 통제와 규율 중심의 사회적 특성을 빗대어 '정보 판옵티콘' 또는 '전자 판옵티콘'이라는 용어를 일상적으로 사용하는 데 직접적 계기를 제공했다.

양적인 돼지의 쾌락보다 교양인의
소크라테스적 쾌락을 주장한

밀
·

John Stuart Mill

1806-1873

인간의 삶이 쾌락보다 더 중요하고 높은 목표를 지니지 않는다고 말하는 사람들은 천박하고, 비열한 존재가 되어 버린다. 왜냐하면 이들의 이론은 단지 돼지에게나 어울리기 때문이다. 인간은 동물적인 욕망보다 더 우월한 능력을 갖고 있기 때문에 이러한 능력을 의식하기만 하면, 어떤 것이 단지 자신을 만족시켜 준다고 해서 그러한 만족을 행복이라고 말하지는 않을 것이다. 이처럼 더 우월한 상위의 쾌락에는 지성의 쾌락, 감정과 상상력의 쾌락, 도덕적 정서의 쾌락 등이 있다. 어떤 종류의 쾌락은 다른 것들에 비해 더욱 바람직하고 가치 있으며, 유용성의 원리와도 잘 부합한다.

▶ **핵심 주제**

『공리주의』

행복과 내적 제재

『자유론』

▶ **핵심 용어**

자유무역자유주의, 진보주의, 민주주의적인 절차, 『공리주의』, 유용성, 행복,

쾌락의 질적 차원, 품위감, 선호, 교양 있는, 내·외적 제재, 자연적인 사회적

감정, 『자유론』, 자유의 원리, 해악의 원리, 공정한 관찰자

『공리주의』

19세기의 영국 상황을 간략하게 살펴보는 것은 우리가 검토하려는 밀의 사상을 이해하는 데 많은 도움이 된다.[131] 1688년의 명예혁명 이후 영국은 의회 민주주의 전통을 지속적으로 발전시켜 왔다. 그렇지만 18세기까지는 주로 귀족들만이 정치에 참여했다는 점에서 일종의 '귀족 민주주의'라는 한계를 안고 있었다. 즉, 선거권과 피선거권이 주택이나 주택의 임대료를 기준으로 결정되었기 때문에 정치 참여가 지주와 대상공인들로 한정될 수밖에 없었다.

19세기에 들어와 이와 같은 선거법은 그 대표성과 정당성에서 비판에 직면한다. 귀족과 부자들만의 권익을 보장하고 있는 기존의 제도를 가지고서는 산업 혁명과 자본주의의 발달에 따라 새롭게 형성된 도시 지역 주민들의 권익을 적절하게 보장할 수 없었기 때문이다. 마침내 주로 중소상공인과 은행인, 자유직업인 등 도시 중산층을 중심으로 전개된 선거법 개정 운동은 1832년에 결실을 보게 된다. 이에 따라 농촌 지역의 의석은 줄어든 반면, 도시 지역의 의석은 늘어나게 되었고, 10파운드 이상의 임대료를 지불하는 사람들(도시 지역의 주민이나 소작농까지 포함)에게도 참정권이 주어졌다.

하지만 여기에 포함되지 않은 공장 노동자나 농민, 빈민들에 대해서는 여전히 정치 참여가 제한되었다. 이러한 한계에도 불구하고, 이를 통해 귀족이 아니라 중소상공인들이 정치의 중심 세력이 될 수 있는 계기가 마련되었다는 점에서 '시민 민주주의' 발전에 결정적인 기여를 했다. (모든 노동자와 농민에 대한 선거권은 1877년과 1884년에 주어졌지만, 여성은 여전히 배제되었다. 여성은 1918년에야 선거권을 인정받음으로써 비로소 남녀평등 선거가 가능해졌다.)

정치적인 영역에서 일어난 이와 같은 변화들은 경제적인 영역에서의 변화와 함께 진행되고 있었다. 특히 18세기 후반에 이루어진 증기기관의 발명(1769)과 방적기의 발명(1769-1779), 그리고 증기관차의 발명(1829)은 교통과 생산 활동에서의 혁명적인 변화를 일으켰다. 공장제 수공업에서 공장제 기계 공업으로의 획기적이고 근본적인 변화는 산업 자본가와 임금 노동자를 형성했고, 이들은 새로운 시대의 주체 세력으로 성장했다.

이러한 변화와 맞물려 취해진 관세 인하 조치(1824-1825)와 곡물 수입을 규제하던 곡물법 폐지(1846), 그리고 외국 선박을 이용하지 못하게 했던 항해법의 폐지(1854) 등은 자유 무역 정책의 완성을 의미했다.

경제적인 영역에서의 이러한 변화는 사회적 차원에서의 변화와도 맞물려 진행되고 있었다. 노동조합을 탄압하던 결사 금지법(1825)이 폐지되고 마침내 노동조합이 합법화되었다. 또 18세 미만의 아동 고용을 금지하고, 부녀자의 노동 시간을 10시간으로 제한하는 공장법(1833, 1847)이 제정되었다. 아직 사회적 기반이 미약했기 때문에 실패로 끝나기는 했지만 전국적인 규모의 노동조합 연맹(1834)이 결성되어 노동자의 권익과 사회 개혁을 함께 주장하기도 했다.

자유주의자이면서 진보주의자인 존 스튜어트 밀(1806-1873)은 영국 사회가 성장과 발전의 과정 속에서 동시에 많은 사회적 갈등과 과제를 민주주의적인 절차와 방식으로 해결해 나가고 있던 시기에 함께 이러한 변화를 이끌었던 인물이다.

밀은 청년 시절 벤담의『도덕과 입법의 원리』를 읽고, '그것은 나의 사상에서 하나의 전환점'이 되었다고 했다. 특히 밀은 벤담의 '최대 행복의 원리'가 도덕과 입법의 가장 확실한 기준이라는 것에 감명을 받았기 때문에 자연법이나 이성, 도덕 법칙과 같은 개념들에 기초하여 도덕과 입법의 원리를 마련하려는 모든 시도들을 불필요하다고 여겼다. 밀은 자신의『공리주의』에서 칸트의『도덕 형이상학』을 이렇게 비판한다.

> 칸트가 도덕적 의무의 기원과 근거로 제시하고 있는 보편적 제일원리는 '당신의 행위 규범이 다른 모든 이성적 존재들에게 하나의 법칙으로 받아들여질 수 있도록 행동하라.'이다. 하지만 우리가 이 법칙에서 어떤 실질적인 도덕적 의무를 연역하려고 하는 순간, 곧바로 근본적인 한계에 부딪치게 된다. 왜냐하면 모든 이성적인 존재들이 터무니없게도 비도덕적인 행동 규칙에 따라 살아가고 있음에도 불구하고, 이것이 심각한 모순이거나 논리적으로 말이 되지 않는다는 점을 밝혀내지 못하고 있기 때문이다. [132]

밀은 칸트주의가 안고 있는 이외 같은 한계를 지적하면서 행복을 우리 행위의 궁극적인 목적, 나아가 도덕 기준으로 제시한다. 예를 들어 우리는 의술이 좋은 이유에 대해 건강에 도움을 주기 때문이라고 말한다. 그렇지만 건강이 왜 좋은가라고 물을 필요성을 느끼지는 않는데, 그 이유는 건강이 좋은 이유를 굳이 증명할 필요가 없기 때문이다. (밀은 이를 증명할 수 있는 유일한 방법은 사람들이 실제로 건강을 원하고 있다는 사실 때문이라고 생각했다.)

밀은 계속해서 칸트의 도덕 법칙(정언명령)과 그것의 의무적 이행이 결과와 무관하게 그 자체로서 선이라는 주장에 대해서도 '행위의 동기와 그 행위의 도덕성 사이에는 아무런 상관이 없다.'고 반박한다.

> 그 어떤 윤리학 체계도 의무의식만이 우리가 따라야 할 행위의 유일한 동기라고 주장해서는 안 된다. 오히려 이와는 반대로 우리가 하는 행동의 99%는 동기와는 다른 결과이지만, 그것이 의무 규칙과 서로 충돌하지 않는 한 올바른 행동이라고 부른다. 공리주의 윤리는 행위의 동기가 그 사람의 가치(즉 성품)를 판단할 수 있을지 모르지만, 행위의 동기와 그 행동의 도덕성 사이에는 아무런 관계가 없다고 주장한다. 공리주의 윤리에서 덕德이란 행복의 증진과 관련된 문제이다. [133]

밀이 '행위의 동기와 행위의 도덕성 사이에는 아무런 관계가 없다.'고 말했을 때, 이것은 칸트의 의무론에 대한 반박이자, 동시에 선한 행동이란 어떤 행동에 의해 산출되는 자신의 이익과 관련되어 있다는 의미이기도 하다. 밀 또한 벤담처럼 각 개인들의 이익이 모여서 사회 전체의 이익이 된다고 생각했기 때문이다. 이 점에서 공리주의에서 말하는 덕은 행복의 증진과 관련이 있다.

이 때문에 밀은 도덕 법칙이나 의무의식이 행동을 일으키는 적절한 원인이 될 수 없다고 보았다. 즉 어떤 행동을 했을 때, 그 행동의 동기가 실제로 그 행동을 도덕적인 것으로 규정하지는 못한다는 뜻이다.

밀에게는 행위의 동기와 행위의 도덕성 사이에 아무런 관계가 없기 때문이다.

한편, 밀이 공리주의자로서 행복과 쾌락을 동일시하고, 최대 행복의 원리를 가치 판단의 가장 중요한 기준으로 삼았다는 점은 그의 스승인 벤담의 입장과 일치한다.

> 유용성(또는 효용)과 최대 행복의 원리를 도덕의 기초로서 받아들이는 (공리주의) 이론은 어떤 행동이 행복을 증대시키는 경향을 지니고 있는 정도에 비례해서 옳고, 행복에 반대되는 것을 증진시키는 경향을 지니고 있는 정도에 비례하여 그르다. 행복이란 쾌락이며, 고통이 없는 상태를 말한다. 따라서 고통 또는 쾌락의 결핍은 행복과 반대된다. 쾌락의 증진 또는 고통으로부터의 자유야말로 유일하게 바람직한 것이고 그 자체로서 목적이다.[134]

어떤 행동이 바람직한 이유는 그 '행동 자체에 쾌락이 들어 있기 때문'이며, 고통을 최소화시켜 주거나 더 많은 쾌락을 증진시켜 주는 유익한 수단이 되기 때문이다. 이것이 공리주의의 핵심 명제이다.

하지만 밀이 모든 면에서 양적 공리주의자인 벤담과 일치하는 것은 아니다. 밀은『공리주의』에서 아래와 같이 말한다. 이것은 밀의 공리주의가 벤담의 그것과 다른 매우 중요한 특징이기도 하면서, 동시에 그의 공리주의를 비판하는 사람들의 표적이 되기도 하는 내용이다.

> 어떤 종류의 쾌락이 다른 종류의 쾌락보다 더 바람직하고 가치 있다

고 하는 것이 공리주의 원리에 어긋나는 것은 아니다. 다른 것을 평가할 때 양은 물론, 질까지 고려하여 평가하면서, 쾌락에 대해 평가할 때만은 오직 양만을 기준으로 평가해야 한다고 주장한다면, 이것이 더 설득력이 없다. 쾌락에는 두 가지 쾌락이 있는데, 이 두 가지를 경험해 본 사람이 두 가지 중에서 한 가지를 더욱 선호한다면, 바로 그것이 더욱 바람직한 쾌락이라고 할 수 있다. 비록 불만족이 따를 수 있다는 사실을 알면서도 그것을 더 원한다면, 그것을 선호함으로써 얻는 즐거움은 양의 많고 적음에 관계없이 질적으로 우월하다고 할 수 있을 것이다. [135]

밀의 공리주의를 벤담의 양적 공리주의와 대비해 질적 공리주의로 평가하는 이유가 잘 드러나 있는 문장이다. 쾌락에서의 질적 차이를 고려하지 않고 양적인 것으로만 환원해 이해해야 한다고 주장했던 벤담과 달리, 밀은 쾌락의 질적인 측면까지 고려하지 않으면 안 된다고 강조한다. 특히 밀은 양적 쾌락과 질적 쾌락을 모두 경험한 교양과 지식을 갖춘 사람들이 선호(즉 쾌락에 관한 전문적 식견을 갖춘 사람들의 선호)하는 것이 있다면, 그것을 따르는 것이 더욱 바람직하다고 주장한다. 왜냐하면 그들은 무엇보다 자신들의 품위를 중요하게 여기는 사람들이기 때문이다.

모든 것을 종합할 때, 가장 적절하게 고려되어야 할 것은 인간으로서 품위감이다. 이것은 인간이라면 누구나 갖고 있는 것인데, 품위감이 높은 사람일수록, 그리고 그런 의미에서 품위는 행복을 구성하

는 필수 요소가 된다. 품위와 대립되는 것은 결코 진정한 욕망의 대
상이 되지 못한다. 따라서 만족해하는 돼지보다 불만족스러워하는
인간이 되는 것이 더 낫고, 만족해하는 바보보다 불만족을 느끼는
소크라테스가 더 낫다. 바보나 돼지는 어느 한쪽만을 알고 있기 때
문이다. 이에 반해 소크라테스와 인간은 양쪽 모두를 잘 알고 있기
때문이다.[136]

위와 같은 밀의 주장은 벤담의 철학을 '돼지의 철학'이라고 비판할 때
가장 많이 언급되는 내용이다. 밀은 벤담과 달리 지적인 교양을 갖춘
정상적인 사람이라면 품위감에 기초한 선호에 따라 행동하리라고 주
장한다. 밀에 의하면, 진정한 공리주의자라면 유용성(효용성)의 원리나
행복의 개념에만 규제되는 것이 아니라 여기에 한 가지 더 추가되어야
할 요소가 있는데, 그것이 곧 고상한 인품이라는 품위감인 것이다. 공
리주의가 벤담의 주장처럼 '관련된 모든 사람들의 행복을 고려'하는 사
상이라고 한다면, 밀은 이 점을 마땅히 고려해야 한다고 주장한다.

공리주의 도덕은 인간이 다른 사람들을 위해 자신에게 소중한 것을
희생할 수 있다고 인정한다. 그렇지만 이것은 오직 다른 사람들, 즉
집단적 의미로서 인류의 이해관계를 기준으로 해서 개인의 행복에
기여할 때만으로 제한된다. 공리주의의 판단 기준에 의하면, 행복이
란 행위자 자신의 행복만이 아니라 관련된 모든 사람들을 포함한다
는 사실을 다시 한 번 강조해 둔다.[137]

‘다른 사람들을 위해 자신의 소중한 것을 희생할 수 있음’을 인정하는 밀의 공리주의는 이러한 희생이 가능할 수 있는 조건으로 “고상한 인품과 함께 사회 구성원들의 전체적인 인격이 도야되어야 한다.”[138]는 점을 내세운다. 자기의식과 자기 관찰의 습관을 지닌 사람들은 궁극적 목적인 ‘최대 행복의 원리’을 선호하며, 특히 행복의 질과 양을 비교함으로써 질을 더 선호할 것이다. 그리고 이것은 모든 인간 행동의 목적일 뿐만 아니라 도덕의 기준으로 작용한다.

이처럼 밀은 공리주의자였기 때문에 공리주의의 근본 명제인 쾌락과 고통의 부재, 최대 행복과 유용성의 원리에 대해서는 벤담과 같은 입장을 유지했다. 즉 그에게 쾌락이란 곧 행복을 의미하며, 이것은 그 자체 목적으로서 추구될 만한 바람직한 것이었다. 그뿐만 아니라 유용성이란 자신의 행복만이 아니라 관련된 다른 모든 사람들의 행복까지를 포함하는 것이었다.

하지만 밀은 벤담과 달리 쾌락에 관하여 두 종류의 쾌락을 말함으로써 벤담의 양적 쾌락주의를 비판하고, 그 한계를 넘어서고자 했다. 그리고 이 같은 목적을 이루기 위해 밀이 주목한 것은 우리의 삶을 정신적으로 풍요롭게 할 수 있는 질적인 차원의 쾌락, 즉 ‘품위감’이었다.

그는 품위감을 지식과 교양을 갖춘 사람들이 선호하는 것으로 이해했고, 이들을 만족해하는 바보나 돼지가 되기보다는 불만족스럽지만 인간 또는 소크라테스가 되기를 선호하는 고양된 품성을 지닌 쾌락에 관한 한 전문가적 식견을 지닌 사람들로 그려 냈다. 밀은 사회 구성원들이 모두 이처럼 교양 있는 사람들이 되도록 하는 교육을 통해 당시 영국 사회가 안고 있는 문제들을 해결할 수 있다고 믿었으며, 이를 통해 사회가 지속적으로 진보할 수 있으리라는 신념을 갖고 있었다.

그렇지만 밀은 쾌락의 문제에서 질을 강조함으로써 정통적인 벤담의 공리주의가 가장 정성을 들였던 쾌락의 '양적 계산'을 불가능하게 만들었다는 비판을 감수해야 했다. 예를 들어 '품위감', '교양 있는 마음', '상상력과 지성의 쾌락', '시적인 상상력', '도덕적 정서', '지성의 쾌락'처럼 양적으로 환원이 불가능한 질적이고 주관적 개념들을 가지고는 객관적인 측정 자체가 불가능하다는 지적이다. 그렇다고 밀이 쾌락 또는 효용에 대해서 측정할 필요성 자체를 부정하는 것은 아니다. 밀은 효용(즉 유용성)에 대한 비교 측정을 다음과 같이 설명하고 있기 때문이다.

> 효용의 이론이 빛을 발하기 위해서는 각각의 상황에서 서로 충돌하는 효용들이 각각 얼마의 가치를 지니는지 비교 측정하여 하나의 효용이 다른 효용에 비해 얼마나 더 나은가를 구별할 수 있어야 한다. 또한 효용 이론을 지지하는 사람이라면, 어떤 행동을 하기 전에 그것이 전체적인 행복에 어떤 영향을 미칠 것인지 그 파급 효과를 계산하고, 측정할 수 있는 시간이 없다는 주장을 반박할 수 있어야 한다.[139]

그렇더라도 밀이 주장하는 효용의 성격 때문에, 즉 질적 쾌락이 지닌 주관적인 특성과 그 모호성 때문에 그가 말하는 쾌락 간의 비교 측정은 현실적인 대안이 되지 못한다는 한계가 달라지기는 어렵다. 무엇보다 밀이 정신적으로 교양을 갖춘 사람들의 '선호'가 질적으로 더 높은 쾌락과 양립할 수 있다고 강조하는 점은 (비록 우리가 사심 없는 공정한 관찰자로서 어떤 것을 선호하는 선택을 한다고 할지라도,) 쾌락의 양에 대한 객관적 측정에 대해서는 비판적이었음을 의미한다고 할 수 있다.

> 두 종류의 쾌락 중에서 어느 것이 더 가치 있는지는 이에 대해 정통하거나 익숙한 경험을 지닌 사람들의 판단이 존중되어야 하고, 이들끼리도 일치하지 않을 경우는 다수의 판단이 존중되어야 한다.[140]

행복과 내적 제재

●

밀은 (벤담의) 공리주의가 이기주의라는 비난을 극복하기 위해 '대접받고자 하는 대로 대접하라.'는 기독교의 황금률을 끌어들여 최대 '다수'의 행복을 강조하기도 했는데, 이것 또한 정신적 교양을 갖춘 사람들의 '선호'와 같은 맥락에서 이해된다. 즉 진정한 공리주의자라면, 자신만의 이기적인 행복이 아니라 '관련된 모든 사람들의 행복'을 선호의 기준으로 삼을 것이라는 주장이다(그렇지만 밀이 이러한 주장을 하면 할수록 쾌락의 계산이라는 정통 공리주의로부터 더욱 멀어지는 결과가 초래된다).

밀의 이러한 신념은 그가 유용성(또는 행복)의 개념을 사회 전체의 이익과의 조화라는 맥락에서 파악하고 있었다는 데에서도 알 수 있다.

> 공리주의(즉 유용성의 원리)는 다음과 같은 조건을 포함하고 있어야 한다. 첫째, 사회 제도와 법은 모든 개인의 행복을 (보다 구체적으로 말

한다면 이익을) 가능한 한 사회 전체의 이익과 조화를 이루도록 만들
어야 한다. 둘째, 인간성을 기르는 데 가장 중요한 영향력을 갖고 있
는 교육과 여론은 모든 사람의 마음에 자신의 행복과 사회 전체의 선
이 불가분의 관계에 있음을 확고하게 가르쳐야 한다. 그리하여 각
개인들로 하여금 자신들의 행위가 곧 전체의 선을 증진시키려는 직
접적인 충동, 즉 습관적인 동기가 될 수 있도록 해야 한다.[141]

이를 통해 인간 정신이 지속적으로 진보하리라는 신념을 갖고 있었
던 밀이었기 때문에 '제재'에 대해서도 벤담보다 심화된 입장을 내놓는
다. 밀은『공리주의』에서 제재에 대해 다음과 같이 말한다.

유용성의 원리는 (우리의 행위에 대해) 윤리적 제재의의 역할을 한다.
제재에는 외적인 것과 내적인 것이 있다. 외적인 것은 우리 주변 사
람들이나, 이 우주의 주재자가 좋아하는 것에 대한 기대이자, 싫어
하는 것에 대한 두려움이다.[142]

벤담처럼 외적 제재를 인정하는 밀에 따르면, 우리는 이웃과 함께하
려는 동정심이나 호감에 대한 관심, 그리고 창조주에 대한 두려움 때
문에 이기적인 욕망을 자신의 의지로 대체하려는 노력을 하면서 살아
간다. 이런 삶은 공리주의의 도덕과도 정확히 일치하는 삶이라 할 수
있으며, 공리주의에 기초한 도덕을 더욱 강화하는 데에도 큰 도움을
준다.

하지만 밀의 주장이 여기서 더 나아가지 못한다면, 벤담의 공리주의

와 크게 다르지 않게 된다. 밀은 내적 제재라는 개념을 통해 벤담의 공리주의를 넘어선다.

> 우리가 의무의 기준으로 무엇을 삼든지 언제나 그 의무를 지키게 만드는 것은 내적인 제재이다. 이것은 우리 자신의 마음속에서 생기는 어떤 느낌인데, 이 때문에 이것을 어기게 되면 고통이 뒤따르게 된다. 정상적인 교육을 받은 사람이라면 그 고통의 정도는 참기 어려울 만큼 강렬할 것이다. 이러한 느낌이 공정한 의무 관념과 결합하면 양심이 된다. 도덕적 의무감이 지닌 구속력은 우리가 옳다고 설정한 기준을 위반할 때 겪게 되는 이러한 느낌, 즉 나중에 후회하는 마음이 들게 하는 이러한 느낌에서 나온다. 이것이 양심이다.[143]

즉, 모든 도덕이 행사하는 가장 강력한 영향력이자 궁극적인 제재는 "우리 마음속의 주관적인 느낌(즉 인류를 향한 양심적 느낌)"으로부터 나온다는 말이다. 그리고 이것은 이런 느낌(감정)들이 공리주의 도덕에서 얼마든지 높고 강렬하게 고양되지 못할 이유가 없음을 의미한다.

> 도덕적 의무를 따르도록 만드는 것은 전적으로 자신의 주관적 느낌이다. 우리가 어떤 사심도 없이 전적으로 공정하다면, 제재는 언제나 우리의 마음 그 자체에 뿌리를 둔다. 인간이 가지고 있는 사회적 감정은 공리주의 도덕의 자연적 기초가 되며, 사회적 감정이란 주변의 다른 사람들과 하나가 되려는 강렬한 소망이다. 이것은 우리 본성 안에 있으며, 문명이 발전하면서 자연스럽게 비례하여 더욱 강해진다.[144]

밀은 내적 제재를 인간이 갖고 있는 사회적 감정, 즉 자기와 관련된 주변 사람들과 하나가 되려는 자연적 정서와의 관련성 속에서 설명한다. 따라서 우리가 자기 욕심만 채우려는 사심이 아니라 스스로를 공정한 입장에 놓고 바라보려 하면 할수록, 그만큼 사회적 감정은 더욱 고양될 수 있으리라 본다.

그리고 이러한 사회적 감정과 동정심의 씨앗이 성장할 수 있도록 도와주는 교육도 중요하다고 밀은 주장한다. 왜냐하면 "인간 정신의 발전에 맞추어 사회의 모든 사람과 일체감을 느끼려는 마음도 지속적으로 성장하고 강해지기" 때문이다. 만약 이러한 일체감이 실현된다면, 자신의 이익에만 집착하여 타인을 배제하는 일은 처음부터 불가능해진다.

이처럼 밀은 우리 안에서 사심 없이 공정하고, 사회적 일체감이라는 정신의 발달이 이루어진다면, 전체 사회의 행복을 증진시키는 유용성에 더욱더 잘 부합하는 행동을 하게 되리라고 생각했다. 그리고 우리가 전체 사회의 행복을 증진시킬 수 있는 근거를 외적인 제재와 함께 궁극적으로 내적인 제재에서 찾고자 했다. 외적인 제재가 전체 사회의 선(행복)을 추구했을 때와 추구하지 않았을 때 받게 될 보상 또는 처벌과 관련된 깃이라면, 내적인 제재는 '인간 본성의 자연적인 감정', '인류애와 같은 양심적인 감정'(이러한 감정 또한 유용성의 원리와 당연히 부합한다.)과 관련된 것이다.

밀은 쾌락에서의 질적 차원과 윤리적 제재에서의 내적인 차원을 강조함으로써 정통 공리주의와 한층 멀어지는 결과를 초래했지만, 밀을 통해 공리주의는 이기주의를 넘어 전체 사회적 차원의 행복을 한층 강조하는 사상이 되었을 뿐만 아니라, 인간 정신이 교육을 통해 지속적으로 진보할 수 있음을 보여 주는 철학이 되었다.

사심이 없는 공정한 관찰자로서 교양 있는 마음을 지닌 사람이 선호하는 것, 즉 고상함이나 품위감을 하나의 독립된 가치로 인정하는 밀의 주장이 쾌락의 양적인 측면과 거리를 두고 있는 점은 분명하다. 그렇지만 밀이 유용성을 행위와 관련된 모든 이해당사들의 행복이라는 정의 위에 기초하여 공정성을 갖춘 교양 있는 사람의 선호를 도덕과 가치 판단의 기준(선호 공리주의)으로 제시한 점은 그가 여전히 공리주의자임을 보여 준다.

다시 말해 곤경에 처한 어떤 사람을 누군가가 구해 주었다면, 그 사람의 행위는 행위의 동기나 의무의식과는 관계없이 그 행위가 유용성의 원리에 부합하기 때문에 선한 행위가 된다는 것이다.

> 공리주의의 기준이 되는 것은 행복이며, 이것은 공리주의가 행위의 옳고 그름을 판단하는 기준이 된다. 그런데 당사자 본인의 행복과 관련된 모든 사람들의 행복 중에서 하나를 선택해야 하는 상황이라면, 공리주의는 그에게 사심이 없는 공정한 관찰자의 입장으로서 엄정한 중립적인 태도를 취할 것을 요구한다.[145]

밀은 교육을 통해 사심 없는 관찰자가 될 수 있는 인간 정신을 고양하고, 그리고 사회적 감정이라는 누구나 자연적으로 품고 있는 생각이나 느낌, 즉 주변 사람들과 하나가 되려는 이 감정을 계발함으로써 개인의 행복과 사회적 행복 사이의 조화가 가능할 것이라는 낙관적인 전망을 한다.

『자유론』

인간 정신의 진보에 의한 사회적 문제의 해결과 사회 발전에 대한 믿음을 갖고 있었던 진보주의자이자 자유주의자였던 밀은 자신의 논의를 도덕 철학에서 사회·정치 철학으로 확장한다. 밀은 고전적 자유주의의 완성이라 할 수 있는 『자유론』에서 이 책을 쓴 동기와 자유 그 자체가 지닌 절대적 중요성에 대해 다음과 같이 강조한다.

> 나는 이 책에서 자유에 관하여 간단명료한 하나의 원리를 제시하려고 한다. 그것은 개인이 갖고 있는 자유를 제한하는 일은 그것이 개인이든 집단이든 오직 한 경우, 즉 자기 보호를 위한 경우만으로 제한된다는 것이다. 다른 사람에게 해를 끼치는 행위를 막기 위한 목적으로 당사자의 의지에 반하는 힘(권력)을 행사하는 것은 정당화된다. 오직 이 경우만을 제외하고, 문명사회에서 구성원의 자유를 침해하는 그 어떤 권력의 행사도 정당화될 수 없다. 비록 그 힘이 물리적이며 도덕적인 선을 위해서라는 명분으로 이루어진다고 할지라도 정당화될 수 없다.[146]

밀은 한 사람 한 사람의 자유가 절대적 가치를 지닌다고 보았기 때문에 자기 자신을 보호해야 하는 경우 외에 어떤 이유로도 자신의 자유가 제약되어서는 안 된다고 본다. 각자는 절대적 자유를 지니며, 그렇기 때문에 자기 자신의 몸과 정신에 대한 진정한 주권자이다. 따라서 사회는 오직 다른 사람의 자유에 해로운 영향을 미치는 경우에 한해서만 개인의 자유를 간섭할 수 있다. 하지만 자신의 자유가 자신에게만 영향을 미치는 경우는 간섭하지 않아야 한다.

고전적 자유주의 원리를 계승하고 있는 밀에게 자유주의와 개인주의는 사회적 유용성의 증대와 진보를 위해서도 반드시 필요했다. 밀에 의하면, 우리 모두에게는 공통의 진리가 있는데, 그것은 다름 아닌 '자유'이다. 따라서 다른 사람에게 해악을 끼치는 행위일 경우에만 자신의 자유를 제약받을 수 있다. 물론, 이 경우에도 단지 다른 사람에게 불쾌한 감정을 일으키는 행동이라는 이유로 제약되어서는 안 된다.

이 때문에 밀의 자유론은 오늘날 동성애의 인정이나 영화에 대한 사전 검열을 반대하는 논거로 적절히 활용되고 있다. 이와 관련하여 밀은 다수의 독재 또는 횡포에 대해서도 경계했다. 선택의 자유를 봉쇄하고 전체를 위해 하나가 되는 통일성(일치)만을 요구하는 사회적 압력은 개인의 독창성과 가능성을 질식시켜, 결국 개인의 발전과 사회의 진보를 더 이상 불가능하게 할 것이라 보았기 때문이다.

밀은 자유가 지닌 이와 같은 중요성에 기초하여 우리 인간이 반드시 보장받아야 할 자유의 기본 영역을 다음의 세 가지로 설명한다.

> 첫째, 내면적인 의식의 영역으로, 이것은 가장 넓은 의미의 양심의 자유, 사고와 감정의 자유, 자신의 의견과 주장에 대한 절대적 자유를 말한다.
>
> 둘째, 자신이 희망하고 즐기는 기호를 추구할 자유로, 각자는 자신의 개성에 맞게 삶을 설계하고, 자신이 좋아하는 대로 살아갈 자유를 누려야 한다.

밀은 '완벽하게 자유로운 사회'란 이 세 가지 자유에 대해 절대적 가
치를 부여하고 이를 무조건 보장하는 사회라고 말한다. 특히 "각자가
자신이 원하는 삶을 설계하고 꾸려 나갈 자유"는 이 자유 때문에 자신
이 고통을 받는다 하더라도 자유 가운데에서도 가장 중요한 자유라고
강조한다.

밀은 우리의 인간 정신이 한층 성숙해지는 과정을 통해 사회 또한 그
에 비례하여 현재의 문제들을 점진적으로 해결할 수 있으리라는 믿음
을 갖고 있었다. 그리고 이러한 정신의 성숙은 교육과 기본적인 자유
의 보장을 통해 가능하다고 보았기 때문에 실제 삶의 원리로 작용해야
한다고 보았다. 그의 기본적인 자유권에 대한 강조는 현실의 삶에서
각 개인의 개체성, 즉 다양성에 대한 존중으로 표현된다.

침묵을 강요당하는 의견일지라도 진리일 가능성이 있으며, 설령 침
묵을 강요당하는 의견이 틀릴지라도, 그것이 일정한 부분은 진리일
수 있다. 일반적으로 진리라고 받아들여진 것들일지라두, 진지한 테
스트(토론과 반박)를 거치지 않고 받아들여지게 된다면 그것은 단지
하나의 편견이 될 수도 있다.[148]

밀은 인간의 사고와 정신의 자유, 양심과 의사 표현 및 결사의 자유
를 강조했기 때문에 비판과 토론 또한 중요하게 생각했다. 왜냐하면

모든 사람은 완전하지 못하기 때문에 비판과 토론을 통해 더 나은 집단 지성을 창출할 수 있으며, 이를 통해 각자의 다양성과 사회의 진보를 기대할 수 있기 때문이다. 이것은 공리주의의 유용성의 원리에도 부합한다.

이러한 사고는 그가 빈곤층의 아이들에게 국가적인 차원에서 교육비를 지원해야 한다는 주장으로 발전한다. 물론, 이 경우에도 국가가 교육을 독점해서는 안 된다. 그것은 교육의 다양성을 침해함으로써 개인의 다양성을 억압하고, 학생들을 하나의 정형화된 틀에 가두게 될지도 모르기 때문이다.

개인의 자유에 대한 강조와 사회의 진보에 대한 그의 신념은 사회주의자들이 주장하는 혁명에 대한 반대에서도 잘 드러난다. 그는 (마르크스를 비롯한) 혁명을 주장하는 사회주의자들에 대해 혁명은 더 많은 개혁의 기회와 가능성을 유혈과 고통으로 대체하려는 것이라는 이유를 들어 반대했다. 혁명이 어떤 결과를 가져올지 불확실한 상황에서 인류가 지금까지 쌓아 온 지적이며 정신적 자산을 한순간에 무효화시키는 행동은 지혜롭지 못하다는 것이 밀의 판단이었다.

또 그는 사회주의 혁명은 노동 의욕과 동기를 꺾게 될 것이고, 혁명 이후 개인의 자유에 대한 심각한 침해가 일어날 것이라고 통찰했다. 180년 전에 있었던 밀의 통찰력은 20세기 사회주의 국가들의 몰락이라는 결말과 정확하게 일치하고 있다는 점에서 더욱 주목할 만한 가치가 있다.

지배와 전제에 반대하고 다원적이며
복합적 평등을 주장한

마이클 왈처

•

Michael Walzer

1935–

분배적 정의와 관련된 모든 가치들은 사회적 가치들이다.

복합 평등이란 한 영역 안에서 혹은 다른 사회적 가치와 관련하여 시민이 지닌 어떠한 위치도
다른 영역 혹은 다른 가치와 관련된 그의 지위 때문에 침해당할 수 없다는 것을 의미한다.

▶ 핵심 주제

정의와 다원적 평등

단순 평등과 복합 평등

정의로운 사회: 지배 없는 다원적 평등 사회

▶ 핵심 용어

『정의와 다원적 평등』, 획일적 평등주의 반대, 개방적 평등주의, 보편주의 비판,

특수주의, 사회적 가치, 공유된 이해, 가치들의 다원성, 분배 영역의 자율성, 단

순 평등과 지배 · 독점 · 전제 반대, 복합 평등, 개방적 분배 원칙, 지배 없는 통치

정의와 다원적 평등

왈처는 노직과 함께 롤스의 정의론을 비판한 대표적인 사상가로 꼽힌다. 그는 『정의와 다원적 평등(Spheres of Justice)』(1983)에서 '다원적 평등' 혹은 '복합 평등'(complex equality)을 핵심 개념으로 하는 자신의 정의론을 전개하였다. 『정의와 다원적 평등』은 왈처가 1970년과 1971년에 하버드 대학에서 노직과 함께 담당한 "자본주의와 사회주의"라는 강의에서 펼친 논변들을 정리한 책이다.[149]

왈처는 『정의와 다원적 평등』의 목적을 "어떤 사회적 가치도 결코 지배의 수단으로 이용되지 않는 사회, 혹은 그렇게 이용될 수도 없는 사회를 기술하는 것"이라고 밝힌다.[150] 그는 평등이라는 낱말의 글자 그대로의 의미를 고수하는 획일적 평등주의를 거부하고 평등이라는 말에 함축된 더욱 풍성한 내용들과 부합하며 생동하면서도 개방적인 평등주의, 나아가 자유와도 양립하는 평등주의를 추구하고자 한다.

왈처에 의하면, 정의의 문제를 철학적으로 탐구하는 방법은 크게 두 가지로 구분될 수 있다. '보편주의'와 '특수주의'가 그것이다. 보편주의는 마치 플라톤의 철인(철학자)처럼 "동굴에서 걸어 나와 도시를 떠나 산으로 올라 스스로의 힘으로 객관적이면서도 보편적인 관점을 형성하는 것"[151]이다. 그러한 관점은 평범한 일상인들로서는 형성할 수 없는 관점이다. 그 철인은 "그 어느 곳에서도 찾아볼 수 없는 유토피아 혹은 어느 곳에서건 적용될 수 있는 철학적 이념을 묘사"하고 "저 먼 곳에서 일상적인 삶의 지형을 서술"한다.

왈처는 이러한 보편주의를 단호히 거부하고 "나는 그 동굴 안에, 그 도시 안에, 그 땅 위에 머물고자 한다."라고 말하면서, 자신의 정의론은 급진적일 정도로 특수주의적 성격이 강하다고 밝힌다.[152] 그는 철학자로서 자신의 임무를 "우리의 동료 시민들에게 우리가 공유하고 있는 의미들의 세계에 대해 해석해 주는 것"으로 규정한다. 왈처는 롤스의 원초적 입장 같은 가상의 '사고 실험'을 염두에 두고 정의로운 사회 혹은 평등한 사회는 상상 속에서는 결코 고안될 수 없다고 비판한다.[153] 평등한 사회는 "사회적 가치들에 대한 우리의 공유된 이해 속에 존재하는 실천적 가능성"으로서 우리의 손길이 닿을 수 있는 범위 안에 존재한다고 그는 주장한다.[154] 즉 정의론은 롤스의 그것처럼 일상인들이 이해하기 어렵고 현실과 동떨어진 추상적 이론이 아니라, 일상인들의 이해와 가까운 거리에 머물면서 특정 사회의 역사와 문화를 비판적으로 해석하는 이론이어야 한다는 것이다.

한편, 왈처는 인간 사회를 '분배 공동체'로 본다. 그는 서로 다른 정치 체제들은 다양한 사회적 가치들을 서로 다른 방식으로 분배한다고 주장한다. 이러한 사회적 가치들은 성원권(membership), 안전과 복지, 돈과 상품, 공직, 힘든 노동, 자유 시간, 교육, 혈연과 사랑, 신의 은총, 인정(recognition), 정치 권력 등 매우 다양하다.[155] 왈처에 의하면 이러한 가치들의 다원성은 각각의 사회적 가치들에 대한 분배 절차, 분배 주체, 그리고 분배 기준의 다원성으로 이어진다.

우리는 역사를 통해 분배적 정의와 관련된 엄청나게 다양한 제도와 이념들을 접할 수 있다. 그러나 플라톤 이래 정의의 문제에 깊이 매달려 온 대부분의 철학자들은 철학에서 옳다고 제시할 수 있는 분배 체계는 오직 하나뿐이라는 전제하에 다양한 역사적 현실적 사례들을 외면

하고 그 저변에 있는 어떤 통일성(단일성)을 모색해 왔다. 롤스의 정의론 역시 예외는 아니다. 이상적으로 합리적인 사람들이 자신들과 관련된 특수한 상황에 대해 전혀 모르면서 추상적인 가치들과 대면하여 보편적인 정의의 원칙을 공평하게 선택하게 될 분배 체계가 그와 같은 오직 하나뿐인 체계로 보기 때문이다. 그러나 과연 원초적 입장에 있던 개인들이 무지의 베일을 벗고 일상의 현실로 되돌아왔을 때 그들이 가상의 상황에서 취한 선택을 다시금 승인할 것인지, 심지어 자신들의 선택으로 인정할 것인지는 의문이다. 왈처는 "통일성을 모색하면, 분배적 정의의 핵심 문제를 오해하고 만다"고 말한다.[156] 분배적 정의의 문제는 "합리적 개인들이 이러이러한 종류의 보편화 가능한 조건들 하에서 무엇을 선택하고자 하는가?"가 아니라 "현실 속에 존재하면서 문화를 공유하고 있는 일상적인 개인들이 무엇을 선택하고자 하는가?"로 규정되어야 한다고 그는 주장한다.

하지만 왈처가 정의의 원칙들 자체를 거부하는 것은 아니다. 다만 "정의의 원칙들 그 자체가 다원주의적"이라는 것이다. 즉 "상이한 사회적 가치들은 상이한 근거에 따라 상이한 절차에 맞게 상이한 주체에 의해 분배되어야 한다. 그리고 이러한 모든 차이는 사회적 가치들 그 자체에 대해 서로 다른 주체들이 서로 상이한 방식으로 이해하기 때문에 나타난다. 그리고 이러한 상이한 이해들은 역사적이고 문화적인 특수성의 산물이다."[157]

왈처에 의하면 분배적 정의는 "가치들의 세계 전체를 철학적 반성의 영역으로 끌어들인다"는 점에서 '거대 관념(large idea)'이다.[158] 그는 분배의 핵심적 과정에 대한 정확하고 다원적인 서술을 제안한다. "사람

들이 가치들을 구상하고 창출하며, 또한 이렇게 구상되고 창출된 가치
들을 서로서로 분배한다."[159]는 것이다. 이 서술에 따르면 가치들을 구
상하고 창출하는 것이 분배에 우선할 뿐만 아니라 분배를 통제한다.
왈처는 분배 가능성의 다원주의를 설명하고 제한하기 위해서는 가치론
이 필요하다고 하면서, 다음과 같은 6가지 명제로 그러한 가치론을 요
약한다.[160]

(1) 분배적 정의와 관련된 모든 가치들은 사회적 가치들이다.

(2) 사람들은 그들이 사회적 가치들을 구상하고 창출하며 소유하고
또한 채택하는 바로 그 방식 때문에 구체적인 정체성을 갖는다.

(3) 모든 도덕적 물질적 세계에서 통용될 수 있는 기본적 가치들의
집합을 단 하나로 구상하는 것은 전혀 불가능하다.

(4) 가치들의 이동을 결정하는 것은 그 가치들의 의미이다.

(5) 사회적 의미들은 그 특성상 역사적이다. 또한 분배 그 자체와 정
의로운 분배 및 부정의한 분배의 개념은 시간이 지남에 따라 변
화한다.

(6) 의미들이 서로 뚜렷이 구분될 때, 다양한 분배들은 자율적이어야
만 한다.

위와 같은 가치론에 따르면, 세계 안에 존재하는 가치들은 가치의 구
상과 창출이 사회적 과정이기 때문에 의미들이 공유되며, 바로 그 이
유 때문에 가치들은 상이한 사회에서는 상이한 의미를 갖게 된다. 설
사 기본적 가치들의 단일한 집합을 구상했다 할지라도, 그것은 너무나

도 추상적인 관점에서 구상되었기 때문에 개별적인 분배를 고려하는 과정에서는 무용지물이 되고 말 것이다. 심지어 식량처럼 단일한 필수적인 가치들마저도 장소에 따라 서로 다른 의미를 갖게 된다. "빵은 생명의 양식이요 그리스도의 몸이요 안식일의 상징이요 호의를 표현하는 수단이기도 하다"는 것이다.

왈처는 모든 분배는 해당 가치의 사회적 의미에 따라 정의로울 수도 있고, 그렇지 않을 수도 있다고 본다(정당화의 원칙이자 비판적 원칙). 중세 기독교 사회에서 성직이나 공직의 사회적 의미는 학식이나 신앙심에 따라 선택되어야 하는 가치를 의미하였다. 이 같은 성직의 사회적 의미에 근거하여 중세 기독교 신자들은 성직 매매를 비판할 수 있었다.

또한 다양한 분배들은 상대적 자율성을 지녀야 한다. 이것은 모든 사회적 가치들(의 집합)은 고유한 분배 영역을 구성하며, 그 분배 영역에서는 오직 특정한 기준과 제도들만이 적절하다는 것을 뜻한다. 가령 돈은 시장에서는 적절하지만 성직의 영역에서는 부적절하다. 또 신앙심은 성직의 영역에서는 적절하지만 시장에서는 부적절하다. 이러한 상대적 자율성은 사회적 의미들과 마찬가지로 비판적 원칙이다. 모든 사회적 가치들과 모든 개별 사회의 분배 영역에 있어서는 기준들이 존재한다. 그러나 이 기준들은 권력 있는 자들에 의해 종종 침해되고 가치들은 침탈되며 영역들은 침범된다.

단순 평등과 복합 평등

●

대부분의 사회는 분배 제도의 복합성에도 불구하고 일종의 '사회적 금본위제(social gold standard)'에 근거하여 조직된다. 금본위제에서 금 숲이 가치의 표준이 되듯이, 하나의 가치가 '가치의 표준'이 되어 모든 분배 영역을 지배하며, 특정 개인이나 집단이 그러한 지배적 가치를 독점하는 경우가 많다. 왈처는 지배(dominance)와 독점(monopoly)을 다음과 같이 구분한다.[161]

- 지배 : 하나의 가치는 그 가치를 가지고 있는 개인이 그 가치를 가지고 있다는 이유 때문에 더욱 광범위한 다른 가치들을 장악할 수 있는 경우 '지배적'이다.
- 독점 : 개인이나 집단이 모든 경쟁자들을 물리치고 어떤 가치를 성공적으로 갖게 되는 경우 그 가치는 '독점'된다.

즉, 지배는 사회적 가치들이 그 내재적인 의미들에 의해 제한되지 않는 방식으로 사용되는 것을, 그리고 독점은 지배적인 사회적 가치들을 이용하기 위해 사회적 가치들을 소유·통제하는 방식을 가리킨다. 가령 자본주의 사회에서는 자본(capital)이 지배적 가치로서 특권과 권력으로 쉽게 전환될 수 있으며, 자본은 특정 개인이나 집단에 의해 독점되는 경향이 있다.

지배와 독점 모두 부당한 것 같다. 그런데 롤스처럼 보편주의(통일성과 일원성)를 표방하는 철학자들은 지배보다는 독점의 부정의에 주목하여 지배적 가치는 그것이 무엇이든 평등하게(적어도 광범위하게) 공유되어야 한다고 주장한다. 어떤 지배적 가치가 널리 공유된다면 어떤 다른 가치가 독점되는 것을 막을 수 있기 때문이다. 이와 같이 독점의 부정의에 주목하는 철학자들은 다음과 같은 '단순 평등 체제'를 지향한다.[162]

> 모든 것이 시장에 매물로 나와 있고 모든 시민이 똑같은 양의 돈을 가지고 있는 사회를 생각해 보자. 이러한 '단순 평등 체제'는 장기간 지속될 수 없다. 왜냐하면 시장에서의 자유 교환은 결국 불평등을 낳을 수밖에 없기 때문이다. 단순 평등을 유지하고자 한다면 최초의 상황으로 회귀하도록 적극적으로 개입하는 강력한 중앙 집권적 국가가 필요하다.[163]

위와 같이 단순 평등은 국가의 지속적이고 강력한 개입, 즉 국가 권력의 독점을 필요로 한다. 이것은 독점을 막기 위해 독점을 불러오는 꼴이다. 또한 이러한 단순 평등 체제에서는 국가 권력을 독점하기 위해 다양한 집단들로 하여금 경쟁하게 하여 커다란 사회적 갈등이 야기될 가능성이 크다. 따라서 왈저는 독점의 혁파나 규제보다는 지배의 축소에 주목해야 한다고 본다. 즉 특정 가치들이 다른 가치들로 전환될 수 있는 영역을 축소하고, 분배 영역의 자율성을 확립해야 한다는 것이다. 그는 이를 위해 '복합 평등(다원적 평등) 체제'를 지향한다.

> 상이한 사회적 가치들이 독점적으로 소유되어 있으면서 어떤 특정한

가치도 일반적으로 전환 가능하지 않은 사회를 생각해 보자. 이러한 다원적인 평등주의 사회(복합 평등 체제)에서는 소규모의 불평등이 다수 존재할 것이지만, 불평등이 전환 과정을 거치면서 증식되거나 상이한 가치들을 아우르면서 통합되지도 않을 것이다. 왜냐하면 분배의 자율성은 상이한 집단들에 의해 장악되는 다양한 국지적 독점들을 산출하는 경향이 있기 때문이다. 다원적 평등은 사회적 갈등을 더욱 분산시켜 개별화된 형태로 나아가는 길을 열 것이다.[164]

복합 평등을 옹호하는 논변은 다양한 사회적 가치들에 대한 우리의 이해, 즉 우리의 현실적이면서도 구체적이며 개별적인 이해에서 출발한다. 평등은 똑같은 양의 재산을 소유하도록 하는 것(단순 평등)이 아니다. 평등은 우리가 함께 만들고 공유하며 또한 나누는 가치들에 의해 매개되는 인격체들 간의 다원적 관계이다. 평등은 사회적 가치의 다양성을 반영하는 다양한 분배 기준을 요구한다.

왈처에 의하면 사회적 가치들은 사회적 의미들을 가지고 있으며, 우리는 이러한 의미들에 대한 해석을 통해 분배적 정의로 나아가는 길을 모색해야 한다. 또한 우리는 각각의 분배 영역에 내재적인 원칙들을 모색해야 한다. 이러한 원칙들을 무시하는 것은 '전제(tyranny)'이다. 복합 평등은 지배와 정반대이며, 다원적 평등 체제는 전제와 정반대이다. 복합 평등 체제는 지배를 불가능하도록 하는 일군의 관계들을 정립한다.

복합 평등이란 한 영역 안에서 혹은 다른 사회적 가치와 관련하여 시민이 지닌 어떠한 위치도 다른 영역 혹은 다른 가치와 관련된 그의 지위 때문에 침해당할 수 없다는 것을 의미한다. 즉 공직에 시민 X가 시민 Y에 우선하여 선택될 수도 있으며, 이때 두 사람은 정치의 영역에서는 불평등하게 된다. 그러나 공직에 있다는 이유 때문에 그 외 모든 영역에서 X에게 우선적인 의료 혜택, 자녀의 취학의 우선권, 다른 취업 기회 등과 같은 혜택이 주어지지 않는 한, 이 두 사람이 일반적으로 불평등한 것은 아니다.[165] 이러한 복합 평등 개념에 입각하여 왈처는 다음과 같은 개방적인 분배 원칙을 제시한다. 즉 "어떠한 사회적 가치 x도, x의 의미와 상관없이 단지 누군가가 다른 가치 y를 가지고 있다는 이유만으로 y를 소유한 사람들에게 분배되어서는 안 된다."[166]

정의로운 사회: 지배 없는 다원적 평등 사회

●

왈처는 정의론을 '인류의 의견에 대한 정중한 존경'으로 볼 것을 제안한다. '인류의 의견'이란 우리의 공통된 삶을 조형하는 사회적 의미에 대해 우리가 공유하는 심층적 의견이다. "철학자들이 자기들의 동료 시민들과 공유하는 이해들에 대한 존경심에서 글을 쓸 때, 그들은 정의롭게 정의를 추구하는 것"이라고 그는 말한다. 왈처는 정의론, 즉 지배 및 불평등에 반대하는 논증을 펴기 위해서는 오직 해당 가치들에 대해 공유되고 있는 이해들에 주목하는 것만으로 충분하다고 본다.

복합 평등으로서의 정의는 시민들이 어떤 영역에서는 통치하고 다른 영역에서는 통치받기를 요구한다고 왈처는 주장한다.[167] 여기서 말하는 '통치(rule)'는 '지배'를 의미하는 것이 아니라 어떤 가치에 대해 다른 사람들보다 더 큰 몫을 누리는 것을 의미한다. 그는 각 영역의 자율성을 보장하는 복합 평등 체제가 다른 어떤 체제보다도 사회적 가치의 더 큰 몫을 약속할 뿐만 아니라, 통치받는다는 것과 서로를 존중한다는 것(상호 존중)의 양립 가능성도 확립해 줄 것이라고 본다. 요컨대 왈처가 추구하는 정의로운 사회는 각 영역의 자율성이 존중됨으로써 '지배 없는 통치(rule without domination)'가 실현되는 사회라고 하겠다.

| 서양편 미주 |

1 코플스톤 지음, 김보현 옮김, 『그리스 로마 철학사』, 서울: 철학과 현실사, 1998. 130쪽.

2 위의 책, 133쪽.

3 W.S. 사아키안 지음, 황경식, 송휘철 옮김, 『윤리학의 이론과 역사』, 서울: 박영사, 2005. 15-16쪽.

4 위의 책, 17쪽.

5 플라톤 지음, 백종현 역주, 『국가·정체』, 서울: 서광사, 2005. 64-65쪽.

6 위의 책, 82쪽.

7 위의 책, 83-93쪽 참고.

8 위의 책, 121-182쪽 참고.

9 위의 책, 437쪽.

10 위의 책, 439-440쪽.

11 위의 책, 441쪽.

12 위의 책, 448-457쪽 참고.

13 위의 책, 258쪽.

14 위의 책, 265쪽.

15 위의 책, 273-274쪽.

16 위의 책, 334쪽.

17 위의 책, 338쪽.

18 위의 책, 365쪽.

19 코플스톤, 위의 책, 400쪽.

20 플라톤, 아리스토텔레스 지음, 최명관 옮김, 『향연, 파이돈, 니코마코스 윤리학』, 서울: 을유문화사, 2001. 205쪽.

21 나이젤 워버턴 지음, 최희봉 옮김, 『스무 권의 철학』, 서울: 지와 사랑, 2005. 36쪽.

22 플라톤, 아리스토텔레스, 위의 책, 216쪽.

23 위의 책, 230-233쪽 참고.

24 위의 책, 234-243쪽 참고.

25 위의 책, 218쪽.

26 위의 책, 221쪽.

27 위의 책, 230쪽.

28 위의 책, 224-225쪽.

29 위의 책, 251쪽.

30 로버트 애링턴 지음, 김성호 옮김, 『서양 윤리학사』, 서울: 서광사. 2003. 133쪽.

31 아리스토텔레스, 『정치학』, 서울: 올재클래식, 2015. 33쪽.

32 플라톤, 아리스토텔레스, 앞의 책,

223쪽.

33 위의 책, 314쪽.

34 위의 책, 316쪽.

35 위의 책, 319-329쪽 참고.

36 코플스톤, 위의 책, 532-533쪽
   참고.

37 로버트 애링턴, 위의 책, 191쪽.

38 아리아노스 엮음, 강분석 옮김,
   『에픽테토스와의 대화』, 서울:
   사람과 책, 2001. 34쪽.

39 아리아노스, 위의 책, 18쪽.

40 위의 책, 28쪽.

41 위의 책, 22쪽, 26쪽.

42 위의 책, 48쪽.

43 마르쿠스 아우렐리우스, 위의 책,
   78쪽, 272쪽.

44 마르쿠스 아우렐리우스 지음, 강분
   석 옮김, 『마음의 철학』, 서울:
   사람과 책, 2001. 24쪽.

45 마르쿠스 아우렐리우스, 위의 책,
   49쪽, 86쪽.

46 아리아노스, 위의 책, 37쪽.

47 패터 쿤츠만 외 지음, 홍기수 외 옮
   김, 『그림으로 읽는 철학사』, 서
   울: 예경, 2000. 59쪽.

48 코플스톤, 위의 책, 542-543쪽.

49 에피쿠로스 지음, 오유석 옮김,

『쾌락』, 서울: 문학과 지성사,
   2005. 13쪽.

50 코플스톤, 위의 책, 548쪽.

51 에피쿠로스, 위의 책, 40쪽.

52 위의 책, 47-48쪽.

53 코플스톤, 위의 책, 549쪽.

54 에피쿠로스, 위의 책, 13쪽, 15쪽.

55 위의 책, 같은 쪽.

56 위의 책, 17쪽.

57 애링턴, 위의 책, 164쪽.

58 코플스톤, 위의 책, 551쪽.

59 에피쿠로스, 위의 책, 20쪽.

60 애링턴, 위의 책, 165쪽.

61 에피쿠로스, 위의 책, 43-44쪽.

62 새뮤얼 이녹 스텀프 외 지음, 이광
   래 옮김, 『소크라테스에서 포스
   트모더니즘까지』, 서울: 열린 책
   들, 2005. 336쪽.

63 코플스톤, 『영국경험론』, 서울: 서
   광사, 1991. 49쪽.

64 패터 쿤츠만 외 지음, 위의 책,
   116쪽.

65 김용환, 『홉스의 사회 정치 철학』,
   서울: 철학과 현실사, 1999.
   156쪽.

66 김용환, 『리바이어던』, 서울: 2005.
   109쪽.

67 코플스톤, 위의 책, 56쪽.

68 애링턴, 위의 책, 258쪽.

69 코플스톤, 위의 책, 같은 쪽.

70 김용환, 위의 책, 80쪽.

71 홉스 지음, 진석용 옮김,『리바이어던』, 서울: 나남, 2008, 174-175쪽.

72 애링턴, 위의 책, 263쪽.

73 김용환, 위의 책, 215-220쪽 참고.

74 진석용, 위의 책, 227쪽.

75 코플스톤, 위의 책, 63쪽.

76 애링턴, 위의 책, 276쪽.

77 김용환, 위의 책, 103쪽.

78 위의 책, 98쪽.

79 진석용, 위의 책, 235쪽.

80 최희봉, 『흄』, 서울: 이룸, 2004. 96쪽.

81 코플스톤, 위의 책, 428쪽.

82 최희봉, 위의 책, 97쪽.

83 위의 책, 100쪽.

84 위의 책, 111쪽.

85 새뮤얼 이녹 스텀프 외, 위의 책, 422쪽.

86 취희봉, 위의 책, 108쪽.

87 애링턴, 위의 책, 384쪽.

88 애링턴, 위의 책, 397쪽.

89 W.S. 사아키안, 위의 책, 209쪽.

90 르네 데카르트 지음, 이현복 옮김, 『방법서설』, 서울: 문예출판사, 1997. 184-185쪽.

91 르네 데카르트, 위의 책, 23쪽.

92 위의 책, 207쪽.

93 위의 책, 186쪽.

94 르네 데카르트 지음, 이현복 옮김, 『성찰』, 서울: 문예출판사, 1997. 117쪽.

95 르네 데카르트, 앞의 책, 213쪽.

96 위의 책, 212쪽.

97 르네 데카르트, 앞의 책, 220쪽.

98 수잔네 뫼부스 지음, 공병혜 옮김, 『의지와 표상으로서의 세계』, 서울: 2002. 69쪽.

99 김정현 외 지음, 『철학, 죽음을 말하다』, 서울: 산해, 2004. 132쪽.

100 수잔네 뫼부스, 위의 책, 116쪽.

101 새뮤얼 이녹 스텀프, 위의 책, 495쪽.

102 수잔네 뫼부스, 위의 책, 117쪽.

103 위의 책, 107쪽.

104 윌리엄 사하키안 지음, 권순홍 옮김, 『서양철학사』, 서울: 문예출판사, 1998. 271-274쪽 참고.

105 수잔네 뫼부스, 위의 책, 147쪽.

106 위의 책, 223-224쪽.

107 샤를 르 블랑 지음, 이창실 옮김,

『케이르케고르』, 서울: 동문선,
2004. 32쪽.

108 표재명, 『키르케고어 연구』, 서
울: 지성의 샘, 1995. 49쪽.

109 위의 책, 48쪽.

110 샤를 르 블랑, 위의 책, 103쪽.

111 표재명, 위의 책, 211쪽.

112 샤를 르 블랑, 위의 책, 68쪽.

113 표재명, 위의 책, 72쪽.

114 위의 책, 75쪽.

115 오트프리트 회폐 외 지음, 이엽
외 옮김, 『철학의 거장들 3』, 서
울: 한길사, 2001. 336-337쪽.

116 샤를 르 블랑, 위의 책, 82쪽.

117 위의 책, 83쪽.

118 애링턴, 위의 책, 492쪽.

119 위의 책, 494쪽.

120 위의 책, 501쪽.

121 위의 책, 502쪽.

122 위의 책, 505쪽.

123 새뮤얼 이녹 스텀프, 위의 책,
505쪽.

124 Bentham, J., The Principles of
Morals and Legislation, New
York : Prometheus Books,
1988. 25쪽.

125 같은 쪽.

126 같은 쪽.

127 위의 책, 29-30쪽.

128 애링턴, 위의 책, 495쪽.

129 Bentham, J., 위의 책, 311쪽.

130 제레미 벤담 지음, 신건수 옮
김, 『파놉티콘』, 서울: 책세상,
2007. 19쪽.

131 이근식, 『존 스튜어트 밀의 진보
적 자유주의』, 서울: 기파랑,
2006. 24-32쪽 참고.

132 존 스튜어트 밀 지음, 서병훈 옮
김, 『공리주의』, 서울: 책세상,
2007. 17-18쪽.

133 존 스튜어트 밀, 위의 책, 43-44쪽.

134 위의 책, 24-25쪽.

135 위의 책, 27쪽.

136 위의 책, 28-29쪽.

137 위의 책, 41쪽.

138 위의 책, 32-33쪽 참고.

139 위의 책, 51쪽.

140 위의 책, 31쪽.

141 위의 책, 42쪽.

142 위의 책, 61-62쪽.

143 위의 책, 62-63쪽.

144 위의 책, 63-70쪽 참고.

145 위의 책, 41쪽.

146 존 스튜어트 밀 지음, 서병훈 옮

김, 『자유론』, 서울: 책세상, 2005. 30쪽.

147 존 스튜어트 밀 지음, 위의 책, 34-38쪽 참고.

148 존 스튜어트 밀 지음, 위의 책, 100-101쪽 참고.

149 마이클 왈쩌 지음, 정원섭 외 옮김, 『정의와 다원적 평등—정의의 영역들』, 서울 : 철학과 현실사, 1999.

150 위의 책, 19-20쪽.

151 위의 책, 20쪽.

152 위의 책, 20쪽.

153 왈처는 롤스와 자신의 차이점에 대해 다음과 같이 말한다. "나의 기획은 롤스의 기획과는 매우 다르다. 즉 나의 기획은 경제학과 심리학에 의존했던 롤스의 기획과는 달리 역사학과 인류학에 의존한다." 위의 책, 25쪽.

154 위의 책, 20쪽.

155 왈처는 이러한 다양한 사회적 가치들의 의미를 『정의와 다원적 평등』의 제2장에서부터 제12장에 이르기까지 자세히 논하고 있다.

156 위의 책, 32쪽.

157 위의 책, 34쪽.

158 위의 책, 29쪽.

159 위의 책, 35쪽.

160 위의 책, 36-41쪽.

161 위의 책, 42쪽.

162 왈처는 롤스의 정의론을 대표적인 단순 평등 이론으로 규정한다.

163 위의 책, 47쪽.

164 위의 책, 52～53쪽.

165 위의 책, 56쪽.

166 위의 책, 57쪽.

167 이 주장은 민주주의에서 정의는 시민들이 번갈아가며 통치하고 통치받기를 요구한다는 아리스토텔레스의 주장을 수정한 것이다. 위의 책, 485쪽.